U0639074

本书出版获得江西省教育科学"十三五"规划项目重点(2020)课题"强有力知识观视角下职业教育课程知识选择研究"（编号：20ZD082）、江西中医药高等专科学校科研创新团队"中医药高职（高专）院校高质量发展研究"（编号：2022CX04）、博士科研启动基金专项资助

澳大利亚职业教育技能政策研究:

以可雇佣性技能为中心

杨勇 著

天津出版传媒集团

天津人民出版社

图书在版编目（CIP）数据

澳大利亚职业教育技能政策研究：以可雇佣性技能
为中心 / 杨勇著. -- 天津：天津人民出版社, 2024.1
ISBN 978-7-201-20183-2

Ⅰ.①澳… Ⅱ.①杨… Ⅲ.①职业教育—教育政策—
研究—澳大利亚 Ⅳ.①G719.611

中国国家版本馆 CIP 数据核字(2024)第 044058 号

澳大利亚职业教育技能政策研究：
以可雇佣性技能为中心

AODALIYA ZHIYE JIAOYU JINENG ZHENGCE YANJIU：
YI KEGUYONGXING JINENG WEI ZHONGXIN

出　　版　天津人民出版社
出 版 人　刘锦泉
地　　址　天津市和平区西康路35号康岳大厦
邮政编码　300051
邮购电话　(022)23332469
电子信箱　reader@tjrmcbs.com

责任编辑　岳　勇
装帧设计　汤　磊

印　　刷　天津新华印务有限公司
经　　销　新华书店
开　　本　710毫米×1000毫米　1/16
印　　张　18.5
字　　数　250千字
版次印次　2024年1月第1版　　2024年1月第1次印刷
定　　价　60.00元

目 录

第一章　导论

20世纪八九十年代以来,主要发达国家劳动力市场发生了巨大变化,其中最为突出的表现是:一是服务业比重增长和制造业比重下降;二是终身制雇佣制逐步瓦解,雇佣方式更加灵活和不稳定。

随着传统制造业增长速度的减缓,经济增长更多的转向服务业。服务业就业岗位需要更多具有专业型和管理型的人才,提供这些就业岗位的企业,对员工的需求是雇员拥有沟通技能、理性分析等一系列非技术技能,更强调雇员能有效与员工、顾客进行面对面的互动。在传统制造业中,更多的高科技融入其中,从事该行业的人员也需要有更为复杂和多元的技能,这些技能包括有效沟通、问题解决、团队合作和创造力等,具备这些多元技能的劳动者,是保证企业能在市场中提供高附加值、生产高质量产品和保持竞争力的核心动力所在。

另外,从20世纪后期开始,发达国家年轻人高失业率逐步成为一个社会问题,为了应对这一难题,发达国家职业教育政策制定者特别强调了可雇佣性技能的培养,以增强青年人的可雇佣性,即让那些即将进入或者刚进入劳动力市场的青年人获得必要的技术技能和可雇佣性技能,使这些青年人在劳动力市场具有较强的适应性,能够面对未来变化和高度不确定的劳动力市场,从而帮助他们实现灵活就业。

职业教育和劳动力市场联系最为紧密,直接为产业提供一线工人,同时也为工人提供继续教育与培训。因此自21世纪以来,各主要发达国家都高度重视职业教育的发展。这些发达国家职业教育政策重点聚焦在培养未来产业发展所需的技能型人才,未来劳动力应该具备什么样的技能成为职业教育政策与研究的热点。除了传统技术技能之外,职业教育开始强调可雇佣性技能等为代表的非技术技能培养。

1.1 研究背景

随着主要发达国家社会经济发展，特别是服务业的兴起，主要发达国家产业结构发生了变化；作为经济发展主体的企业，管理方式也在发生改变；雇佣方式上终身雇佣减少，临时雇佣增多；年轻人失业严重，结构性就业问题突出。为了应对这些变化，各主要发达国家都高度重视职业教育的发展，特别在职业教育政策中注重学习者可雇佣性技能的培养。

1.1.1 产业结构调整

大约在1750—1950年的两百年间，西方经济社会经历了一种以创新、竞争为主导的突变过程——工业化。[①]在工业化进程中，各主要发达资本主义国家经济结构逐渐由以第一产业为主导转向以第二产业为主导，所以称之为工业化社会。

第二次世界大战之后，全球兴起了以原子能、电子计算机和空间技术广泛应用为主要标志的第三次产业革命，涉及信息技术、新能源技术、新材料技术、生物技术、空间技术和海洋技术等诸多领域的一场信息技术革命。第三次科技革命是人类文明史上继蒸汽技术革命和电力技术革命之后在科技领域里的又一次重大飞跃。它具有技术群体化、科技社会化和发展进程高速化这三大突出特点。科技的进步极大地促进了经济的发展，而经济的发展导致全球化步伐急剧加速。[②]2005年，美国学者托马斯·弗里德曼在其专著《世界是平的》中提出我们在21世纪进入了一个全新的时代：全球化3.0版本。3.0版本将这个世界从小号进一步缩小到微型，并且将竞争场所变成了平地。[③]

---

① [意]奇波拉. 欧洲经济史（第三卷-工业革命）[M]. 北京:商务出版社,1989.

② 吴于廑,齐世荣主编. 世界史-现代史编（下卷）[M]. 北京:高等教育出版社,1994. 291-293.

③ Thomas L. Friedman. The World Is Flat- A Brief History of the Twenty-first Century[M]. New York, NY:Farrar, Straus and Giroux. 2005. 10-12.

　　由于第三次科技革命的促进,全球化以及经济的飞速发展,进一步改变了各个国家的经济状况及其产业结构,第三产业服务业在国民经济中的重要性与日俱增,而以商品生产为主的第一产业和第二产业比重下降,劳动力就业人数也不断减少。

　　产业结构理论最早可以追溯到17世纪英国古典政治经济学家威廉·配第,"配第定理"揭示了结构演变和经济发展的基本方向,美国经济学家库兹涅茨在研究过程中,把第一、二、三次产业分别称为"农业部门""工业部门"和"服务部门"。[①]产业结构理论在20世纪50—60年代得到较快发展,列昂惕夫、刘易斯、赫希曼、钱纳里等人都对产业结构理论发展做出了重要贡献。

　　经济合作与发展组织(OECD)以经济活动与自然界的关系为标准将全部经济活动划为三大类:直接从自然界获取产品的物质生产部门划为第一次产业,它指的是广义上的农业;将加工取自自然界的物质生产部门划为第二次产业,它是指广义上的工业;将从第一、二次产业的物质生产活动中衍生出来的非物质生产部门划为第三次产业,它是指广义上的服务业。目前,世界银行等国际组织和许多欧美国际的政府部门和产业研究部门也广泛采用这种分类方法。联合国为了进一步统一世界各国的参与分类,在1971年颁布了《全部经济活动的国际标准产业分类索引》(International Standard Industrial Classification,简称ISIC),将全部经济活动分为10个大项,10个大项产业能很容易组合成三类产业,与OECD的三类产业分类保持着稳定的联系。[②]

　　随着产业结构的改变,以第二产业为主导的工业化社会面临着很大的变革。在20世纪60年代,许多学者开始提出后工业社会这个概念,最为著名的是丹尼尔·贝尔,他在1973年出版的专著《后工业社会的来临》,详尽阐述了后工业社会。在这本书的导言中,贝尔首先描述他的论点,在未来的30到50年,我们将看到后工业社会的出现,而这将"首先是一种社会机构的变

① 张平,王数华. 产业结构理论与政策[M]. 武汉:武汉大学出版社,2009. 19-20.
② 徐传谌,谢地等. 产业经济学[M]. 北京:科学出版社,2007. 6-7.

革"。在著述中,贝尔将其后工业社会的概念集中于"社会结构中的变革","经济转换的方式",因"科学与技术之间的信息关系"而"重新运行的职业系统。"[1]他从以下五个部分来说明后工业社会这个术语:①经济方面:从产品生产经济转变为服务性经济;②职业分布:专业与技术人员处于主导地位;③中轴原理:理论知识处于中心地位,它是社会革新与制定政策的源泉;④未来方向:控制技术发展,对技术进行鉴定;⑤制定决策:创造新的"智能技术"。可见后工业社会在各个层面都影响着整个社会结构的变革。

2012年,第三产业服务业比例在全球经济比重中已经达到63.6%,在部分发达国家,第三产业的比重已经超过70%,有些发达国家第三产业比重甚至达到近80%(见表1-1)。

表1-1 2012年全球部分国家产业结构及其比重[2]

(单位:百万美元)

国别	GDP总额	农业比例	工业比例	服务业比例	农业总额	工业总额	服务业总额
全球	71 707 302	5.9%	30.5%	63.6%	4 230 731	21 870 727	45 605 844
美国	15 684 750	1.12%	19.1%	79.7%	188 217	2 995 787	12 500 746
中国	9 181 377	10.0%	43.9%	46.1%	918 138	3 611 671	3 792 665
英国	2 440 505	0.7%	21%	78.3%	17 084	512 506	1 910 915
澳大利亚	1 542 055	4%	26.6%	69.4%	61 682	410 187	1 070 186

注:中国数据为2013年的数据,其他为2012年的数据。数据来源:国际货币基金组织。

1.1.2 企业管理方式变革

经济发展被看作生产力方式变革的结果,而分工与专业化的发展则是这种变革的主要特征。从管理变革的过程来看,在工业时代,企业主要依据分工原理建立起流水线生产方式,以大规模生产模式组织标准化产品生产。

---

① Bell D. The coming of the post-industrial society[C]. The Educational Forum. Taylor & Francis Group, 1976. 574-579.

② IMF. GDP (nominal): International Monetary Fund, World Economic Outlook Database.Data for the year 2012 [EB/OL]. https://www.imf.org/external/pubs/ft/weo/2012/01/weodata/index.aspx. 2015-3-22.

在泰勒与法约尔管理思想的影响下,管理职能从生产活动中独立出来,并有了明确的分工,并逐步形成了以强调内部管理为重点的、按层层分解进行职能授权分工的科层制管理模式。韦伯曾在《社会组织和经济组织的理论》中对科层制做过精确的描述。他认为科层制主要包含以下五方面特征[①]:①层级结构其组织体系的结构呈金字塔形,分为高层管理、中层管理和基层管理。每个官员能对其部下的行动和决定负责;②劳动分工对个体来说,学会胜任一个组织中各种各样的工作是非常困难的,只有当工作上有专门分工,而且按个体受过的训练及技能、经验来指派他们各自的任务时,才会有高效的结果;③以规章制度来控制官方的决定和行动,并以成文的规章制度为依据,以此保证一致性、可预料性和稳定性;④淡化人情关系,如果在一个组织中去除纯粹个人的、情绪的和非理性的因素,便可建立对人员和各种活动比较有效的控制。组织的成员要在他们主管部门的指导和控制下,服从系统化的严格纪律;⑤雇员的录用以专长为基础,升迁以年资和功绩为依据,工资与科层组织中的各级职位挂钩,个体有辞职的自由,也有权享受养老金。

随着世界经济一体化步伐的加快,大型企业正逐步形成经营国际化,产品多元化,规模集团化的态势。同时,市场变幻莫测,机遇稍纵即逝,企业为了适应市场,不断提高应变力,传统的集权制模式已无法生存,特别是计算机网络的出现和全球化应用,实现了信息资源的国际共享,使信息技术应用于企业管理的各个环节,大大地提高了办事决策效率,减少管理层次和扩大管理幅度就显得更加迫切。[②]

20世纪90年代开始,主要发达国家中出现了以企业业务流程再造为潮流的第二次管理革命。业务流程再造倡导打破面向职能分工的科层制管理,建立注重效率面向流程管理的扁平化组织。

新的扁平式过程化管理结构模式,就是要打破金字塔结构,大大减少结构层次,由纵向管理转向横向管理,由以功能为核心组织人员到以过程为核

---

① 钱丽欣. 韦伯的科层理论及其对现代教育管理的启示[J]. 教育评论, 1997(4):50-52.
② 徐宝森. 扁平化管理下的人力资源整合[J]. 经济问题探索, 2004(5):49-51.

心组织人员,将具有不同技能的企业员工融合在一个团队里,使其充分认识到"过程"目标,让团队充分自我管理,发扬合作精神,以群体和协作优势赢得竞争。

扁平化组织有利于为包括基层员工在内的各方面人才提供充分发挥作用和能力的空间,使员工的潜能得到释放,使个人价值得以高度实现。典型的扁平化组织通常是知识型。其大部分员工从同级人员、顾客以及更高的管理层获取信息,指导与控制自己的工作。同时,随着员工素质的提高,组织成员将从体力劳动者和办公室工作人员向有知识、有独立见解的专家型转化。与此相适应,扁平化组织应当成为学习型组织。教育培训应成为企业的长期性战略任务,每个员工都应得到持续不断的终身培训机会,获得新知识,拥有保持持久工作所需的可雇佣性技能。

扁平化组织管理模式体现了现代企业与传统企业在管理观念上的根本差异。传统的企业组织结构仅仅注重企业发展,忽视了员工个人的成长与发展;而现代企业组织设计强调要尊重员工的人格,重视他们的需要,开发他们的潜能,为各类员工提供学习的机会和施展才华的舞台,最终实现企业与员工的双赢。扁平化管理模式中对员工具备的技能要求也越来越高。

1.1.3　雇佣方式改变

随着经济全球化和产业结构的变化,劳动力市场发生巨大变化。由于劳动性质的变化,企业对工人的期望也发生了改变。传统工业组织中人被固定在专门岗位、完成特定任务的状况已发生了根本性改变。随着工作形态的变迁,个人的职业生活也变了。他们大多数工作在小型组织或者大型组织中较小的独立单位中。这样的组织或者单位是不稳定的,工作组织在相对短的时期内极可能会变迁、重组、合并或者消亡。[1]因而,每个人都会经历多种多样的工作,转工、转行成为常态,即使在同一机构,工作岗位也会变,即使工作岗位不变,工作的性质也发生改变。

---

① Cheng K. The postindustrial workplace and challenges to education[J]. Learning in the global era：International perspectives on globalization and education, 2007：175-191.

终身雇佣制被认为是日本式经营的三大支柱之一,同时也是日本式企业劳资关系赖以存在的基础之一。然而,20世纪90年代后,伴随着"泡沫经济"的破灭,日本经济陷入长期萧条之中。若继续维持这种已经变得极其高昂的"固定成本",势必会给企业经营带来极大风险。于是企业不再固守"维持开工率",而是开始在"减量""经营"上大做文章。[①]长期稳定的雇佣关系逐步取消,终身雇佣制也就慢慢淡出了企业的主流雇佣方式。

传统全日制、无固定期限合同的用工雇佣方式与非传统雇佣方式同时并存,尤其是非传统雇佣方式的形式多样,并仍处在不断发展和演化之中,这点在发达经济体中尤为突出。随着终身雇佣时代过去,如今,很少有人能一辈子从事一份工作,在经济发达国家中,这一趋势较为明显。据美国劳工统计局统计(2010年发布的数据),在1978—2008年这段时期,个人在18—44岁期间,平均更换11份工作,18—22岁时工作更换频率为4.4份,22—27岁为3.2份,大部分工作变动都集中在青年时期。[②]另据美国劳工统计局统计2012年数据,1957—1964婴儿潮时代出生的人群,他们在18—46岁之间平均更换工作的次数为11.3人次,而近一半换工作的频率主要发生在18—24岁这段时期。根据国际劳工组织2015年发布的《全球就业与社会展望——工作性质的改变》报告,根据对全球180个国家的就业状况分析,就业模式在过去十年间已经发生巨大变化,全职、有稳定合约的工作占比不到工作总量的四分之一,而且在未来,稳定雇佣关系所占据的比重将逐步下降。不少发展中国家工作变换的比率可能没有发达国家那么高,但一般情况下,相对年长一代,年轻一代面临更高的工作变换频率。对职业教育领域来讲,职业教育需要为青年一代变换职业提供帮助,职业院校应该为学习者提供超越单一的技术技能,培养学生能胜任岗位变换的可雇佣性技能,让他们个人得到发展,拥有为社会进步和经济发展做出贡献的能力。

---

① 张玉来. "神器"的黯然:日本终身雇佣制改革[J]. 现代日本经济,2008(1):55-59.

② US Department of Labor.Number of Jobs Held, Labor Market Activity, and Earnings Growth among Youngest Baby Boomers:Results from a Longitudinal Survey[EB/OL].http://www.bls.gov/nls/nl-sy79r19.pdf.2015-7-9.

工作性质变化使得个人的期望也有所不同。我们可以看到许许多多针对工作场所必备能力的问卷调查，他们描述几乎都是相同的：能够有效地交流沟通，有足够的应变能力；能够在团队中工作，灵活的人际关系，乐于解决难题，有分析和概念化的能力，能够承担责任，有自我反思的能力，有自我管理的能力，有创造、革新和批评的能力，有随时随地学习新事物的能力，有跨越不同行业的能力，有跨文化交流的能力。[①]

在新型雇佣方式中，如何处理人际关系在企业培训与开发过程中也占有重要作用。这里的人际关系主要指管理者与员工之间的关系。20世纪50年代之前，管理者与员工之间的人际关系问题是不被主流劳动关系学家所重视。从70年代开始，在组织行为分析中，这种人际关系在劳动关系中的作用开始被关注，并且认为是提高工作质量的基础。企业劳动关系不仅仅是在工作过程中发生的管理层与雇员之间；同时也体现在培训当中，组织成员不再是被动的受训者，而变成了知识、技能与能力的主动接受者；开始由受训者角色向学习者角色的转变。这一特点使得现代企业的培训与开发模式发生了重大转变，组织的虚拟化不仅没有导致培训与开发的虚拟化，而且使得培训与开发更加现实，更接近于真实的工作本身。[②]当前，虚拟培训组织越来越受到企业的青睐。

1.1.4　结构性就业问题突出

结构性就业是指由于经济结构和劳动力结构方面的特点而形成的工作岗位与劳动者文化技术水平不相适应的问题。[③]与此相对应的是一般性就业问题，是因为缺乏足够的工作岗位而产生。结构性就业问题的出现是由于现代经济增长，需要依靠新技术设备和劳动者文化技术水平，而在现代经济发展中，经常有一些部门或行业衰落下去，另一些部门或行业兴起、发展。在新兴的生产部门或非生产部门，劳动力往往不足，但是它却要求劳动者应

---

① 程介明.教育问:后工业时代的学习与社会[J].北京大学教育评论，2005(4):5-14.
② 张立富.新型雇佣方式下的人力资源开发[J].人力资源，2008(23):66-68.
③ 李少元.结构性就业问题[J].教育与经济，1989(3):59.

具有相应的文化技术水平,如果待业人员不具备这样的文化技术素质,尽管有职位、岗位空缺,这些人仍不能就业。教育重要社会功能之一便是提高受教育者的文化技术素质,为经济建设服务。因此,发展教育事业,在一定的文化基础上,根据社会需求进行专业教育或职业技术教育,被认为是解决结构性就业问题的基本途径。

2012年,全球近7500万青年人处于失业状态,比2007年多了400万。另外,全球近600万年轻人放弃就业,超过2亿年轻人每天工作收入低于2美元。全球每年需要提供4 000万个新的工作岗位来满足劳动力市场需求,2012年需要解决2亿个失业岗位(其中青年人为7 500万)。而与此同时各个国家都面临着技能短缺的问题,麦肯锡报告指出:根据其从九个国家获得的调查数据显示,只有43%的雇主表明,他们能够找到适合工作所需、达到入门技能的工人。[①]技能型劳动力与经济的发展不可分割,技能发展应该作为一个重要部分整合于国家发展策略中,并以此来改进所有人的生活。关键问题不是先解决就业还是发展技能的问题,而是两者需要相连,并整合在一起去考虑。通过投资于教育和培训,来提升民众的技能是非常明智的选择,在发展中国家每投资于教育和技能1美元,便可以获得10—15美元的经济增长。[②]

让个人掌握与工作和就业相关的核心工作技能,可以让他们更好地去了解劳动力市场,在教育、培训、就业工作、自我就业、合作等问题上,他们能做出更好的选择,同时也能帮助他们成为社会更好的一员,为社会发展做出更大的贡献。

许多年轻人找不到工作,主要是因为他们的教育和培训与劳动力市场需求存在技能不相匹配,随着技术的革新和市场不断发展,工作场所已经成为一个迅速变化的场所,这就需要让这些年轻劳动者获得未来工作发展所需的技能,而不只是能完成当前工作所需的某种特定工作技能。这也是技

---

① McKinsey Center for Government. Education to Employment:Designing a system that works [EB/OL]. http://www.voced.edu.au/node/34475. 2015-5-27.

② Hanushek, E., and L.Woessmann. GDP projections for low-income countries based on education quality[EB/OL]. http://unesdoc.unesco.org/images/0021/002180/218003e.pdf. 2015-3-9.

术和知识密集型产业面临的最大挑战,同时也是未来经济增长和扩大就业最具潜力的着眼点。

1.1.5 可雇佣性技能的提出

面对产业结构和雇佣方式的变化,为了在全球经济发展中保持竞争力,培养能符合劳动力市场需求的劳动者,全球主要发达经济体,一些与教育和就业相关的国际组织,这些国家和国际组织从国家和全球战略发展的高度,高度重视未来劳动者技能的发展,以期为社会发展培养具有多元技能的劳动力。教育需要发展学习者的可迁移、可雇佣性技能,这样能使当前和未来的劳动者在劳动力市场具备较强的职业灵活性和可变通性,职业教育不是只关注技术或专门技能。在经济发展到现阶段,职业教育应该重视综合和多元的技能培养。

美国在2009年出台《技能战略:确保美国工人和行业形成具有竞争力的技能》,2012年出台针对职业教育发展的《投资美国的未来:生涯和技术教育改革蓝图》报告。澳大利亚于2011年出台了专门关于职业教育的技能培养报告《为了繁荣的技能:澳大利亚职业教育路线图》,2012年出台了《面向所有人的技能:实现更具竞争力和活力的经济发展》;英国在2009年出台了《英国2020目标:发展世界一流技能和工作》《实现2020目标:技能、工作和经济增长》《为了发展的技能:国家技能战略》《面向可持续增长的技能投资战略》四个有关技能的报告,2011年针对职业教育出台了《新挑战、新机会继续教育和技能体系改革计划》和《职业教育技能繁荣路线图》等相关报告。

2005年,经济合作发展组织在丹麦哥本哈根召集所有成员国召开教育部高级官员会议,问到教育政策中最重要的是哪个部分,给出结果让人惊讶,大家的回答既不是中小学教育,也不是高等教育,都一致认为职业教育最为重要。[①]2007年1月在哥本哈根又召开经合组织(OECD)各国部长级非正式会议,专门讨论职业教育。之后经合组织在对各个成员国职业教育调

---

① Field S, Hoeckel K, Kis V, et al. Learning for jobs:OECD policy review of vocational education and training:initial report[M]. OECD publishing, 2009. 24.

查的基础上,就职业教育出台了一系列关于职业教育的国别报告,并于2010年针对中等职业教育出台了《为工作而学》的政策指导报告,2014年12月针对中学后职业教育出台了《超越学校技能》集成政策评论报告。2012年5月出台有关技能的专门报告《更高的技能、更好的就业和更美好的生活:技能政策的战略规划》。联合国教科文组织(UNESCO)在2012年全面教育全球检测报告中专门出台《青年与技能——拉近教育和就业的距离》,报告中联合国教科文提出基本技能、可迁移技能、技术和职业技能三项技能,除了正规的普及教育,职业教育是获取这三种技能的重要途径,特别是对那些错过正规学校教育的人群,他们可以通过基于工作的技能培训等方式第二次获得收益,这些培训包括学徒制和农业技术培训等。国际劳动组织(ILO)于2004年6月17日第92届劳工大会会议在日内瓦通过第195号建议书《关于人力资源开发:教育、培训和终身学习建议书》,在建议书中专门提出可雇佣性技能的培养;2008年召开的国际劳工大会发布的《关于有利于提高生产率,推动就业增长和发展的技能的结论》,都具体提出培养可雇佣性技能的建议和相关策略,并出台了一系列相关的研究报告和研究成果。世界银行(World Bank)在2010年出台了《加强技能人才培养,提高就业机会与生产》,指出职业教育体系是技能发展体系的核心组成部分。国际劳工组织与经合组织一项联合发布报告指出:所有G20国家都同样面临着劳动力市场的挑战,即如何有效促进每一位公民有效就业和体面地工作。[①]职业教育可以发挥积极作用。

主要发达国家和国际教育组织的政策报告中指出:在这个全球化和技术迅速变化的时代背景下,需要优先去改进劳动力市场中那些低技能劳动者。就业中技能是改进个人的核心能力关键所在,也是提升国家效率和增长的重要因素。个人技能不是单纯的技术技能,技术技能之外如可雇佣性技能或可迁移性技能更是报告关注的重点。在这些主要发达国家和国际教

---

① ILO. A Skilled Workforce for Strong, Sustainable and Balanced Growth: a G20 Training Strategy. International Labour Office[R]. ILO.2010.

育组织的报告当中,都强调技能对个人和经济的重要性,高度重视职业教育对技能发展的重要意义。

除了主要发达国家和国际教育组织出台的一系列有关可雇佣性技能的政策,很多学者有关可雇佣性技能的研究成果也不断涌出。发达国家一些职业院校也投入培养学生可雇佣性技能的实践之中。

表1-2　主要发达国家与国际组织提出与可雇佣性技能类似的技能术语①

发达国家/国际组织	技能术语
美国	基本技能(Basic skills),必备技能(Necessary skills),工作场所需知(Workplace know-how),可雇佣性技能(Employability skills)
英国	核心技能(Core skills),关键技能(Key skills),可雇佣性技能(Employability skills)
澳大利亚	关键能力(Key competencies),通用技能(Generic skills),可雇佣性技能(Employability skills)
加拿大	可雇佣性技能(Employability skills)
新西兰	必备技能(Essential skills)
德国	关键素质(Key qualifications)
法国	可迁移技能(Transferable skills)
瑞士	跨学科目标(Trans-disciplinary goals)
新加坡	必备技能(Critical enabling skills),可雇佣性技能(Employability skills)
欧盟	工作素养(Work competencies),通用可雇佣性技能(Generic employability skills)
经合组织	核心素养(Key competencies)
国际劳工组织	核心工作技能(Core work skills),核心可雇佣性技能(Core skills for employability)
联合国教科文组织	可迁移技能(Transferable skills)

注:本表格术语在已有的参考文献基础上,因英国、新加坡在其政府政策文件中和研究者的著述中也逐步使用可雇佣性技能,所以和原文献术语上在2个国别上增加了可雇佣性技能。

可雇佣性技能是社会经济发展的产物,和经济发展有密切联系,同时由

① Laura Brewer. Enhancing youth employability:What? Why? and How?–Guide to core work skills[M]. International Labour Office,Skills and Employability Department.Geneva. 2013. 7.

于各个国家政治和文化背景各异,因而会有所差异,从不同学科、不同领域视角来看,可雇佣性技能会出现不同的理解。本文主要从职业教育领域来看澳大利亚可雇佣性技能政策的演进。

不同国家可雇佣性技能的术语也有不同,各主要发达国家研究也各有侧重,相关研究者研究角度各异,但是可雇佣性技能是在经济社会发展发展到一定阶段,产业界对技能提出了新要求。本书选取澳大利亚作为研究对象,从职业教育领域出发,介绍了澳大利亚职业教育技能政策发展的历史发展过程,以可雇佣性技能为核心,从政策形成的背景原因、形成过程、政策内容和政策实施等维度展开探讨。

1.2 研究目的与意义

1.2.1 研究目的

第一,全球化、国际化背景下各国的竞争归根到底仍是人的竞争,发达国家强调类似可雇佣性技能的非技术技能是未来劳动者应具备的重要技能之一,了解澳大利亚可雇佣性技能政策提出背景、本身内涵、提出意义是本研究的目的之一。

工业革命后,由于生产扩大和技术革新,对技术工人也拥有巨大需求,促使了以学校为中心的职业教育制度的确立和快速发展。正是在这些背景下,职业教育被正式纳入到教育体系之中,这是教育制度历史上的一项重大创新。

随着产业结构变化和知识在经济发展中的作用越来越明显,职业教育如何为时代的发展培养适合产业发展所需要的工人,是主要发达国家都在探讨的问题。当前,可雇佣性技能在主要发达国家成为研究者关注的一个热点,相关发达国家政府也纷纷出台相关技能政策,以确保在经济全球化的背景下,为产业发展提供高质量具备可雇佣性技能的产业工人,争取在全球经济发展竞争之中落于不败之地。本书以澳大利亚职业教育技能政策作为个案研究,澳大利亚作为发达国家之一,其可雇佣性性技能与其他发达国家有类似的背景，同时澳大利亚职业教育技能政策又有自身的特点。选取澳大利亚职业教育技能政策作为研究对象，旨在可以深入地理解可雇佣性技能政策形成的背景、原因、特点等，便于发现发达国家提出类似可雇佣性技能政策可能的共通之处。

我国第三产业服务业在2013年所占的比重实际上已上涨至46%。在现代中国的历史上，服务业所占GDP比重第一次超过了制造业与建筑业，后两者在2013年合计占到GDP的44%。这本身就是我国经济上在平衡发展道路上令人注目的进步。这种产业转型的信号其实已经酝酿多年。在1980—2011年的31年期间，制造业与建筑业的综合年均增长率为11.6%，比服务业8.9%的年均增长率高出了2.7个百分点。在2005—2011年的七年间，这两个增长率之间的差距以每年1.5%的幅度逐渐缩小。而在过去两年间，即2012—2013年，服务业的平均年增长速度为8.3%，比制造业与建筑业7.9%的总增长率要高出0.4个百分点。①这种自2005年起就不断拉近的增长差距，强烈地暗示了中国经济已经开始对经济增长的源泉进行重大结构性调整。这种产业结构的挑战和变迁也会深远的影响到我国劳动力市场，未来劳动者需要什么样技能急需提到我国职业教育的发展议程和实践之中。

在北京、上海、广州、深圳等经济比较发达的城市，第三产业比重已经超过60%，已经呈现发达国家所面临的后工业化一系列相似的特征，第三产业的从业人员大幅度增加，雇佣方式也在逐步改变。虽然"北上广深"是全国人才的聚集地，但是一些新兴产业仍旧面临着人才短缺的局面，当前的教育特别是职业教育与产业发展还存相当程度的错位。

改革开放前30年，我国发展依靠丰富的劳动力资源，低劳动力成本，引进技术和管理就能迅速变成生产力，实现了经济迅速增长和创造中国经济高速发展的奇迹。如今，我国正面临着日趋严重的人口老龄化，农业富余劳动力正在减少，人口红利正逐步消失。我国未来可行的经济增长方式，将更

---

① [美]史蒂芬·罗奇.后工业化时代中国的转型[J].中国发展观察——中国发展高层论坛，2014专号：20-23.

多依靠人力资本质量和技术进步,而教育是提供人力资本质量最重要的途径。面对产业与结构的转型,培养适应当前与未来社会发展需求的劳动力是教育的主要任务之一,职业教育被公认是技能培养的有效途径,除了传统的技术技能之外,类似可雇佣性技能等非技术技能是劳动者能胜任未来劳动力市场发展需求的必备技能之一。

第二,职业教育与产业结合最为紧密,本书目的之二是探讨职业教育如何为产业发展培养符合产业发展所需的技能性人才。

相对普通中小学教育和高等教育,职业教育和产业结合最为密切,和产业实体连接最为紧密,在为产业培养一线工人方面起着重要作用,职业教育直接为产业提供各类中高级技能性人才;另外,职业教育更加突出学习者参与真实工作场所的实践,在真实的工作情景中更容易获得切合雇主所需的技术技能,同时相关研究表明可雇佣性技能在实际工作场所中更加容易理解和掌握。

近年来我国也高度重视职业教育的发展。2010年发布的《国家中长期教育改革和发展规划纲要(2010—2020年)》和十八届三中全会通过的《中共中央关于全面深化改革若干重大问题的决定》都有专门有关职业教育的论述,2014年2月26国务院常务会议部署加快发展现代职业教育,并于2014年5月2日颁发了《国务院关于加快发展现代职业教育的决定》。在我国普通高等学校2 442所,其中高职(专科)院校1 297所,招生人3 147 762,本科院校1 145所(含独立学院303所)招生数3 740 574人;中等职业院校招生数7 541 349人,在校生总数21 136 871人。[①]可见职业教育在国民教育体系中扮演着重要作用。

我国中高等职业院校所培养出来的劳动力,较为普遍地存在着学的知识较死板、较零碎、较陈旧,操作能力、应用技术能力、创造能力、科学研究能力和情报资料收集处理能力等不太理想的现象。究其原因,主要是因为教

---

① 中华人民共和国教育部. 2012年教育统计数据[EO/OL]. http://www.moe.edu.cn/public-files/business/htmlfiles/moe/s7567/index.html. 2015-1-10.

育结构内部的学科门类结构、课程结构不合理。例如,中等专业学校的文化基础课、专业基础课和专业课安排的比例和结构不甚合理,特别是基础理论课和技术实践课、社会实践课安排的比例不协调,时而重理论轻实践,时而又重实践轻理论,波动太大。同时,在学科设置和课程内容安排上,反映最新科学研究成就的速度也比较缓慢,不能保证学生及时掌握新的科学知识和生产技术,以及在具体教学过程中过多地重视知识的传授,忽视对学生能力的训练和培养等。这样有些学生毕业参加工作,对新的生产原理和生产技术的运用适应能力就不够,有的甚至需要重新在职培训。这样的教育是不能完全满足劳动力结构性就业要求的,所以必须进行教育结构的调整和改革。[①]

如何提升我国职业教育办学水平,关键是职业教育应该培养什么类型的技能型人才,为我国经济发展提供具备什么样技能的劳动者,通过教育特别是职业教育把我国建设成为技能强国和人力资源强国,是我们职业教育领域亟待解决的问题。

第三,澳大利亚职业教育技能政策体系中是如何实现学习者的可雇佣性技能的培养,也是本文探讨的目的之一。本书期望通过对澳大利亚职业教育技能政策演进研究,以期为我国职业教育如何为培养具备非技术技能人才提供借鉴。

澳大利亚自1901年建国以来,在短短100多年之间,经济实现飞速发展,根据国际货币基金组织公布的数据显示,澳大利亚2013年国家GDP为1.564万亿美元,全球排名第十二,人均GDP为67 983美元,全球排名第五。澳大利亚也是联合国开发计划署公认的发达国家之一。建国以来特别是二战之后,澳大利亚政府高度重视教育在经济发展中的作用,在政府投资、政策指导等各个方面,国家都把教育作为优先和重点考虑的领域。澳大利亚职业教育体系是全球公认的一种比较成熟和完善的体系、邓泽民在其专著《现代四大职教模式》中,将澳大利亚技术与继续教育(TAFE)单独作为一个

---

① 靳希斌编著. 教育经济学[M]. 北京:人民教育出版社,2009. 202.

教育模式进行研究探讨。

我国很早就注意到澳大利亚职业教育的独特之处,并借鉴澳大利亚职业教育的成功经验,2003年11月27—29日,由中华人民共和国教育部,澳大利亚联邦教育、科学和培训部等机构联合举办的"中国—澳大利亚职业教育论坛"在重庆举行。论坛主题是"加强制度创新,推进职业教育发展"。主要任务是研究近十年来中国和澳大利亚教育改革的成果和经验,特别是澳大利亚职业教育的体系架构、行业企业参与职业教育、国家资格证书框架体系、职业教育运作模式、培训包与职业教育教学模式等,以促进中国职教工作者进一步解放思想、开拓思路、转变观念。借鉴澳大利亚的经验和做法,推动职教体制创新,促进中国职业教育在新形势下取得更大发展。2005年8月3日至5日在重庆市联合举办"第二届中国—澳大利亚职业教育论坛暨中国—澳大利亚职业院校合作洽谈会"。这次会议的主题是"合作与发展",通过中澳两国政府间、行业企业与职业院校间、中澳职业院校间在职业教育领域的合作,进一步促进两国在职业教育领域的交流,推动两国职业教育在新形势下取得更大发展。2007年6月22日至23日,第三届中国—澳大利亚职业教育论坛在重庆召开,论坛全面回顾与总结2002年中澳(重庆)职业教育合作项目实施以来所取得成果和经验,并对这些成果和经验进行宣传和推广,以便让更多的地方和职业院校得以分享。在此基础上,进一步推动我国职业教育的改革与创新,继续深化中澳两国在职业教育领域已存在的合作与交流,努力促进我国职业教育事业实现更好更快地发展。

自20世纪80年代以来,澳大利亚相关政府部门出台一系列关于新形势下如何培养适应劳动力市场的技能型人才政策报告,有些政策报告专门讨论职业教育中技能的培养。对澳大利亚职业教育体系中可雇佣性技能政策的研究,分析政府出台的一系列政策的过程、内容和政策报告中的实施途径,并挖掘政策深层次的动因;同时期望能从澳大利亚的可雇佣性技能政策发展经验之中,总结出经验与教训,以期对我国当前职业教育的发展与改革提供有益的参考。

1.2.2　研究意义

对澳大利亚职业教育技能政策，特别是对以可雇佣性技能为代表的非技术技能政策的研究，从理论和实践两个方面具有以下的意义：

一、理论层面

第一，不同经济发展水平，对劳动力的需求也有所差异，农业手工业时代的传统技术或专门技能，工业时代强调工业技术或学科专门技能，知识经济主导的后工业时代对技能提出新要求，可雇佣性技能便是对后工业时代提出新技能观的反应，可雇佣性技能是传统技能发展的一个新阶段。本文将从历史和理论角度梳理职业教育中与传统意义上技能与可雇佣性技能的关系上，探讨未来职业教育发展的技能需求。

第二，本书对国外可雇佣性技能定义及其内涵进行梳理分析，同时进行比较研究，对可雇佣性技能和其他一些常见技能术语进行分析和界定；另外通过对澳大利亚职业教育体系中职业教育技能政策中关键能力、可雇佣性技能和基础技能进行深度分析，为我国职业教育中如何培养技能型人才提供一个技能构成的理论视角。

二、实践层面

第一，从学习者角度来看，在我国，整个职业教育体系中有意识地去培养学习者的非技术技能，并在具体实施的课程与教学和实训等各个环节融入非技术技能，强化学习者技能的获得。其结果有利于学习者从单纯的学习环境更好的向真实情景职业场所过渡，获得产业发展所需的技术和非技术技能；同时也有助于突破社会流动的瓶颈。

第二，以需求为导向的雇佣关系中，除了传统的技术或学科专门技能外，非技术技能逐步成为职业教育技能体系中最为关键的一个元素。让那些职业教育院校的学生和相关参与职业培训的学习者，在学习过程中不仅仅局限于单一技术技能的培养，而是有意识地去培养除了技术技能之外的非技术技能。获得产业发展所需的类似可迁移、可雇佣性的非技术技能，这样他们在进入职业场所后，可以加速他们职业的提升与发展；同时非技术技能掌握可以让他们在工作中具有可持续发展的能力,能适应职业场所不断变化需求。

第三,从企业角度上看,员工可雇佣性技能的培养,可以解决企业发展所需要的人才困境,让企业具有更强的市场适应性和竞争力;从经济发展来看,培养适合产业发展,具有多元综合技能型的劳动者,能提升国家的整体经济竞争力,保持经济活力。

1.3　核心概念辨析

1.3.1　职业教育

《中国大百科全书·教育》中对职业教育有一个简明而经典的定义:职业教育(Vocational Education)是"给予学生从事某种职业或生产劳动所必需的知识和技能的教育"。

职业教育也有广义和狭义之分。广义职业教育是指根据社会发展的需要,开发智力,发展个性,训练职业能力,培养职业道德。狭义职业教育是指在学校教育体系内部根据受教育者的基础教育水平和职业对象需要的不同,传授特定职业所需的职业基础理论知识,培养职业技术和技能,陶冶职业情操、增强职业意识的教育。广义的职业教育的重点是在教育的功能和作用上,而狭义的职业教育则反映了教育体系内部的结构与分工。[1]

职业教育是培养技术型、技能型人才的一类教育和培训服务。它的本质是帮助人们获得技术型、技能型职业的能力和资格,本质属性是技术技能职业性。它的目标是针对不断变化的劳动环境. 通过规范的教育过程传授从事职业活动必需的职业技能、知识和能力,使人获得必要的职业经验。职业教育的基本假设是技术型技能型职业人。[2]

我国于1996年出台的《中华人民共和国职业教育法》虽然未明确界定出"职业教育"一词的内涵与外延,但它提出我国要建立、健全职业学校职业教

---

① 梁忠义,李守福. 世界教育大系–职业教育分卷[M]. 长春:吉林教育出版,2001. 7.
② 欧阳河等. 职业教育基本问题研究[M]. 北京:教育科学出版社,2006. 10.

育与职业培训并举，并与其他教育相互沟通、协调发展的职业教育体系。其中，"职业学校教育分为初等、中等、高等职业学校教育"，"职业培训包括从业前培训、转业培训、学徒培训、在岗培训、转岗培训及其他职业性培训"。这说明，在我国的官方语境中的"职业教育"是一个涵盖了职前与职后、学校教育与企业培训的大职业教育观视野下的概念。

在国际上，职业教育常用术语有：职业教育与培训（Vocation Education and Training，简称VET），职业技术教育与培训（Technical and Vocation Education and Training，简称TVET），职业生涯与技术教育（Career and Technical Education，简称CTE），其中职业技术教育与培训是1999年第二届国际职业技术教育大会上联合国教科文组织推荐使用的术语，这些概念内涵与外延共同的发展趋势就是秉持了大职业教育观的原则。

澳大利亚职业教育所包含的范围就是大职业教育观，在澳大利亚政策文本中，澳大利亚同时使用职业教育与培训这个概念（Vocation Education and Training），通常缩写为VET，有时候也使用职业技术教育与培训这个概念，均包含"教育"与"培训"的内涵，但是澳大利亚VET使用更为广泛。本书中提及澳大利亚职业教育或职业教育与培训，均包含"教育"与"培训"这两层含义，为了术语的统一，本书统一使用职业教育作为统一术语。澳大利亚职业教育机构有三类：一类是公立，即由联邦或各州、领地政府举办，如各类技术与继续教育学院（Technical and Further Education，简称TAFE学院）、移民教育服务中心和农业学校等。在澳大利亚公立的培训机构的学生中，八成左右学生就读于技术与继续教育（TAFE）学院。第二类是社团性，如社区成人教育中心及团体间具有技术共享性质的双边或多边培训合作。第三种是私立和企业内培训机构。这三类机构中，公立类占主地位，其它两类只作补充。在澳大利亚，举办职业教育的机构统称为"注册培训机构"（Registered Training Organizations，简称RTOs）。为方便起见，本书提及澳大利亚的职业院校、技术与继续教育（TAFE）学院、注册培训机构，均指举办职业教育的机构，都包含在职业教育的范畴。

本书的职业教育以澳大利亚职业教育所定义的内涵和外延为标准。另外考虑中国和澳大利亚在表述习惯方面的差异,书中的职业教育和职业教育与培训含义相同,在本书中,职业教育作为术语和职业教育与培训等同。在澳大利亚"关键能力""可雇佣性技能""基础技能"的具体培养案例中,因为职业教育本身包含的内涵比较广泛,形式也比较多样,为了更具有可操作性和可行性,本书选取澳大利亚职业教育国家培训框架体系中的培训包(Training Package)作为代表,作为"关键能力""可雇佣性技能""基础技能"培养的具体实施案例进行研究。培训包是澳大利亚职业教育体系中最具特色之处。

1.3.2　可雇佣性技能、关键能力、基础技能

澳大利亚教育、就业与劳动关系部(Department of Education, Employment and Workplace Relations)在2012年中把在工作情景中表现的个人技能,分为技术或学科专门技能(Technical Skills or Discipline-Specific Skills)、可雇佣性技能(Employability Skills)和核心语言、读写与数学技能(Core LLN Skills)三个部分。

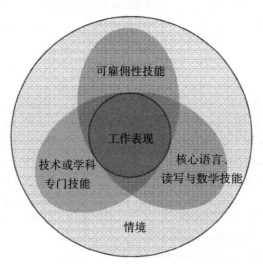

图1-1　情境中的可雇佣性技能(Employability Skills in context)①

---

① Department of Education. Employment and Workplace Relations.Employability Skills Framework Stage 1-Final Report[R]. Australian Government:Canberra, 2012. 5.

关于可雇佣性技能的概念，现在尚没有一个国际公认的定义，研究者从不同角度可以总结出不同的内涵，不同的国家和国际组织也给出了自己的定义，但是无论可雇佣性技能的定义如何变化，一个关键性的核心是不会变的：可雇佣性技能是在知识经济和产业变革的背景下，个人除了传统所需的特定技术或专门技能之外，还需要个人具备的获得岗位、维持就业和重新就业等技能，并在工作岗位上取得优异绩效各种技能的总称。

可雇佣性技能是英国、澳大利亚等国家使用的比较多的一个术语，各个国家和国际组织用不同的术语表达，综合不同学者观点，以及各个国家和国际组织对可雇佣性技能相类似术语的描述，与其相类似的技能术语可以限定符和描述符两个方面进行描述，限定符和描述符之间可以进行不同的搭配使用。下表限定符和描述符基本上概况了全球有关劳动者除了技术技能职位其他所需技能的表述方式，整个表格比较全面地涵盖了与可雇佣性技能类似术语的表述。

表1-3　可雇佣性技能类似的描述词①

限定符（Qualifier）	描述符（Descriptor）
核心（Core）	
关键（Key）	技能（Skills）
必备（Necessary）	能力、技能（Competencies）
必须（Essential）	能力（Competences）
通用（Generic）	品性（Attributes）
横断（Transversal）	特性（Characteristics）
迁移（Transferable）	品质（Qualities）
毕业（Graduate）	结果（Outcomes）
就业相关（Employment related）	能力（Capabilities）
可雇佣性（Employability）	能力（Abilities）
终身学习（Lifelong learning）	
关键跨领域（Critical Cross-field）	

注：该表根据Curtis, D. 的文献进行了整理。

---

① Curtis D. Defining，Assessing and Measuring Generic Competences[D]. Flinders University，School of Education. 2010. 22.

可雇佣性技能关注技能的可迁移性，与各个不同种类工作相关，并且与工作具体的技术技能或资格证书有所差异。可雇佣性技能是获得长期雇佣的必备条件之一。

本书的可雇佣性技能是以澳大利亚政策文本为标准，属于狭义定义，因为无论在国际上还是国内，可雇佣性技能的狭义定义仍然是主流，而且研究可雇佣性技能的意义在于开发和提升个人潜能，使其为就业或者再就业做好充分准备。

根据澳大利亚《为了未来的可雇佣性技能》《最终报告：支持可雇佣性技能认证与记录的发展策略》等报告的定义：可雇佣性技能是指那些不仅能获得就业的技能，同时也能让个人在岗位中不断发展、实现自身潜能、并能为企业发展做出贡献的技能。[①]

可雇佣性技能概念是一个与职业和就业模式变动而持续演化的过程。进入后工业时代，以服务业为主的就业结构体系，个人工作行为随着不断变化的任务而改变，而不是有详细界限界定的特定职位。大部分情况下，工人需要为他们自己的可雇佣性负责，这也就意味着他们要流动去寻找能提供给他们的工作岗位，同时也需要提升工作所需的技能。根据他们参与的特定项目和承担的工作，就业协议通常也是短期，因此要从职业生涯变动背景下去理解和管理可雇佣性技能。

本书中，提及通用技能、可雇佣性技能和基础技能等概念，通用技能是在20世纪80年代政策文本中提出的，通用技能含义更广，涵盖基础教育、高等教育和职业教育各教育层次。可雇佣性技能是2002年的政策文本正式提出，可雇佣性是产业集团直接干预教育，把自己的理念上升为国家政策，是更为有针对性的通用技能，有时候也称之为通用可雇佣性技能，职业教育要培养符合产业需求的劳动者，强调和工作场所相结合，更倾向于职业性。基础技能是在可雇佣性技能基础上，再加上语言、读写和数学技能构成基础技

---

① DEST. Employability Skills for the Future[R]. Commonwealth Department of Education, Science and Training, Canberra. 2012. 3.

能,基础技能含义比可雇佣性技能广泛。另外澳大利亚出台基础技能培训包,可以直接用于教学。

由于国内外与可雇佣性技能相近的词比较多,使用也比较混乱,本书对几个主要的概念作了一个简单的辨析,从而使可雇佣性技能概念在本书中更加明确。

一、可雇佣性技能与可雇佣性

在澳大利亚发布的政策报告中,可雇佣性技能框架中的个人品质和相关可雇佣性技能相综合,共同形成了个人的可雇佣性。因此本书的可雇佣性包含了可雇佣性技能,可雇佣性技能是个人能否获得可雇佣性的重要组成部分。

二、可雇佣性技能与可迁移技能

在很多文献中,我们也经常见到可迁移技能(Transferable Skills),联合国教科文组织2012年教育监测报告《青年与技能》中确定了所有年轻人都要具备的三类主要技能:基本技能、可迁移技能以及技术或职业技能。其中把可迁移技能定义为:可迁移技能包括解决问题的能力、有效地交流思想和信息、具有创新意识、表现领导力和责任感,以及展示创业能力。人们需要这些技能,以便适应不同的工作环境,从而提高其留在就业岗位的机会。

可雇佣性技能是可迁移的核心技能组合,表示的是所在岗位所必需的和能够成为现实的技能和态度,本文认为可迁移技能与可雇佣性具有相同的内涵,因为可迁移技能在教育背景下获得和发展,并能迁移到具体工作场所的通用能力,在一定的情况下可以互用。

三、可雇佣性技能与通用技能

通用技能通常是指某一特定技术技能或特定专门技能之外的技能,技能不仅仅运用于某一个领域,而是可以运用于多个领域。因此通用技能在技能列表中,除了技术和学科专门技能之外的技能,都可以用通用技能来进行概括。通用技能运用比较广泛,在澳大利亚,在不同教育层次中,通用技能经常使用以下不同的术语替代。在中小学领域,澳大利亚中小学通常使用核心素养(key competencies)或者通用能力(general capabilities)。在职业教育领域,澳大利亚职业教育机构通常使用可雇佣性技能和相关品格(employability skills and associated attributes)。在澳大利亚高等教育领域,高等教育体系常用毕业生素养或者毕业生能力(graduate attributes or capabilities)。[1]通用技能这一术语可以用于所有教育领域,在澳大利亚职业教育领域,可雇佣性技能有时候与通用技能互用,但是通用技能比可雇佣性包括的范围更大,可雇佣性技能不包括读写技能。

四、可雇佣性技能与关键能力

关键能力是指那些对有效参与工作和工作组织必不可少的能力。这些能力主要表现为在实际工作场景中,能够把知识与技能相整合并加以运用的能力。关键能力通常是可以通用的,因为关键能力在运用的时候并非仅仅局限于某一特定行业或者工作,而是可以通用于各个不同工作之中的能力。通用性意味着关键能力不仅对有效参与工作是必要的,而且关键能力对未来工作岗位上的继续教育,以及成人后的日常生活也具有非常重要的作用。[2]

可雇佣性技能是在关键能力的基础上提出来的,可雇佣性技能涵盖了关键能力,但是这两者还是有差异(图6-2)。关键能力出台是由政府主导,调研的时候更具有广阔范围的代表性,梅耶委员会的代表来自产业、政府部门、社会团体、教师与培训者等各个领域,同时对社区进行了咨询。而《未来所需的可雇佣性技》这份报告主要是来自产业部门的代表。可雇佣性技能虽然是在《梅耶报告》中的关键能力基础上提出来的,但是在咨询的广度比不上《梅耶报告》。然而可雇佣性技能比关键能力更加细化,可雇佣性技能更符合产业的需求,同时也更容易在工作场合中实施。另外,可雇佣性技能在关键能力的基础上,增加了自我管理技能、学习技能,主动和创业技能,更强调个人在工作中所发挥的作用和责任。

---

① Bowman K. Background paper for the AQF Council on generic skills[EB/OL]. http://www.aqf. edu.au/wp-content/uploads/2013/06/Generic-skills-background-paper-FINAL.pdf. 2015-5-13.

② Committee A E C M. Putting general education to work: the key competencies report[R]. Australian Education Council & Ministers of Vocational Education Employment & Training. 1992.7.

五、可雇佣性技能与基础技能

基础技能是指能确保顺利工作和生活所需要的核心和必备技能。

基础技能这个术语包含澳大利亚核心技能框架（ACSF）中所界定的核心技能，也包含雇主认为在工作场所关键和必要的可雇佣性技能。澳大利亚核心技能框架中包括阅读、写作、口头表达、数字与学习等核心技能，目前核心工作技能发展框架（CSfW）涵盖了可雇佣性技能，主要包括问题解决、团体合作、数字阅读等技能。在澳大利亚，基础技能包含可雇佣性技能与语言、读写和数学技能。①

1.3.3 政策

关于政策的含义，不同的学者有不同的理解。刘斌等通过对西方和中国不同学者有关定义的概括，认为政策有如下含义：①政策是由政府或其他权威人士所制定的某种计划或规划；②政策是一系列活动组成的过程；③政策具有明确的目的性和方向性，不是无意识或偶然性的行为；④政策是对社会所做的权威性价值分配；⑤政策是政府选择的行为，表现为直接采取的行动和不采取行动的态度。②

宁骚认为广义的政策指的是人们为实现某一目标而采取的行动方案。而狭义的政策则是将政策主体确定为公共权力机关或政党，赋予它"公共政策"概念的根本特征。公共政策是公共权力机关，经由政治过程所选择和制定的为解决公共问题、达成公共目标、以实现公共利益的方案。③

黄立志在其专著《制度生产与变革：澳大利亚技术与继续教育历史研究》中认为教育报告在以下两种类型能够成为公共教育政策。一类是教育政策报告经过联邦教育部或者州教育管理部门认定以后，以这些管理部门的名义出版，或者教育报告经由官方公布才具有政策的作用；另外一类是有

---

① Australian core skills framework. [EB/OL]. http://www.acer.edu.au/cspa/australian-core-skills-framework.2015-10-8.

② 刘斌，王春福主编.政策科学研究:政策科学理论(第一卷)[M].北京:人民出版社,2000.88.

③ 宁骚主编.公共政策[M].北京:高等教育出版社,2000.109.

关教育法律以某些教育报告为蓝本制定,报告的主要观点和内容成为教育法律的重要条文。①

1985 年,澳大利亚就业与产业关系部发布的《劳动力市场报告》;1985年,澳大利亚教育质量审查委员会发布的《教育质量报告》;1991年,澳大利亚教育委员会发布的《青年参与义务教育后的教育与培训》;1992年,澳大利亚教育委员会与澳大利亚职业教育、就业与培训部发布的《关键能力》;2002年,澳大利亚教育、科学与培训部、澳大利亚工商业协会、澳大利亚商务理事会共通发布的《为了未来的可雇佣性技能》;2004年,澳大利亚教育、科学与培训部等机构共同发布的《最终报告——支持可雇佣性技能认证与记录的发展策略》;2012年,澳大利亚第三级教育、技能和就业常委会《国家成人基础技能策略》。这些报告都是由澳大利亚政府部门发布,它们作为重要的政府政策文件对澳大利亚职业教育产生了巨大影响。

1.4　理论分析框架

1.4.1　渐进决策理论

林德布洛姆认为,决策过程只是决策者基于过去经验对现行政策稍加修改而已。这是一个渐进的过程,看上去似乎行动缓慢,但积小为大,其实际速度要大于一次大的变革。政策上大起大落的变化是不可取的,往往"欲速则不达",它会危及社会的稳定。林德布洛姆认为,决策之所以是渐进的,在于西方民主体制中政府推行的政治是渐进的政治,表现在政党和政治领袖对基本国策的看法是一致的。在竞选时,他们仅对每次政策提出渐进的修改。政党自身的政策也是在渐进地改变。从技术上讲,决策者无足够的时间和智慧或其他资源调查所有的政策方案、洞悉每一项政策的后果。此外,现行计划可能已经投下了巨大的资本和精力,这也部分排斥了部分巨变,否则会带来一系列组织结构、心理倾向、行为习惯的震荡和财政困难。

---

① 黄立志. 制度生成与变革:二战后澳大利亚技术与继续教育(TAFE)历史研究[M]. 天津:南开大学出版社,2013. 165.

　　利益集团领袖是决策过程的积极参与者，其参与手段主要是说服，他们是掌有实权直接决策者的信息和分析主要来源。直接决策者是权力运用的主要角色，他们处于决策阶梯的顶端，他们做出决定，但他们受制于其他力量。在互相作用和影响的过程中，直接决策者并非消极地对处于决策阶梯底层的公众和各种团体的选择和要求做出反应，他们同时还以各种方式积极地去影响下层，这样，决策过程就是一个循环的过程。"这一过程既无开头，也无结果，其界限是非常不确定的。由于某种原因，一系列复杂的，我们称之为决策的力量的聚合产生了被称为"政策"的这一结果。"[①]

　　袁振国把渐进模式的内涵概括为以下6点[②]：

　　(1)决策者不必企图寻找与评估所有的政策方案，只需着重于那些与现行政策有渐进性(有限)差异者即可。

　　(2)决策者只需考虑几个有限的政策方案(而不是所有备选方案)。

　　(3)决策者对每个方案只需评估几个可能产生的重要的后果(无需考虑一切可能的后果)。

　　(4)决策者所面对的问题，一直在被重新界定。渐进主义主要目的——手段与手段——目的的调适，其结果使得问题较易处理。

　　(5)教育问题并没有一个最好的一劳永逸的解决方案，应当通过分析与评估的过程，逐渐解决所面对的问题。

　　(6)渐进决策具有补救性质，适应于解决现实的与具体的问题，但不重视将来社会目标的实现。

　　① [美]查尔斯·林德布洛姆.决策过程[M].竺乾威,胡君芳译.上海:上海译文出版社,1988.3-4.

　　② 袁振国.教育政策学[M].南京:江苏教育出版社,2001.130.

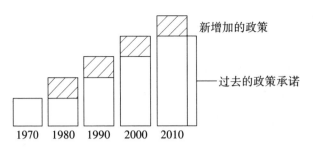

图1-2　渐进分析模式图

1.4.2　多源流理论

多源流理论认为政策议程的建立存在三种源流:问题源流、政策源流与政治源流,它揭示了在模糊性条件下的政策选择过程,并假定了一条暂时原则:"具体选择什么样的政策取决于政策制定的时间。"多源流理论回答了三个重要的问题:"政策制定者的注意力是如何分配的? 具体问题是如何形成的? 对问题及其解决方法的发现是怎样和在哪里进行的"。

首先是问题源流。现实社会中存在着各种各样的社会问题,这就组成了政策过程中的问题源流,但不是所有的问题都能得到政策制定者的关注,从而上升到政策议程的高度。金登认为,问题是否为政策制定者关注,主要取决于:①反映项目情况和重要程度的指标,②重大事件或危机事件,③现行项目的反馈信息。一些重大事件等可以引起决策者对某个或一些问题的关注,而现有项目的反馈信息可以推动人们对问题的关注。同时,价值观对问题的分类也发挥了重要作用。这些因素共同影响着政策制定者对问题的思考方式,是相关政策被关注并通过的关键因素。

其次是政策源流。金登认为,问题仅仅引起决策的重视是远远不够的,还不能完全保证其能够排上决策者的政策议程,这就需要吸引人的备选方案和政策建议。在政策系统中,存在一个由官僚、学者、研究人员、利益团体的分析人员等组成的"政策共同体"(policy community),政策共同体中的专家学者们关注同一领域中的问题,为了这个解决问题,会产生大量的备选方案和政策建议。在这个过程中,备选方案和政策建议不是一次性就能够完成的,它是一个不断提出议案、讨论、修改、然后再提出的反复过程,这个"软化"过程使得人们习惯并逐渐接受他们的政策建议。在政策的选择过程中，有些能够得到重视，另一些却会被抛弃。

再次是政治源流。政治源流由国民情绪、利益集团、执政党的更迭、国会议席的重大变化、行政机构的重大人事调整等因素共同构成。在政治领域内，这些因素都能够促使政治家们在考虑问题时调整他们的侧重点，从而影响政策的制定。其中，国民情绪在某些时候更为重要，金登认为，国民情绪可以让某些问题登上政策议程，甚至可以使这些问题居于议程的显著位置。而且，国民情绪和执政党更迭这两个因素的结合，会对议程产生强有力的影响。政治源流中的各种力量在寻求平衡过程中，并不是依靠科学的说服来达到，而是通过政治妥协、讨价还价等博弈的方式来完成。

最后是政策之窗。当问题源流、政策源流和政治源流在某一个关键的时间点上汇合时，问题就会被提上政策议程。澳大利亚职业教育政策中可雇佣性技能的提出，经济上产业转型，澳大利亚社会结构性就业问题，失业问题等突出，教育需要为澳大利亚人力资源发展服务，职业教育技能政策也正是在这些背景下，提出了可雇佣性技能政策。

政策提出的关键点就是金登所提出的"政策之窗"，其定义为"政策建议的倡导者提出并推广其政策建议或吸引人们关注特殊政策问题的机会"。政策之窗不是总是打开，而且它在开启后会很快关闭，这种情况下，如果参与者不能及时把握住此次机会，就只能等待下次开启。这就需要政策企业家抓住并利用政策之窗开启的机会，促使问题源流、政治源流与他们所倡导的政策源流结合，以确保他们的政策建议能够上升到政策议程，并形成特定的政策结果。这里的政策企业家是指那些"愿意投入自己的资源——时间、精力、声誉及金钱——从而促进某一主张以实现其物质利益、要达到的目的或预期未来收益的倡导者"。总而言之，多源流框架下的政策议程建立过程包含着三条相互分离的源流——问题源流、政策源流与政治源流，偶然的社会事件或政治事件能够促使政策之窗开启，这时已经发展得较为成熟的三条源流汇合在一起，政策企业家及时抓住这样的机会之窗来促使公共问题进入政策议程，新政策由此形成。

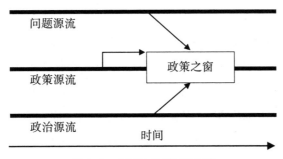

图1-3 多源流分析示意图①

一般情况下,人们把公共政策的制定过程简化为四步:议程的确立;备选方案的阐明;决策,即在阐明的备选方案中作出选择;决策的执行。②金登的多源流框架涉及的是前两个过程,而扎哈里尔迪斯则认为两者是同一过程的两个方面,将决策的过程定义为:"政策制定者从一系列已经产生的可供选择的方案中作出具体权威性选择的过程。"③

1.4.3 渐进主义——多源流理论分析框架

在澳大利亚职业教育技能政策研究过程中,两个理论的相互补充,可以很好地解决两者的不足。在金登的多源流理论中,他并没有专门论述源流的改变状态。我们可以从两个方面分析三条源流。对于单个职业教育技能政策而言,在职业教育技能问题源流中,指标变化可以是渐变的,也可以是突变的;在政策源流中,职业教育技能政策的改良建议可以是渐变的,也可能因为技术或思想的发展而突然有大变化;在政治源流中,民意或政治家思想可能是渐变的,也可能受另两类源流的影响而突然发生扭转。这三条源流中渐变的部分体现的是渐进主义的思想,需要渐进主义来解释。下图(见图1-4)的分析框架,正是基于渐进主义——多源流理论,来分析职业教

① Birkland T A. An introduction to the policy process : theories, concepts, and models of public policy making(3rd ed.)[M]. M.E. Sharpe. 2011. 298.

②[美]约翰·W.金登. 议程、备选方案与公共政策(第二版)[M]. 北京:中国人民大学出版社,2004. 3.

③ 尼古拉斯·扎哈里尔迪斯. 模糊性、时间与多源流分析[A]. 保罗·萨巴蒂尔政策过程理论[C]. 北京:生话·读书·新知三联书店,2003. 102.

育技能政策的形成过程。

首先,对职业教育技能政策产生直接影响的,因经济社会发展、产业结构变迁,生产关系变化而形成的社会问题。如由产业结构、生产方式变化引发的雇佣制度变化,终身或长期雇佣的崩溃,雇佣流动化,劳动者面临着必须不断改换岗位局面,同时,因为生产方式的变化,雇佣者对劳动者的要求也不断变化,这就形成了职业教育技能政策所谓的问题源流。

其次,产业结构、生产方式变化引发的雇佣制度变化影响社会生活环境,包括家庭、社会环境、媒体,这种影响当然就会形成舆论,包括对职业教育技能政策批判、建议,这也是职业教育技能政策的源流之一。为应对雇佣流动化、雇佣方对劳动者要求的变化社会问题,至少是应对由此而起的社会舆论,不管是政府、专家学者、各种利益集团必然会寻找对策,从自己的立场提出各种解决问题的政策建议或者说备选方案,这些政策建议、备选方案有时可能是相互矛盾、对立的,例如:职业教育(职业培训)政策作为劳动雇佣政策一部分的时候,雇佣方与被雇佣方以及各自的代言人的观点往往很难一致。但为了解决社会问题,在讨论、争论的过程中,参与各方相互妥协,最终达成一定程度的共识,这实际就是职业教育技能政策的政策源流。

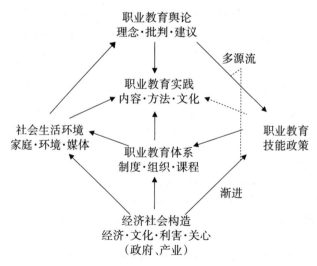

图1-4 职业教育技能政策的系统分析框架

因为存在社会问题,国民、社会各种利益集团自然会形成对解决这一问题的观点,而作为利益集团代表政党,特别是代表大多数国民执政党(政府)就会整合自己所代表的社会利益集团观点而形成政党政见,这就形成了职业教育技能政策所谓政治源流。

由多源流形成职业教育技能政策,往往是渐进的。如果没有政党更替,为保持政策的一贯性,不可能对政策做出颠覆性的变化。即使政党更替,因为西方国家政治体制中,各政党对宪法规定国家基本制度、大政方针的观点基本一致,也不可能对现行政策做颠覆性的变化,况且剧烈的变化所带来的后果也是任何政府难以承受的。更重要的是,西方发达国家职业教育技能政策演进,其根源在于经济社会的发展变化,经济社会的发展变化是渐进的,所以职业教育技能政策演进也一定是渐进的。无论是否有政府更替,职业教育技能政策是渐进变化的同时保持延续性。

职业教育技能政策可以直接改变职业教育的制度、组织、内容(课程、评价体系),但并不等于同样地改变教育现场所所(教育实践、学习活动)。职业教育技能政策,转化为有效的职业教育实践,形成期望的能力,除了职业教育的制度、组织、内容(课程、评价体系)之外,还必须有指导者集体、学生集体、职业教育的文化、习惯的动态影响,以及学生们生活环境的影响,教育舆论接受方式的影响,多种多样,纷繁复杂。

1.5 研究方法

研究方法是一项研究的重要组成部分,它提供了人们在该学科领域内分析问题的视角、工具和分析框架,同时也是理论的逻辑起点。任何学科都有自己独特的研究方法。其实,把握研究方法,就是把握本学科研究的语言、思维方式。托马斯·库恩(C T. S. Kuhn)在《科学革命的结构》一书中用"范式"(paradigm)来概括这种语言思维方式。所谓范式,就是指科学家们之间围绕假设,方法论原则、分析技术、事例等形成的一些看法,以及最终形成的一种反映其学术思想的概念体系。①本书的研究方法主要包括下列几项。

1.5.1　文献研究

任何研究都需要建立在前人已有的研究基础上,掌握研究的核心问题及还需要解决的问题,这样才能进一步深入研究。袁振国认为文献研究可分解为四个相互衔接、紧密结合的环节和实施步骤,即确定研究问题并拟定研究计划、收集和评价文献资料、综合分析文献内容和形成结论。②文献研究是重构过去发生过的事件和解释事件意义的系统过程,能为研究者研究教育问题提供观察的角度,使决策者从中获益。

本书的文献主要来源:ProQuest 电子期刊、ProQuest 电子图书、ProQuest 学位论文全文数据库、EBSCO 教育专题库、Taylor & Francis 期刊数据库、澳大利亚国家图书馆(National Library of Australia)学位论文数据库和电子图书馆,澳大利亚国家职业教育研究中心(National Centre for Vocational Education Research)、澳大利亚教育与培训部网站、澳大利亚工业部网站、澳大利亚联邦政府及相关部门网站等。国内文献主要来自于中国知网、中国高等教育文献保障系统(简称CALIS)、中国高校人文社会科学文献中心(简称CASHL)等国内知名数据库与文献库。

本书正是基于已有的有关澳大利亚职业教育中外研究资料,对文献研究内容进行鉴别与整理,确定研究方向与主题。本书将对可雇佣性技能的研究相关的国内外文献进行收集、阅读、整理、综述,阅读相关理论和实证研究文献。总结出前人对可雇佣性技能内涵的界定、可雇佣性技能开发、各个国家可雇佣性技能采取政策等方面的研究。为本书写作中可雇佣性技能与产业发展、雇佣结构、国家政策等之间相隔联系等问题的分析提供文献和理论基础,从而使本书在以往研究基础上有一定程度的创新。

本书技能政策中主要的文献来自以下相关报告:1985 年发布的《劳动力市场报告》(*Report of the Committee of Inquiry into Labour Market Programs*),

---

① 张东辉. 经济学研究方法的变革与现代经济学发展[J]. 东岳论丛,2004(1):45-49.

② 袁振国. 教育研究方法[M]. 北京:高等教育出版社,2000 .153.

1985 发布的《教育质量报告》(*Quality of education in Australia:report of the Review Committee*), 1991年发布的《青年参与义务教育后的教育与培训》(*Young People's Participation in Post-compulsory Education and Training*), 1992年发布的《关键能力报告》(*Key Competencies Reprot*);2002 年发布的《为了未来的可雇佣性技能》(*Employability Skills for the Future*);2004 年发布的《最终报告——支持可雇佣性技能认证与记录的发展策略》(*Final Report:Development of a Strategy to Support the Universal Recognition and Recording of Employability Skills*);2006 年发布的《可雇佣性技能:从政策框架到实践——为培训者和评估者提供的介绍指南》(*Employability Skills:From Framework to Practice-An Introductory Guide for Trainers and Assessors*);2010 年发布的《21 世纪职业教育的基础技能》(*Foundation skills in VET products for the 21st century*);2012 年发布的《国家成人基础技能策略》(*National Foundation Skills Strategy for Adult*);2012 年发布的《澳大利亚核心能力框架》(*Australian Core Skills Framework*);2013 年发布《核心工作技能开发框架》(*Core Skills for Work Developmental Framework*)。

在可雇佣性技能融入培训包和基础技能培训包的文献资料来源上,主要参考文献来自《培训包开发手册》(*Training Package Development Handbook*)2004 年版、2006 年版、2007 年版、2011 年版的各个不同年份出台的手册;另外还参考了 2012 年出台的《培训包标准》(*Standards for Training Packages*),2013 年出台的《基础技能培训包》(*Foundation Skills Training Package*)。

1.5.2 历史——逻辑方法

历史——逻辑方法是教育理论研究的基本方法之一。历史,指客观事物(包括自然界和人类社会)本身发展的历史过程以及人类认识客观现实的历史发展过程(如科学史、哲学史、思维史等)。逻辑,指历史发展过程在思维中概括的反映,是抽象思维过程和辩证思维过程中认识形式的转化。历史逻辑方法,指舍弃事物发生、发展的历史过程中的各种细节及偶然因素,通过一系列概念范畴,以"纯粹"的理论形态来揭示历史发展的规律,从而建立科学理论体系。

逻辑推演与历史发展相统一有三种基本表现形式：一种是逻辑推演与研究对象的实际发展过程相符合，概念、判断及相互关系与事实相符合；一种是逻辑推演与人类社会实践的发展过程相符合，经历了一个由低级向高级的发展过程；一种是逻辑推演与人类认识形式的发展史相符合，这就是从感性认识到理性认识，理性认识又分为思维的抽象和思维的具体两个层次。只有二者相统一，理论的论证才是有力的，结论才是可信的。

用历史——逻辑方法进行理论研究和建立科学的理论体系时，要遵循以下要求：①更深入研究对象的形态和结构，要通过各属性、成分因素在空间上的分布看到内在本质联系；②要揭示对象发展过程与认识发展过程的历史规律性，既要反映对象的历史发展过程，又要反映人们认识这一对象的历史发展过程；③要使历史的研究和逻辑的研究结合，用逻辑的说明方法时，必须以历史的叙述方法作补充；在叙述历史时，必须用逻辑的方法理清线索，把握本质和规律。在安排理论体系各个概念、范畴的逻辑顺序时，要使理论的逻辑进程与客观现实的历史进程、关于对象认识发展的历史进程相一致。①

1.5.3　比较研究

比较法是根据一定的标准，对不同国家或地区的教育制度或实践进行比较研究，找出各国教育的特殊规律和普遍规律的方法。②

比较研究要求研究对象必须具有可比较性，并从比较的角度把握对象特有的规定性；研究方法上以比较分析为主；其研究结论的客观性还有待实践证明。比较研究可以帮助人们更好地认识事物，把握教育的普遍规律，有助于深化教育科学理论的研究；能使人们更好地认识本国、本地的教育状况；能帮助人们获得新的发现；能为教育政策的制定提供依据。

康德尔认为比较教育研究的最根本目的应是"发现教育问题，探讨问题

---

① 裴娣娜. 教育研究方法导论[M]. 合肥:安徽教育出版社,1994. 332–333.

② 吴文侃,杨汉清主编. 比较教育学(修订本)[M]. 北京:人民教育出版社,1999. 21.

产生的原因及其在特定背景中的解决方法,以及发展教育的原理或原则"。①
康德尔认为"对这类问题进行比较研究的主要价值就在于分析问题的成因,
比较各国制度及其背后原因间的差异,最后研究尝试解决问题的方法。

康德尔强调了比较教育的"历史—功能"的目的,他认为研究国家教育
制度的基本目的是为了说明每一种教育制度是如何表现其独特的特征,为
此他从历史的角度来看待这一领域,认为比较教育是"延续至今的教育史研
究"②。"比较教育研究继续了教育史的研究并且把教育史延续到现在。它提
示了教育与其所服务的团体的文化模式之间的必然联系。事实上,要了解
任何一种制度以及两种制度间的差异,不深入到其背后发现影响其形成的
因素,那是不可能的。"③

本书采用比较教育研究中历史文化学派(代表人物为美国比较教育学
家康德尔)的比较教育研究方法。将可雇佣性技能相关政策放在澳大利亚
的社会文化历史中去考察,探讨澳大利亚职业教育可雇佣性技能政策形成
与发展;在此基础上,系统地描述可雇佣性技能现状,并进行分析。同时,本
书属于比较教育研究中的国别/区域研究,即从本国的教育问题或关注点出
发,系统分析区域或国别案例资料,以作为改进本国的借鉴。本书结合比较
教育和政策科学的理论研究澳大利亚职业教育中技能变迁的历史过程,重
点分析当前可雇佣性技能的核心内容及实施与培养过程,把握可雇佣性技
能相关政策发展过程、现状与发展趋势,从而为我国职业教育如何培养学生
的技能提供借鉴。

1.5.4　案例研究

案例研究是社会科学研究中广泛使用的一种研究方法,迄今为止,这种
研究方法已经得到社会学、人类学(包括民族学)、教育学、政治学以及公共

---

① Kandel(ed). Educational Yearbook[M]. New York: International Institute of Teachers College Columbia University. 1939. 436.

② 王承绪主编. 比较教育学史[M]. 北京:人民教育出版社,1999. 73.

③ Kandel. The New Era in Education:a Comparative Study[M]. London,Harrap. 1955. 46.

管理等学科研究者的认可并且被运用到特定问题的研究之中。

所谓案例,从字面上理解就是"实例""个案"的意思,是对某个真实事件的特定情景的客观描述,它是"具体情境下发生的典型事件"。"具体情境"体现为案例发生的时间、地点、人物、起因和条件等背景信息,也即构成案例的要素;"典型事件",指的是在具体情境下发生的具有代表性的、最能反映事物本质的有价值的实例。①案例研究法,即研究者根据研究的需要,选取具有代表性的相关案例进行研究的方法。收集和分析该方法要求根据研究的理论假设和研究目标。本书之所以采用案例研究法,取决于本书的研究目的。

培训包是澳大利亚职业教育体系中最具特色之处。在澳大利亚《培训包手册》中,从第二版开始有专门对可雇佣性技能融入培训包的说明。可雇佣性技能融入培训包中,采用物流业作为案例进行说明。在基础技能培训包出台后,将基础技能培训包作为案例,说明基础技能培训包是如何进行教学的。

1.6 研究创新之处

在以往研究不足的基础上,本书的创新之处主要有三点:

其一,在研究内容上,可雇佣性技能等非技术技能是在发达国家近几十年才兴起的研究热点,我国对可雇佣性技能研究也是近年来才成为一个关注的热点,而国内有关可雇佣性技能研究更多的是关注大学本科生和研究生的教育领域,而对有关职业教育领域的可雇佣性研究较少;在教育研究领域,职业教育是研究中比较薄弱的一块,我国拥有一万多所职业院校,对一千多万中高职学生而言,更需要相关的研究来促进职业教育的发展,研究的现状也与我国当前高度重视职业教育形成巨大的差距,因而基于职业教育视角对可雇佣性技能等非技术技能的研究对充实我国职业教育领域中可雇佣性技能等的研究具有重要意义。

---

① 贺武华. 教育政策过程研究的案例研究法[J]. 现代教育论丛, 2010(9):25-27.

    其二,研究对象选择上,澳大利亚职业教育体系是全球公认一种比较成熟和完善的体系。国内对澳大利亚职业教育研究较多,但聚焦澳大利亚技能政策的研究还很少,本书对充实我国澳大利亚职业教育研究也具有重要意义。我国在国家与院校等各个层面都与澳大利亚职业教育部门和院校展开了合作。澳大利亚的职业教育体系也极具特色,在整个澳大利亚职业教育体系中,技能是职业教育的核心所在,澳大利亚自20世纪80年代以来,推出了一系列非技术技能和技术技能政策,逐步构建一个国家技能培养体系。本书选择澳大利亚职业教育技能政策作为出发点和落脚点,对澳大利亚职业教育领域中非技术技能政策的背景、形成过程、成因、内容、实施等方面进行探讨,既有对政策本身内容的说明,也有对政策成因和提出动因等背后因素的分析。从澳大利亚技能政策的演进,特别是非技术技能的演进来视角来看澳大利亚职业教育。

    其三,在研究分析框架上,运用和借鉴林德布洛姆的渐进决策理论和金登的多源流理论等相关学科的专业知识形成综合分析框架,分析澳大利亚职业教育非技术技能政策的形成过程,同时说明各个不同阶段非技术技能相关政策的主要特征、内容及其实施,并对澳大利亚职业教育领域提出的非技术技能政策背后所蕴含着的经济及政治等深层次原因进行分析,具有一定的创新意义。

第二章　文献综述

2.1　可雇佣性技能研究现状综述

2.1.1　国外研究综述

2.1.1.1　国外学者有关可雇佣性技能概念的研究综述

可雇佣性这一概念最早由英国学者贝弗里奇于1909年提出,当时提出的目的在于区分人们是否具有劳动能力,特别用来判断失业人士是否有被雇佣的可能性。[①]可雇佣性这个概念从提出到现在经历了一个多世纪的发展,这期间随着社会、经济、政治等环境的变化,可雇佣性的理论研究和实践也经历了不同的历史变迁。可以说可雇佣性技能概念从出现至今,其研究内容、方法和过程的演进同西方工业化时代到后工业化时代进程中的工作与组织变革具有同步性。

进入20世纪60年代,国际上许多学者和相关机构开始了对可雇佣性和可雇佣性技能的研究。特别是进入90年代后,英国、澳大利亚、加拿大和美国等各国政府机构开始在公共政策中运用可雇佣性技能,企业和雇员为了应对激烈的竞争形势,纷纷关注并有意识地提高劳动者的可雇佣性技能。进入21世纪后,不同国家的研究者从各个角度探讨可雇佣性技能。

如今可雇佣性已经成为教育和就业研究的重要领域,由于可雇佣性是个相对抽象的概念,在实践中进行培养与评价存在一定的难度,而可雇佣性操作化的具体指标,即可雇佣性技能的研究更具代表性。国际上许多学者

[①] Mansfield, Malcom. Flying to the moon: Reconsidering theBritish labour exchange system in the early twentieth century[J]. Labour History Review. 2001(1):66.

或组织对雇主要求的毕业生技能和毕业生在获取、维持就业方面的技能进行了广泛深入的研究，这些研究指出超越具体工作要求、能使毕业生个人对企业（或其他机构部门）证明其价值的可雇佣性技能是关键方面。目前对可雇佣性技能还没有形成一个公认的定义，可雇佣性技能的测评上也没有通用的框架。下面是一些关于可雇佣性技能具有代表性的定义。

Fallows 和 Steven 指出可雇佣性技能有多种不同的定义，他认为可雇佣性技能是"就业和作为一个负责任公民所需的必备技能，如可迁移技能、通用技能和核心技能"[①]。

Evers 等人认为可雇佣性技能是"必备的技能素养，这些基本素养包括：自我管理、沟通、任务和人力管理、适应革新变化"[②]。

Zinser 认为资源管理、沟通与人际交流技能、团体合作和问题解决，获得和保持工作是可雇佣性技能的核心元素。[③]

Overtoom 认为可雇佣性技能是可以迁移的核心技能，这些技能是 21 世纪工作场所需的，是知识、技能、态度等领域应该必备的。[④]

Orner 认为可雇佣性技能核心概念包含：个人能有效管理职业生涯，并在工作中能保持工作的性格、行为和技能。[⑤]

Hartshorn 和 Sear[⑥] 认为可雇佣性技能是"能够适应在越来越灵活的劳动力市场的技能组合"。

---

① Fallow, S., &Steven, C. Enhancing employability skills within highereducation: Impact on teaching, learning and assessment[EB/OL]. http://www.leeds.ac.uk/educol/documents/000000700.htm. 2015-5-15.

② Evers, F.T., Rush, J.C. The bases of competence: skills for lifelong learning and employability[M]. San Francisco, CA: Jossey-Bass. 1998. 5.

③ Zinser R. Developing career and employability skills: A US case study[J]. Education and Training. 2003(7):402-410.

④ Overtoom C, Eric D. Employability Skills An Update[J]. Adult Education, 2000.

⑤ Omar M, Bakar A, Rashid A. Employability Skill Acquisition among Malaysian Community College Students[J]. Journal of Social Sciences, 2012, 8(3):472-478.

⑥ Hartshorn C, Sear L. Employability and enterprise: evidence from the North East[J]. Urban studies, 2005(2):271-283.

Robinson 认为可雇佣性技能是那些获得、保持工作并且能在工作中做的很好所必须具备的基础技能。[①]

Tsai 认为[②]：可雇佣性技能是那些能够获得并维持工作，同时能够很好完成工作的必备的基本技能，这些技能、态度和行动能够让工人与其他同事和上司相处和谐，能让他们做出正确的、重要的决定。与职业技能或者技术技能不同，可雇佣性技能通常能适用于各个产业，具有通用性，而不只是某一特定工作需求的具体技能。

Lowden 认为可雇佣性技能是任何人、任何工作都需要的技能，这些技能在特定的工作场合中，需要与特定的知识和技术技能共同展现。[③]

Macintosh 和 Tolley 认为可雇佣性技能是独立于某一职业部门和组织的可迁移技能，这些可迁移技能以增加他们的适应、学习和独立工作能力为目的，从而促进个人整体的可雇佣性。[④]

Cassidy 认为[⑤]，基于职业的功能，非技术技能有时候通常又指可雇佣性技能，包括口头表达、阅读、写作和数学，高端思考技能如学习技能和策略、问题解决、做出决定和情感方面技能，以及个人的特质如可靠性和责任心、积极态度、沟通技能、团队合作、自律、自我管理和独立工作能力。

Hind 和 Moss 把可雇佣性技能简单定义为：能够在各个场合使用并帮助个人获得就业的技能。[⑥]

总的来说，可雇佣性技能的概念主要有狭义和广义之分，狭义的概念关

---

① Robinson, JP. What are employability skills? [J]. The Workplace, 2000(3):1-3.

② Tsai, C. Y.. A Study of Employability between Higher Technical and Vocational Education and Employer in Tourism and Hospitality: A Stakeholder perspective[J]. International Journal of Academic Research in Business and Social Sciences, 2013(10):344.

③ Lowden, K., Hall, S., Elliot, D., & Lewin, J. Employers' perceptions of the employability skills of new graduates[M]. London: Edge Foundation. 2011.

④ Macintosh and Tolley. generic employability Skills. http://www.swslim.org.uk/downloads/SL1960.doc. 2015-5-25.

⑤ Cassidy, S. Developing employability skills: Peer assessment in higher education[J]. Education and Training, 2006(7):508-517.

⑥ Hind D W G, Moss S. Employability skills[M]. Business Education. 2011. 1.

注在后工业化背景下,雇员为获得和维持工作所需的技能,除传统工业社会中所需要具备的知识、技能和特质之外,还需要新的技能来获得和维持工作。而广义的可雇佣性技能是从可雇佣性角度进行探讨,其内涵不仅仅从个人特点的角度出发,而且将宏观因素纳入其中来形成人才市场供应和需求的平衡,因此广义的可雇佣性定义通常将经济环境,劳动力市场状况包括在内。

不论如何定义,大部分观点都认为可雇佣性技能是指个人具备的获得岗位、维持就业和重新就业,并在工作岗位上取得优异绩效的各种素质。许多研究证明可雇佣性技能是可转化的核心技能组合,并需要具备必要的知识、技能和态度。可转化为适合不同工作场所需求的技能是可雇佣性技能的核心。

2.1.1.2　主要发达国家和国际组织对与可雇佣性技能类似技能的研究综述

可雇佣性技能本身在不同国家和国家组织有不同的表达方式,其内涵也各有差异,而且就某一国家本身而言其可雇佣性技能会随着时间的变化,不断发展变化,以下列举一些国家和国际组织可雇佣性技能具有一定的代表性,总体上代表了当前企业希望雇员应具备的技能需求。

一、美国

1987年,在密西根州时任州长布兰查德领导下的工作与经济发展委员会(Commission on Jobs and Economic Development)专门成立了可雇佣性技能工作组(the Employability Skills Task Force),对工作与经济发展中劳动者需要具备的可雇佣性技能进行调查,这个小组成员来自全州商业、教育、劳工等不同领域,最终确定了专业技能、个人管理技能、团队合作技能这三大类技能,这三大类技能中又分为26类分支技能。

美国培训发展协会(American Society for Training & Development)于1990年定义了16项技能,分为7个类别:基础(学会学习)、基本胜任力(阅读、写作、计算)、沟通技能(说和听)、适应性技能(问题解决、创造性地思考)、发展技能(自尊、动机与目标设定、职业生涯规划)、群体绩效技能(人际技能、团队工作、协商能力）、影响技能（理解组织文化、共同领导）。①

美国劳工部（U.S. Department of Labor）成立的"达成必备技能秘书委员会（Secretary's Commission of Achieving Necessary Skills,简称为SCANS)",于1991年发布了《美国劳工部21世纪人才素质技能调查报告》（What work requires of schools. A SCANS report for America 2000），报告中提出要为未来劳动者培养工作场所所需（workplace know-how）的技能,这些技能包含了两大类：胜任力和基础技能。②

表2-1 美国劳工部公布的劳动者21世纪所需技能

技能类别		具体方面
五大胜任能力	资源	时间、金钱等物资与设施。
	人际	作为团队成员、教导他人新的技能、服务顾客、领导、协商、与多样化员工一起工作。
	信息	获取和评估信息、组织和维持信息、阐述、沟通信息、运用计算机处理信息。
	系统	理解系统、监督和纠正绩效、改进或设计系统。
	技能	选择技术、应用技术于任务、维护和解决设备问题
三方面基础技能	基本技能	读、写、算术、听、说。
	思维技能	创造性思考、决策、解决问题、用心探索事物、知道如何学习、推理。
	个人品质	个人责任感、自尊、社交能力、自我管理、诚实。

注：该表根据相关文献整理而成。

2002年,在美国联邦教育部主持下,美国"21世纪技能合作组织"（Partnership For 21st Century Skills）成立了,这一组织以合作伙伴的形式将政府、教育界、商业界等决策机构共同联合起来,在全美范围内倡导将21世纪所必

① Oneil H F, Allred K, Baker E L. Review of workforce readiness theoretical frameworks[C]. In H F Oneil, Workforce Readiness: Competencies & Readiness. Lawrence Erlbaum Associates. 1997. 3–25.

② Washington. What Work Requires of Schools:A SCANS Report for America 2000[J]. Us Department of Labor,1991:60.

需的技能融入到课程与教学当中。①并于2007年3月,"21世纪技能合作组织"发布了《21世纪技能框架》的更新版本。重点提出要培养学生的三种技能:生活和职业技能、学习和创新技能、信息、媒介和技术技能。②

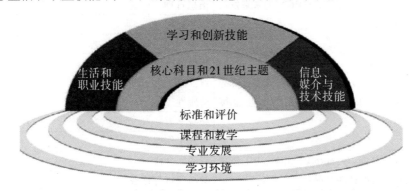

图2-1　21世纪学习框架图(21st Century Learning Framework)③

二、加拿大

加拿大教育目标中包含了教育应该为年轻人就业做准备。要么被雇佣,要么自我雇佣,在20世纪80—90年代,教育者和雇主都存在类似看法。④加拿大会议委员会(The Conference Board of Canada)于20世纪90年代早期研究了可雇佣性技能,包括基本技能、个人管理技能和团队技能。加拿大的研究指出,可雇佣性技能是工作场所需要的关键技能,这些技能对于自我创业的工作者也是适用的。也就是说,毕业生无论是寻找工作还是自主创业都需要这些相应的技能。

① Partnership For 21st Century Skills[EO / OL]. http://www.p21.org / about-us / our-history.
2015-9-8.

② 张义兵. 美国的"21世纪技能"内涵解读——兼析对我国基础教育改革的启示[J]. 比较教育研究, 2012(5):86-90.

③ Trilling B, Fadel C. 21st century skills:Learning for life in our times[M]. John Wiley & Sons, 2009. 173.

④ McLaughlin M A. Employability skills profile:What are employers looking for? [J]. Basic Skills, 1995:4.

表2-2　加拿大会议委员会确认的可雇佣性技能[①]

技能类别	具体内容
基本技能(Fundamental Skills)：为未来发展打好基础的技能	沟通
	信息管理
	数字运用
	思考和问题解决
个人管理技能(Personal Management Skills)：为未来发展潜能需要的技能、态度和行为	积极的态度与行为
	责任感
	适应性
	终身学习
	注意工作安全
团队合作技能(Teamwork Skills)：为工作富有成效所需的技能与品质	与他人合作
	参与项目与任务

注：该表根据相关文献整理而成。

三、英国

英国是发达国家中较早探讨可雇佣性技能的国家，早在1963年颁布的《罗宾斯报告》中，就提出了在教育中提供可雇佣性技能方面的教学，在20世纪80年代，英国教育和就业相关部门展开了可雇佣性技能的研究，在全球具有很大的影响力。在英国，比较具有代表性的是英国工业联盟(Confederation of British Industry，简称CBI)提出的可雇佣性技能[②]。

表2-3　CBI公布可雇佣性技能

具体技能	具体内容
自我管理	承担责任，灵活，适应性强，主动工作，恰当的自信，时间管理，根据反馈/反思性学习改进自己的表现
团体合作	尊重他人，合作，协商/建议，参与讨论，有意识的与他人合作
企业与顾客意识	理解企业成功的主要动力，包括创新和风险评估，为顾客提供满意服务，建立客户忠诚度

① Employability Skills[EO/OL]. http://www. conferenceboard. ca/Libraries/EDUC_PUBLIC/esp2000.sflb. 2015-8-19.

② CBI. Future fit：Preparing graduates for the world of Work [EO/OL]. www.cbi.org.uk/pdf/20090326-CBI-FutureFit-Preparinggraduates-for-the-world-of-work.pdf. 2015-5-19.

续表

具体技能	具体内容
问题解决	分析事实与情境,采用创新性思维,获得合适的解决方案
沟通和阅读	熟练运用文字,能够清晰、有结构的写作和口头表达能力——包含聆听和质询
数学运用	基本运算,基本数学意识,以及在实际情境中的运用(如测量、称重、估量和公式使用)
信息技术运用	基本的IT技能,对word文字处理、电子表格等软件的熟练度,能管理文件和使用搜索引擎
积极的态度	积极参与,开放、对新观念的接受和推动发展
创业精神	创新方法、创造力、合作、冒险精神

注:该表根据CBI相关文献整理而成。

四、德国

在德国,职业教育以培养学生的"关键技能(key skills)"为目标。关键技能又被称为"核心技能(core skills)""通用技能(generic skills)""必要技能(essential skills)""共同技能(common skills)"或"可迁移技能(transferable skills)"。这种技能是除特定专门技能和专业知识以外,从事任何一种职业都必不可少的基本技能。当从业者的职业发生变化时,关键技能能够帮助从业者在已经变化了的环境中重新获得新的职业和技能,所以有人形象地称它为"可携带的技能(portable skills)"。在此基础上,德国职业教育理论界倡导职业教育必须使受教育者形成专业技能、方法技能和社会技能。[①]

职业能力理念的首次提出是1991年召开的德国各州文化教育部长联席会议,而职业能力结构划分的正式提出则是在1999年召开的德国各州文化教育部长联席会议。根据能力所涉内容,德国教育界将职业能力分为专业技能、方法技能和社会技能三个维度,这种对职业能力的结构划分反映了德国职业能力理论的整体性及结合性特点,是德国所特有的一种职业能力理论。

专业技能是在专业知识和技能的基础上,有目的、符合专业要求、按照

---

① 米靖. 现代职业教育论[M]. 天津:天津大学出版社,2010. 137-138.

一定方法独立完成任务、解决问题和评价结果的热情和能力。它是和职业直接相关的能力，具有职业特殊性，是通过专业教育获得。方法技能是"个人对在家庭、职业和公共生活中的发展机遇、要求和限制做出解释、思考和评判并开发自己的智力、设计发展道路的能力和愿望。它特别指独立学习、获取新知识的能力"，①相当于我国职业院校培养学生的职业生涯规划能力和学习能力。社会技能是处理社会关系、理解奉献与冲突及与他人负责任地相处和相互理解的能力。它包括人际交流、公共关系处理、劳动组织能力、群体意识和社会责任心等。方法技能和社会技能具有职业普遍性。不是指某种职业所特有的技能，它们能在不同的职业之间广泛迁移，因此，有德国学者也把它们称为"人格"或"人性'的能力。

德国教育界对职业能力内涵的理解与结构进行划分，使其对学生职业能力的培养与学生未来的生活、职业密切相关，并不仅仅囿于某一特定时期、特定专业或职业的狭隘发展，而是向外大幅延伸。时间上贯穿了学生的未来职业生涯，甚至整个生命周期，空间上则覆盖了家庭、职场与社交活动，这种职业能力观无疑将对学生的职业提升、人生发展起着积极的推动作用。

五、澳大利亚

澳大利亚工商总会(the Australian Chamber of Commerce and Industry，简称 ACCI)与澳大利亚商业理事会(the Business Council of Australia，简称 BCA)联合调查项目，提供给澳大利亚给教育、科技与培训部的报告，并于2002 年联合发布的《未来所需的可雇佣性技能》(*Employability Skills for the Future*)报告中提出了可雇佣性技能。

---

① 张平. 德国职业院校的职业能力理念和实践[J]. 中国职业技术教育，2012(30)：67-69.

表2-4 澳大利亚商业与工业协会与澳大利亚商务理事会提出的可雇佣性技能①

技能	作用
沟通技能	构建员工与顾客之间高效与和谐关系
团队合作技能	高效工作环境与产出
问题解决技能	高效成果
主动和创业技能	创新性成果
计划与管理技能	长远和近期规划
自我管理技能	员工的满意度与成长
学习技能	改进和提升雇员与公司的合作与产出
技术技能	高效促进任务的执行

注:该表根据《未来可雇佣性技能》报告整理而成。

六、欧盟

欧盟企业家圆桌会议小组[The European Round Table of Industrialists (ERT)]于1995年提出以下技能为通用的可雇佣性技能。

表2-5 欧盟企业家圆桌会议小组公布的可雇佣性技能②

序号	可雇佣性技能
1	掌握本国语言,包括基本的拼写与句子结构
2	理解基本数学和科学,特别要能适应新科技
3	批判性思维,有能力根据特定问题和情景思考,具有对事实和偏见的辨别力
4	掌握学习技巧来获得新的技能,并能适应新环境
5	沟通技能,包括说另外一门欧洲语言的能力
6	能团队工作,有团体精神
7	责任感和个人纪律性
8	决策,荣誉感、敢于承担风险
9	主动精神、好奇心、创造力
10	专业性、追求卓越、获得竞争力
11	社区服务、国民意识

注:该表欧盟企业家圆桌会议小组报告整理而成。

---

① DEST. Employability Skills for the Future[R]. Canberra. Commonwealth Department of Education, Science and Training. 2002. 7.

② European Round Table of Industrialists. Education for Europeans: Towards the learning society[R]. Brussels: European Round Table of Industrialists. 1995.

七、经合组织

1997年12月，经济合作与发展组织（OECD）启动了"素养的界定与遴选：理论和概念基础"（英文简称为DeSeCO）项目。2005年发布了核心素养的执行摘要中，在摘要中经合组织（OECD）列举了以下几项为核心素养：

表2-6 经合组织"DeSeCO"的核心素养①

类别	核心素养	
互动中工具使用（Using Tools Interactively）	1.互动使用语言、符合和文本	有效运用口头和书面语言、运算和其他数学能力
	2.互动使用知识和信息	识别和确定自身未知的知识领域，识别、定位信息来源，评价信息和来源的质量、适切性和价值，组织知识和信息
	3.互动使用技术	在日常生活和学习中应用技术的意识，运用信息和通读技术获取信息
多元背景群体中的互动（Interacting in Heterogeneous Groups）	1.与他人建立良好关系	同理心，从他人的角度思考问题，有效地管理情绪
	2.合作能力	表达观点、倾听他人观点，理解辩论的动态变化和接下来的议程，建立战略的或可持续发展的联盟的能力，协商的能力，综合各种观点作出决策
	3.管控并解决冲突	在危机中分析问题和利益，识别共识和分歧，重新界定问题，对需求和目标进行优先排序
自主行动（Acting Autonomously）	1.在复杂环境中有能力自我行动	了解形势，了解所处的系统，明确自身行为的直接和间接后果，通过思考与自身和集体的规则和目标相关的潜在的结果对自身行动作出选择
	2.形成并执行个人计划或生活规划	制定计划，设立目标，识别和评价已有资源和所需资源，平衡资源以满足不同的目标，从过去的行为中学习，预见未来的结果，监控过程，在计划执行中进行必要的调整
	3.保护及维护权利、利益、限制与需求	了解自身的权益，了解成文的规则和原则，进行基本情况分析，为了认定的需求和权利建立个人的论点，提出建议或可替代的方案

注：该表根据OECD相关文献整理而成。

① OECD. Definition and Selection of Key Competencies: Executive Summary[EO/OL]. http://www.oecd.org/pisa/35070367.pdf. 2015-6-9.

根据上述部分发达国家和国际组织中与可雇佣性技能类似的技能,我们可以看出,关于可雇佣性技能没有一个特定的说法,但是各发达国家与部分国际组织提出新时代所需诸多不同技能列表,但都涵盖了以下几个共同要素:①语言、文化、数字和应用各种技术的技能,包括信息技术使用;②与人相关的技能:如交流、人际交往、团队合作和客户服务技能;③个人技能:如有个人责任心、机智、灵活性、时间管理能力、自尊。

可雇佣性技能的不同定义中,各个国家研究也各有侧重,我国研究者研究角度各异,本文选取澳大利亚作为代表国家,术语统一并有延续性,更便于理解。

可雇佣性技能是社会经济发展的产物,和经济发展有密切联系,同时各个国家政治和文化背景各异,因而会有所差异,同时从不同学科视角来看,可雇佣性技能会出现不同的理解。

澳大利亚、英国、加拿大和美国关注的主要是与就业相关的可雇佣性技能或胜任能力。[①]可雇佣性技能可以归属于三种不同模式:美国模式(包括广义的、灵活性的和全面的可雇佣性技能系列,如基本技能、个人属性、价值观和伦理、学习如何学习以及胜任工作的能力)、盎格鲁——澳大利亚模式(包括相对狭义的和工具性的关键技能/关键胜任能力、个人属性和价值观被排除在外)和欧洲模式(包括了社会议题和工作的相关议题)。[②]

美国模式中比较有代表性的如美国SCANS(Secretary'S Commission on Achieving Necessary Skills)从五大类胜任能力(资源、人际、信息、系统和技术)角度来解释和阐述就业技能,研究角度是基于学生就业的问题。

盎格鲁——澳大利亚模式,澳大利亚商务部和澳大利亚商业和工业协会的研究表明,"可雇佣性技能不仅是获取就业所需要的技能,而且是在企业里取得进步且能发挥个人潜力,为企业实现战略目标做出贡献的技能"。

---

① Werner M. The Development of Generic Competencies in Australian and New Zealand[M]. NCVER.Adelaide. 1995.15-18.

② Kearms. Generic Skills for the New Economy:a Review of Research Relating to Grneric Skills [M]. Adelaide:NCVER. 2001.1

该定义非常有价值，认识到了"就业能力是获得工作并将工作做好的技能；对于个人和企业都有正面影响。"而且结合了获得就业和做出贡献两个层面。

2.1.2　国内研究综述

2.1.2.1　可雇佣性技能概念

对可雇佣性技能的研究主要集中在近年，研究视角来自经济学、教育学、心理学等多个角度，关注度也在不断提升。Employability 这一术语被引用至我国，对此词没有统一翻译，有人翻译为可雇佣性，也有人借用我国已有的概念将其译为就业力、就业能力。但是 employability 是名词，而 employable 这个是形容词，简单地翻译为就业能力，并不恰当。翻译为就业能力，更加侧重从劳动者角度来看，更强调劳动者具备什么样的能力；而译为可雇佣性，从另外一个层面则更强调雇主的作用，强调企业作为雇佣关系主体，同时可雇佣性内涵更为丰富。

谢晋宇认为，可雇佣性是抽象化的概念，而可雇佣性技能（Employability Skills）是可雇佣性的操作化指标。可雇佣性技能内涵的研究是国内外研究可雇佣性的视角之一。可雇佣性技能内涵研究的意义在于，只有了解可雇佣性技能的内涵，我们才能评估和衡量学校培养的毕业生是否能满足雇主的要求并采取有效的措施来提高可雇佣性技能。

谢晋宇认为，可雇佣性即离校学生的可雇佣性是获取岗位、维持就业和必要时重新就业的能力。这种解释的视角不仅仅局限于学生离校时获取岗位的能力，而且还注重在未来工作过程中能否维持就业或重新就业，它将可雇佣性与胜任能力紧密联系在一起。但是要深入地认识、理解甚至度量可雇佣性，仅仅对其做出定义和解释是远远不够的，必须把它具体化，这才是可雇佣性技能研究的主题。可雇佣性本身是抽象概念，可雇佣性技能是可雇佣性概念的操作化指标，二者具有共同的核心。有时也表述为可雇佣能力。[①]

---

① 谢晋宇，宋国学. 论离校学生的可雇佣性和可雇佣技能[J]. 南开学报（哲学社会科学版），2005(2):85—92.

文少保在2005年召开的教育经济与管理年会中指出:可雇佣性就是在以学习能力为基础上发展的与职业相关并融入在个体身心内部的一种综合能力。对个人而言,可雇佣性包括个人获得成功就业,维持就业以及获得晋升的能力,并且拥有可以随时获得成功就业的相对机会;对于组织而言,可雇佣性能够满足组织发展的需求。[①]可雇佣性的可操作性指标主要表现在个体所获得的技能上,如一般技能、特殊技能、求职技能、心理技能等。

汪霞根据国外不同学者从不同角度对可雇佣性基本结构的分析,她对可雇佣性技能做出以下三点总结[②]:第一,可雇佣性技能应该是广义的,不仅包括毕业生个人品质方面,还包括广泛的交流、问题解决、创新等方面的能力;第二,在毕业生所应具备的可雇佣性技能中,专业学科知识、课程学习是重要的方面,但更为重要的是其可转化性,在其基础上形成可转化技能是关键;第三,可雇佣性技能指标背后隐含的是胜任能力,对于雇主和学生来说,其最终期望都在于毕业生在雇佣中或进入组织后能真正胜任岗位。

国内研究者对可雇佣性技能的定义界定,大部分是以研究大学生可雇佣性技能为主,而且与可雇佣性技能含义类似的表述也比较多,其中就业能力和就业力等比较常见。陈勇认为:"大学生就业能力定义为大学本科生在毕业时所具备的使其能够获得职业、保持职业和取得职业发展成功的知识、技能和态度。它是一种个人能力,是个人关于职业选择、保持职业和获得职业发展的知识、技能和态度的整合。"[③]据相关文献,大部分的研究者都认同大学生可雇佣性技能是指大学生发现、获得和保持工作的能力,该能力与其自身的综合素质息息相关。

在职业教育领域当中,我国与可雇佣性技能类似的概念主要表述为关键能力、核心技能、通用技能等。还有对我国职业教育有关关键能力内容研

① 文少保. 我国大学毕业生可雇佣性开发策略研究[C]. 2005中国教育经济学年会议论文,2005:675—684.

② 汪霞,崔映芬. 将学生可雇佣性培养融入课程:英国经验[J]. 高等教育研究, 2011(3):99—106.

③ 陈勇. 大学生就业能力及其开发路径研究[D]. 浙江大学,2012..42.

究,主要分为以下几个方面:一是关键能力的内容应具有超前性,应强调劳动者职业发生变化时的适应性;二是表述应具有精确性,建议将每一项能力分解成若干能力要素;三是内容应具有可操作性,建议内容根据模拟情境或实际工作确定;四是内容应具有通用性,具有扩展知识水平或保障不同知识领域之间的水平迁移。

汤霓认为所谓通用技能,指的是"那些对于个人就业、发展、社区生活以及积极实现公民权利和义务来说必备的能力"。这种观点超越了职业而更加强调了个人的基本生活素养,强调学习者的持续学习和自我提升,更加关注到了个人的可持续发展和终身学习。"通用技能是指独立于特定工作岗位,适用于任何职业,是各个职业和岗位所共同需要的技能,也是职业发展和生涯成功所必须具备的技能。"[①]培养通用技能将缩小工作技能教育、专业教育与工作世界之间的差距,并为学习者职业生涯可持续发展奠定重要基础。

2.1.2.2 可雇佣性技能包括内容研究综述

金晓亚把可雇佣性技能划分为31项可能的指标[②]:书面表达、口头表达能力、阅读能力、倾听能力、外语能力、人际关系管理能力、团队合作能力、协商谈判能力、解决冲突的能力、劝说能力、激励他人的能力、数学技能、基础的计算机能力、理解分析能力、关注细节、决策能力、规划能力、执行能力、应变能力、时间管理能力、独立工作、适应环境、自我激励、创新能力、自我评价、压力管理能力、学习能力、提升与开发、情绪管理能力、主动性、职业规划能力。

汤霓认为通用技能为教育属性的个体性和职业属性的情境化两个方面的能力[③],其中个体性(教育属性)包括:关键能力(读、写、算),企业家精神(在直接工作情境中有效工作的能力),符号分析能力(应用特定形式的专门知识的能力)。情境化(职业属性)包括:关键资格(在工作场所中的社会文化与参与的能力)、智力技能(协调不同符号数据的能力)、多情境能力(协调

---

① 汤霓. 高职生通用技能培养课程策略研究[D]. 华东师范大学,2013.14.

② 金晓亚. 大学毕业生可雇佣性技能内涵及开发研究[D]. 复旦大学,2009.31.

③ 汤霓. 高职生通用技能培养课程策略研究[D]. 华东师范大学,2013.26.

不同形式专门知识和技术的能力）。

从内容和要素上来看,我国劳动和社会保障部在1998年《国家技能振兴战略》的研究报告中提出职业核心技能,并将其分为八项,称为"八项核心能力",这八项能力具体包括:与人交流、数字应用、信息处理、与人合作、解决问题、自我学习、革新创新、外语应用。

经过对国内外关于可雇佣性技能为主题的相关文献回顾,不难发现,国内外学者和主要发达国家与部分国际组织对可雇佣性技能的概念已经有较为深入和细致的讨论,并且绝大部分的研究都趋同于将可雇佣性技能升华为获得职业和促进职业发展的能力。国内外文献对可雇佣性技能构成的研究也有较为充分的讨论,大致可以分为两类研究视角,即基于个人能力结构的视角以及关注就业结果的视角。可雇佣性技能定义和可雇佣性技能构成的研究观点存在相同性,基于通用结果的可雇佣性技能构成的研究也将个人与就业相关的能力包含进去,且两类视角对个人能力维度的结构基本一致。能否获得雇佣与就业市场和就业政策有关,也与个人的可雇佣性技能有关。从国内的相关研究来看,专门针对职业教育的可雇佣性技能政策的研究成果不是很丰富,这也给本研究了带来很大的空间。

2.2 职业教育领域可雇佣性技能研究综述

2.2.1 国外研究综述

2.2.1.1 硕博士学位论文

根据Employability Skill 和 Generic Skill 这两个词组,并结合 Vocation Education and Training 这个关键词组,作者通过对ProQuest学位论文数据库、澳大利亚国家图书馆(National Library of Australia)学位论文数据库、谷歌学术(google scholar)几大知名学术数据库的搜索,与职业教育相关的可雇佣性技能的硕博士论文11篇。

Tracy Michelle Bennett 的博士论文《职业与生涯教育中可雇佣技能的重要性阐述》(*Defining the importance of employability skills in careerand technical education*），论文是把阿拉巴马州一个县生涯与技术教育中心作为研究对象，考察生涯与技术核心课程，商学与市场营销课程中如何传授可雇佣性技能。研究得出六项影响可雇佣性技能获得的因素：教学方法的灵活性；社区资源的提供；教育部门对课程准备，以达到实施的目标；项目为基础的课程整合到商业、市场营销课程之中；经理或者公司管理层缺乏沟通，难于确认真实职场中哪些技能最为重要；专业发展活动的缺乏。①

Janet Simpson 的博士论文《职业生涯教育项目中高中生的可雇佣性技能》（*Employability Skills of High School Students in a Career and Technical Education Program*）。美国为了在全球竞争中保持竞争力，需要为工作场所提供高质量的工人，随着工作场所的改变，对学生的技能培养也需要变化。传统职业教育专注某一单一职业技能的训练，而可雇佣性技能的培养更为迫切。②作者深入到某一生涯与技术中心，在2000年至2001年学年中，对11年级参加技术学习项目的学生进行实际调研，来分析学生可雇佣性技能获得情况，同时也对教师和管理人员在有关可雇佣性技能获得上的看法与作用做了调查。

Peggy O. Enslen（2008）的博士论文《职业高中培养医疗助理专业学生的可雇佣性技能》（*Developing the employability skills of medical assisting students in a vocational high school*）重点指出需要改进课程来培养学生的可雇佣性技能。根据作者的研究结果发现，受调查者在问题解决技能方面表现不错，作者提出课程改革方面的一些建议，并改进知识传授。③

Godwin Charles A. Ogbeide 的博士论文《饭店与旅游服务业中可雇佣性技能与学生自我职业能力的获得》（*Employability skills and students' self-per-*

① Bennett T. Defining the importance of employability skills in career/technical education[D]. ProQuest. 2006.

② Simpson J S. Employability skills of high school students in a career and technical education program[D]. Saint Louis University. 2002.

③ Enslen P O. Developing the employability skills of Medical assisting students in a vocational high school[D]. ProQuest. 2009.

ceived competence for careers in the hospitality industry）。论文采用描述相关性的研究方法，从可雇佣性技能的几个维度进行测评，了解饭店与旅游服务业所需的技能，学生自我在获得职业素养表现进行研究。在课程开发方面，研究表明学生在问题解决技能方面表现较好。然而，课程开发需要包含相关的材料，这些材料包括增加学生的知识、做决定时的他们所需正确判断力，沟通技能或人际关系技能。①

Michele M. Orner 的博士论文《职业生涯教育中学生可雇佣性技能的获得》（*Employability skill acquisition of career and technical education students*）。论文以宾夕法尼亚州富兰克林县职业与技术中心作为案例，调查参与合作教育学生和没有参与合作教育学生，参与可雇佣性技能的培训项目，了解他们可雇佣性技能的获得。影响可雇佣性技能获得的因素，包括性别、职业与专业、平均成绩点数（Grade-Point Average，简称为 GPA）、毕业规划。学生和雇主的对可雇佣性技能获得的观点也进行了描述。大多数描述关于工作场所可雇佣性技能的获得，较少关注对做职业准备的中学生可雇佣性技能。毕业后职业规划相关教育内容不足，可雇佣性技能获得对学生在未来工作场所能否获得成功有巨大影响。②

Naanda R N. 博士论文《纳米比亚职业教育课程中可雇佣性技能的整合》（*The integration of identified employability skills into the Namibian vocational education and training curriculum*）指出，21 世纪，知识、技术与信息等迅速变化，给普通教育与职业教育带来了巨大挑战，科技发展对工作场所技能要求的改变，特别信息技术、问题解决、沟通对综合技能人才提出更高要求。本书主要以纳米比亚职业院校毕业的学生为对象，研究如何去培养工作场所需的可雇佣性技能。这些工作场所所需，特别雇主认可的重要技能，如何将可雇佣性技能的培养融入职业教育课程。根据相关研究，作者给出相关政策

---

①Ogbeide G C A. Employability skills and students' self-perceived competence for careers in hospitality industry[D]. University of Missouri—Columbia. 2006.

② Orner M. Employability Skill Acquisition of Career and Technical Education Students[D]. ProQuest. 2009.

框架,期望在纳米比亚职业院校中培养学生的可雇佣性技能。①

Kennedy S.(2010)的博士论文《可雇佣性技能项目中批判性思维的灌输:浸没法的有效性》(*Infusing critical thinking into an employability skills program :the effectiveness of an immersion approach*),随着知识经济的发展,需要培养毕业生的可雇佣能力,需要发展他们高水平的思维技能,需要新的教学方面来培养学生的各项综合技能。本研究采用浸没式法培养学生可雇佣性技能,特别在可雇佣性技能培养过程中,商学专业大学生批判性思维是如何进行传授。②

《从福利世界走向工作的可雇佣性技能:项目反应理论到标准参照性测试的运用》(*Employability skills in the world of welfare to work :an application of item response theory to criterion referenced testing*)。为那些求职者,重新选择职业时候,对通用的可雇佣性技能如何有效与可靠评估进行了研究。③

David D.Curtis 博士论文《定义、评价与评估通用能力》(*Define ,assessing and Measuing Generic Competences*),作者分析回顾了澳大利亚1992年教育委员会提出的关键能力、2002年澳大利亚商业与工业协会,澳大利亚商务理事会发起的可雇佣性技能,定义与评估这些技能最为困难。论文就通用技能定义、评价与评估等方面,从理论和实践两个维度进行探讨与研究。④

另外,2篇博士论文是有关大学的可雇佣性技能培养,相关大学是应用本科性大学,其实是传统职业教育院校升级的大学,培养应用型职业人才。这2篇论文为 Patrick Antonio Williams 的博士论文《本科生商业课程的可雇佣性技能与就业市场的准备——对5所院校教师与大四学生的调查》

① Naanda R N. The integration of identified employability skills into the Namibian vocational education and training curriculum[D]. Stellenbosch :University of Stellenbosch. 2010.

② Kennedy S. Infusing critical thinking into an employability skills program :The effectiveness of an immersion approach[D]. ProQuest. 2010.

③ Bull G J. Employability skills in the world of welfare to work :an application of item response theory to criterion referenced testing[D]. ProQuest. 2010.

④ Curtis D . Defining, Assessing and Measuring Generic Competences[D]. Flinders University, School of Education. 2010.

（*Employability skills in the undergraduate business curriculum and job market preparedness_ Perceptions of faculty and final-year students in five tertiary institutions*）；Jill Arensdorf的《学生可雇佣性技能管理课程向工作场所的迁移——对富特海斯州立大学管理证书项目的研究》（*The perceptions of employability skills transferred from academic leadership classes to the workplace_ A study of the FHSU Leadership Studies Certificate Program*），论文以一个大学为案例，从课程角度来看可雇佣性技能是如何与工作场所相结合。

从硕、博士学位论文中可以得出：

其一，论文作者都看到了知识社会和全球化正在改变着雇佣方式，强调学校教育要适应社会发展，要重点培养学生的可雇佣性技能。

其二，职业教育作为和产业联系是最为紧密的一种教育方式，为经济发展直接提供一线的劳动力，都注意到在教育过程中，单纯培养学生某一方面的职业技能已经不能适应时代发展的需求，都在探讨如何培养学生的可雇佣性技能。

其三，重点关注如何在课程中培养学习者的可雇佣性技能。

2.2.1.2　学术期刊论文

根据Generic Skill、employability skills关键词进行搜索，作者在EBSCO教育专题库、SpringerLink电子期刊、Taylor & Francis期刊数据库、ERIC教育数据库、谷歌学术（google scholar）等几大数据库进行文献检索，获得通用性技能相关文献60余篇，其中20余篇论文与职业院校直接相关，其他则从整个教育与培训体系或高等教育角度进行阐述。根据与相关的可雇佣性技能文献，其大概主题分为以下几个方面：

第一，各个国别的可雇佣性技能政策和实施情况介绍，如澳大利亚、中国、马来西亚、不丹等国家。

第二，对某一专题或者某一专业可雇佣性技能培养进行阐述。马来西亚房地产专业培养学生的软技能，增强学生的可雇佣性，高等教育部建议从多个方面采取措施来培养学生的软技能，将教学大纲、课程结合、大学生活、等正式和非正式活动相结合，实地实习也是培养学生技能的一个重要环节。

第三，通过职业教育提高学习者的可雇佣性技能。职业教育介入来提升中低收入国家年轻人的可雇佣性，其中职业教育介入的方式包含：①职业教育（技术教育、职业教育、职业培训、在职培训、学徒训练等方式）；②正式和非正式的学习安排；③各种教学模式（在线、面授、远程学习、学徒制等）；④各种场所（中学、大学、学徒培训中心、工作坊、私企等）；⑤各式提供教育机构，包含公立、私立和传统师徒培训等；⑥不同层次职业教育，包括中学和中学后；⑦职业教育提供对象各异，包含在校生、成人、失业人群等；⑧教学时间长短灵活安排。

2.2.2 国内研究综述

在我国，特别是在职业教育领域，与可雇佣性技能相近的概念多为关键能力、核心技能、通用技能。在澳大利亚职业教育领域，可雇佣性技能与通用技能（Generic Skills）有时候可以通用，但是可雇佣性技能不包括读写技能。

我国学者关于可雇佣性技能的研究，最早的是关注可雇佣性技能第一阶段关键能力（有时候称为关键技能，下同）的比较研究。自20世纪90年代开始，就出现了大量关于德国、澳大利亚、英国等关键能力相关研究成果。这些研究主要通过介绍和分析这些发达国家关键能力的发展经验与发展策略，以期对我国职业教育开展类似技能培养提供借鉴。这些主要研究成果大体可分为三类：

第一，对关键能力起源与历史发展的分析。相关研究者说明了德国关键能力的起源，探讨了关键能力在德国产生的社会经济背景，侧重对泰勒主义以"技术为中心"的劳动组织形式和"以人为中心"的精益生产模式进行了比较研究，论证了现代职业能力观要求劳动者的职业能力扩展到专业范围之外的各相关能力领域，要求劳动者的全面发展性，而关键能力正是对此回应。有学者对关键能力在英国演变的社会政治和哲学背景进行了研究，认为随着英国工业社会的衰弱，许多失业的年轻人缺少社会和生活技能，这就使英国职业教育不得不反思对关键能力的开发。而英国职业教育界寻求通才范式与技术范式的相互折衷与结合,为关键能力的开发提供了哲学基础。另外,还对关键能力在英国的演变历程中所涉及的操作部门和形式变化做了详尽描述。

第二,对如何培养关键能力的探讨。有研究者指出德国已经形成了系统而科学的关键能力培养体系,这一体系包括模块化课程设置、以学生为中心的教学模式等一体化及附加培养方式。也有研究者将各国培养关键能力而采取的主要策略归纳为三种:整体策略、基础策略、渗透策略。整体策略是指对职业教育课程体系进行整体改革,在课程中增加培养关键能力的内容,并把它作为教学的重点;基础策略是指加强职业教育基础知识和基本理论的教学;渗透策略是指在职业教育各门课程的教学中都注重关键能力的培养。国内一些学者和职业教育工作者在推介国外经验的同时,结合本国实际情况,在关键能力的培养和评价做了一些很有价值的探索。

第三,对关键能力内涵的探讨。有学者在比较各国学者对关键能力内涵的理解后指出,虽然各国对关键能力的解释不尽一致,但其基本内涵是一致的,那就是关键能力应该具有相通性和可转换性。它不针对某种具体的职业、岗位,但无论从事哪一种职业都离不开它。像解决实际问题的能力、与他人交流和合作的能力、技术运用的能力、计算的能力都是各国学者都强调的能力。也有学者在综合了各个国家关键能力内涵后指出,关键能力主要包括基础能力、与人合作的能力、理解思维能力、个人品质、与企业相关的革新创业能力、与社会相关的公民职责和权力等方面的内容。

有关通用技能的研究,华东师范大学张海明硕士论文《通用技能的国际比较研究》比较了美、英、澳三国在通用技能内涵方面的发展历程、培养经验,并给出一些启示,另外华东师范大学汤霓硕士论文《高职生通用技能培养课程策略研究》在原有研究成果基础上,重点从高职生通用技能培养的学理探讨、我国高职生通用技能培养课程问题分析、高职生通用技能培养课程实践策略几个方面进行了探讨。天津大学庞世俊的博士论文《职业教育视域中的职业能力研究》从不同学科角度对职业能力进行了理论思考,并提出综合职业能力,认为综合职业能力和核心技能、一般技能类似。

从整体上看,国内对可雇佣性技能相关技能研究主要关注在某一个阶段或者某一技能上,缺少完整与发展的视角去看可雇佣性技能,特别是澳大利亚可雇佣性技能发展的新阶段基础技能,这个方面的研究还没有完全展开。

2.3　澳大利亚可雇佣性技能政策研究综述

2.3.1　国外研究综述

20世纪80年代,澳大利亚相关政府机构就关注到,随着产业发展,知识与科学技术对整个国家发展越来越重要,教育部门如何适应时代发展需求,培养时代发展所需的人才,已经上升到国家战略层面。1985年澳大利亚教育质量审查委员会就开始出台了相关调查报告和指导意见,而且有专门针对职业教育培养出台的全国性政策报告。

澳大利亚职业教育技能政策的发展是一个渐进过程,根据政策的主导者,政策可以划分为以下三个阶段:

第一阶段(20世纪80年代—90年代):政府主导,官方报告提出非技术技能的培养,包括通用、可迁移技能,关键能力。职业教育对提升整个国家技能的重要作用,个体技能培养上认识到可迁移技能、关键能力的重要性。

第二阶段(20世纪90年代末—21世纪初):产业主导的可雇佣性技能,产业利益集团的代表,提出产业、企业对劳动者能力的要求,并运用自身的政治影响力,将此要求上升国家技能政策。另外这一时期职业教育的进一步加大改革力度,国家资格框架体系的建立,培训包的使用,可雇佣性技能落实到培训包之中提供了可能。

第三阶段(2012年至今):政府与产业共同主导的基础技能政策。基础技能包括可雇佣性技能和语言、读写和数学技能。除了可雇佣性技能八项的具体技能元素之外,加入阅读、数学和语言等基本技能,构成基础技能。

表2-7　澳大利亚政府部门出台与可雇佣性技能相关技能的主要政策报告

报告发布时间	报告发布部门	报告名称	报告关键词
1985	澳大利亚就业与产业关系部	劳动力市场调查报告	通用、可迁移技能
1985	澳大利亚教育质量审查委员会	澳大利亚的教育质量	通用技能
1991	澳大利亚教育委员会	青年参与义务教育后的教育与培训	关键能力
1992	澳大利亚教育委员会与澳大利亚职业教育、就业与培训部	关键能力	关键能力
2002	澳大利亚工商业协会，澳大利亚商务理事会，澳大利亚教育、科学与培训部	未来的可雇佣性技能	可雇佣性技能
2004	澳大利亚教育、科学与培训部等	最终报告——支持可雇佣性技能认证与记录的发展策略	可雇佣性技能
2012	澳大利亚第三级教育、技能和就业常委会	国家成人基础技能策略	基础技能

注：该表根据相关报告整理而成。

2.3.2　国内研究综述

在国内，对澳大利亚可雇佣性技能相关研究有：

吕红在其专著《澳大利亚职业教育课程质量理念》中对可雇佣性技能只是简单提及，她注意到澳大利亚职业教育课程方面凸显就业力能力（即可雇佣性技能）的培养，澳大利亚政府把可雇佣性技能纳入到职业教育培训包框架体系中，课程设置安排反映了可雇佣性技能，并在具体课程的教学和评价中得于体现。

宋国学在其著作中简单介绍了澳大利亚商务部和澳大利亚商业和工业委员会有关可雇佣性技能（书中翻译为就业技能）所包含的内容及其对就业的重要影响，同时提及迈尔委员会有关可雇佣性技能的定义。

汪霞等从澳大利亚高等教育角度探讨了可雇佣性技能的课程培养体系，高等教育体系中提供职业性、技术性的课程，课程安排而不只是考虑学术性,而应该以职业教学为导向,特别是研究生之下教育层次的教学。这一趋势开始于《马丁报告》,当时就提出了职业性倾向的课程安排的观点。文章列举了墨尔本大学和悉尼大学两种高校在可雇佣性技能脚线所采取的措施,指出其可雇佣性技能在高等教育中的培养模式。①

另外张海明、汤霓等在论文中提到了澳大利亚的通用技能,庞世俊在论文中也提到澳大利亚可雇佣性技能,这些论文只是介绍了澳大利亚单个或非连续的技能,对澳大利亚技能政策没有进行全面、不断发展的过程进行分析。

从整体上看,国内对可雇佣性技能相关技能的研究主要是关注某一个阶段或者某一技能,缺少完整的发展的视角去看可雇佣性技能,特别是澳大利亚可雇佣性技能发展的新阶段基础技能,这个方面的研究还未完全展开。

从当前已有的研究来看,我国对澳大利亚职业教育技能政策的研究焦点在澳大利亚在20世纪90年代和21世纪初提出的关键能力、可雇佣性技能这两个政策,而且都是对单个技能政策进行研究,同时对澳大利亚政府最近几年提出的基础技能政策相关研究成果较少。另外对澳大利亚职业技能政策历史演进研究以及技能政策演进背后经济、政治和文化等因素分析也不多,这个也是作者选择澳大利亚职业教育技能政策研究作为选题的重要原因。

根据一系列文献可以得出,澳大利亚职业教育技能政策是一个不断渐进发展的过程。在澳大利亚发展到后工业社会阶段,提出了一系列非技术技能政策,而在这些技能政策背后,产业利益集团发挥着越来越重要的作用。这些技能政策让劳动者获得劳动力市场所需的"雇佣"技能,可雇佣性技能是产业集团把本利益集团的需求上升到国家政策层面的典型代表,因而在澳大利亚职业教育技能政策中把可雇佣性技能作为中心,可以更好地理解整个技能政策的发展过程、内容和政策出台的动因。

---

① 汪霞等.高校课程结构调整与大学生就业问题研究[M].南京:南京大学出版社,2013:43-56.

第三章　技能及职业教育技能观的演进

技能是什么,长期以来技能都是一个"不是非常确定"的概念,综观大量文献,至今尚未有一个被广泛接受和统一使用的定义。技能是一个历史范畴,技能的含义、称谓与其形态都有一个演变与发展的过程。从历史发展进程上看,不同的历史时期的技能如何理解,技能、工作与人的需求一直都是探讨话题。近年来,大量跨领域跨学科研究都在探讨技能方面的问题,技能和技能型工作已经开始成为社会科学研究中的交叉下属学科。①

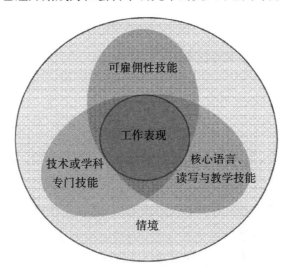

图3-1　情境中的可雇佣性技能(Employability Skills in context)②

---

① Green F. Skills and skilled work: an economic and social analysis[M]. Oxford University Press, 2013. 4.

② Department of Education, Employment and Workplace Relations. Employability Skills Framework Stage 1-Final Report[R]. Canberra: Australian Government. 2012. 5.

2012年澳大利亚教育、就业与劳动关系部把在工作情景中个人技能分为技术技能或学科专门技能（Technical Skills or Discipline-Specific Skills）、可雇佣性技能（Employability Skills）和核心语言、读写与数学技能（Core LLN Skills）三个部分。

联合国教科文组织在《2012全民教育全球监测报告》中把个人技能划分为基本技能、可迁移技能、技术和职业技能这三种技能。

这些技能的划分都非常重视非技术技能或通用技能，非技术技能（或通用技能）是最近几十年开始为各个国家所关注，这些技能的提出与经济发展水平有很大关系。以西方工业社会作为一个分界点，学者丹尼尔·贝尔把人类历史划分为前工业社会、工业社会和后工业社会这三个历史阶段。根据这三个历史划分维度，本章主要关注以下几个方面：各个不同阶段技能的含义有什么差异，职业教育中技能的培养有何异同，技能和可雇佣性技能之间又有何种联系。

3.1 技能与可雇佣性技能

3.1.1 技能概念界定

3.1.1.1 历史上有关技能的论述

在原始社会，基本的活动包括狩猎、捕鱼和搜集食物。人的空闲时间包括各种只需要低级组织的活动，需要灵活性和技能的活动，以及扮演日后成人角色的儿童剧活动。原始人的身心教育，是由正规教育和非正规教育两部分组成。非正规教育包括生活中的身体活动和实践活动，这是教育中的主要部分。在原始社会里，动作技能目标显然是对每一个人而言的，动作技能是否得到令人满意的发展，对于部落的继续生存来说是生死攸关的。在当时，为生活而斗争，这要求人们用一种直接有用的方式保持活力。[①]

---

① [美]A.J.哈罗等编. 教育目标分类学（第三分册：动作技领域）[M]. 施良方，唐晓杰译. 上海：华东师范大学出版社，1989. 6.

在我国古代,也提到技能,《管子·形势解》:"明主犹造父也,善治其民,度量其力,审其技能,故立功而民不困伤。"①这里的技能表述为技艺才能,具有某种能力。《庄子·养生主》中,庖丁掌握熟练的技能去解牛,而用了十九年的刀刃还和新刀差不多,其原文如下:"庖丁为文惠君解牛。手之所触,肩之所倚,足之所履,膝之所踦,砉然向然,奏刀騞然,莫不中音:合于《桑林》之舞,乃中《经首》之会。"

文惠君曰:"嘻,善哉! 技盖至此乎?"

庖丁释刀对曰:"臣之所好者,道也;进乎技矣。始臣之解牛之时,所见无非牛者;三年之后,未尝见全牛也。方今之时,臣以神遇而不以目视,官知目而神欲行。依乎天理,批大却,导大窾,因其固然,技经肯綮之未尝,而况大軱乎! 良庖岁更刀,割也;族庖月更刀,折也。今臣之刀十九年矣,所解数千牛矣,而刀刃若新发于硎。彼节者有间,而刀刃者无厚;以无厚入有间,恢恢乎其于游刃必有余地矣! 是以十九年而刀刃若新发于硎。虽然,每至于族,吾见其难为,怵然为戒,视为止,行为迟。动刀甚微,謋然已解,如土委地。提刀而立,为之四顾,为之踌躇满志;善刀而藏之。"②

在欧阳修的《卖油翁》这篇短文中,卖油翁也拥有熟练的技能,而熟练技能的获得,则需要依靠长期训练而成。

"陈康肃公尧咨善射,当世无双,公亦以此自矜。尝射于家圃,有卖油翁释担而立,睨之,久而不去。见其发矢十中八九,但微颔之。"

康肃问曰:"汝亦知射乎? 吾射不亦精乎?"翁曰:"无他,但手熟尔。"康肃忿然曰:"尔安敢轻吾射!"翁曰:"以我酌油知之。"乃取一葫芦置于地,以钱覆其口,徐以杓酌油沥之,自钱孔入,而钱不湿。因曰:"我亦无他,惟手熟尔。"康肃笑而遣之。③

唐代韩愈《送高闲上人序》:"然吾闻浮屠人善幻,多技能;闲如通其术,则吾不能知矣。"明代李贽《李生十交文》:"技能可人,则有若琴师、射士、棋

① 刘泽华. 中国政治思想通史·先秦卷[M]. 北京:中国人民大学出版社,2014. 478.
② 王充闾,毕宝魁. 中国好文章[M]. 北京:现代出版社,2014. 52.
③ 孙旭升. 笔记小说名篇译注[M]. 南京:凤凰出版社,2014. 169-170.

局、画工其人焉。"清代陈康祺《郎潜纪闻》卷一："文儒近臣不当崇尚技能，师法夷裔。"可以看出，我国历史上的技能主要包含以下几个含义：①技术和能力，②才艺，③艺术水平，④兴趣爱好、所长。

3.1.1.2　技能在现代社会中的不同理解

"技能"是什么这个问题，人们有时候会略过不提，而有些政策讨论即使提到"技能"，但概念却不是非常清楚。因而首先有必要了解技能的不同定义与分类，在此基础上提出本研究中"技能"的含义。对劳动者进行技术和非技术技能的职业教育培训，可以提升他们在劳动力市场的表现，使他们在职业中更加自信。

技能在具体运用的时候，关于技能方面，通常是从某一具体方面或者学科去加以阐述，如教学技能、演讲技能等。每个人根据他们自身的经历，大部分对技能都有自己的观点和看法。[1]

"技能"是一个多维概念，通常指劳动力市场上完成特定任务所需的资质。尽管经济活动部门、学术界和政府都在谈论技术工人或技能人才短缺的问题，但是，对于技能人才的确切含义并不十分清楚，看法也不一致。

技能的含义一直以来都是一个"不是非常确定"的概念[2]，当前技能的含义更加广泛，而且比之前拥有更多不同的含义。在职业教育政策领域，政策制定者在政策中对"技能"这一术语使用频次在不断增加，有时候多处使用"技能"这一术语，但是没有真正指出问题所在。[3]

首先面临的问题是技能本身在变化的情况下如何定义。其中当今社会一个比较简单而且广泛使用的方法，就是采用二分法原则，根据工人是白色衣领还是蓝色衣领，分为高技能工人和低技能工人，或者根据是否拥有大学毕业证书进行区分。

---

① Grugulis，I.，Warhurst，C.，&Keep，E. What's happening to 'skill'[J]. The skills that matter，2004：1-18.

② Ainley P. Class and skill：Changing divisions of knowledge and labour[M]. Cassell，1993：4.

③ Lowry，D.，Molloy，S.，&McGlennon，S. Future skill needs：projections and employers' views [J]. Australian Bulletin of Labour，2008(2)：192.

比如，Marshall 和 Stone①运用澳大利亚相关数据，根据主要的澳大利亚职业分类标准（Australian Standard Classification of Occupations，ASCO），把技能型工作的职业分类为管理层、专业人员、专业辅助人员。这是典型的白领技能分类。

Levy F 和 Murnane R.把劳动力市场划分为"技能型"和"无技能型"。②

Song 和 Webster 把劳动力市场中的劳动者分为"技能型（skilled）"和"非技能型（unskilled）"。③

Oliver 和 Turton 写的《是否存在技能人才短缺？》文章就是关于技能含义描述的文章之一。作者关注的技能可能与我们通常所说的比如"会使用JA-VA语言"之类的技能含义不同，作者关注的是"行为层面上的技能"。④

卢卡斯指出，"在国际贸易中，随着技术的日益复杂，仅仅靠生产活动中劳动力的数量和密度确定一个国家的竞争优势已经变得越来越困难了。与其他潜在的投入相比，劳动力自身的技能在提高成本竞争力中变得日益关键"⑤。

欧盟委员会在一份报告中指出技能是"能够运用知识，并且知道如何去完成任务和解决问题的能力"⑥。

Mayhew K.和 Keep E.认为技能内涵在不断扩展，现代意义上的技能包括

---

① Laplagne P，Marshall P，Stone S. The role of technology in determining skilled employment：an economywide approach. http://www.pc.gov.au/__data/assets/pdf_file/0007/8296/rtdse.pdf. 2015–3–9.

② Levy F，Murnane R. How computerized work and globalization shape human skill demands [J]. Learning in the global era：International perspectives on globalization and education，2007：158-174.

③ Kelly，R. Changing skill intensity in Australian industry[J]. Australian Economic Review，2007（1）：62–79.

④ 杨伟国著. 中国技能短缺治理[M]. 上海：复旦大学出版社，2011. 36.

⑤ 王雁琳著. 政府和市场的博弈-英国技能短缺问题研究[M]. 杭州：浙江大学出版社，2013. 1.

⑥ European Commission. Implementing the Community Lisbon Programme：Proposal for a Recommendation of the European Parliament and of the Council on the Establishment of the European Qualifications Framework for Lifelong Learning[R]. Brussels. 2006. 479.

"软技能""通用技能""可迁移技能"及"社会和互动技能"等，通常与个人品格、行为、态度等难于区分，上述技能在之前很少被看作是技能的组成部门。[1]

职业信息网（Occupational Information Network, O'NET）给出了非常先进和合理的技能概念及测量方法。O.NET认为技能是指获得的教育、工作年限以及职业分类等。芒福德和彼得森将技能界定为一套在不同的领域有效获取和使用知识的一般程序。该定义包含三方面的含义：首先，技能与知识、学习、实践、教育和经验有着天然的联系。例如，一个人不可能不通过学习、实践、教育等活动而获得技能。其次，技能可以被看作是完成多项任务所必需的一般程序。这些任务由一些特定的技能组成，如社交技巧、基本技能或问题解决能力等。最后，技能不是恒定的个人属性，不会在一段时间内保持不变；这些属性可以得到（有时可能也会丢失），也能通过新的学习或经验而获得和开发。

芒福德和彼得森认为技能不是一元的，需要各种分类维度来界定。他们将技能分为两大类。

（1）第一类是基本技能，定义为促进获得新知识的发展能力。基本技能又进一步被细分为两类：内容技能和过程技能。内容技能大致可界定为人们在多个不同领域工作和获取信息及将信息传递给别人的能力，包括阅读和理解、听力、写作、说、数学、科学等。过程技能是指促进跨领域内获得知识内容的能力，包括辩证思考、主动学习、学习策略、调整监控等。思考能力就是过程技能极为重要的组成部分；学习策略帮助我们使用各种方法学习新事物；调整监控则显示了一个人对其努力所获得成功的评价，它帮助个体评估其学习或做一些特殊工作的效率。

（2）O.NET对技能的第二个分类是能力，即使个人能够有效地履行各种工作的能力。这个定义也被称为跨职能的技能，包括社会技能、复杂问题解决能力、科技技能、系统性技能以及资源管理能力等。其中，社会技能指与

---

[1] Mayhew K, Keep E. The assessment: knowledge, skills, and competitiveness[J]. Oxford Review of Economic Policy, 1999, 15(1): 1-15.

他人共同工作、完成目标的能力,包括社会感知、协调、说服、谈判、指导、服务倾向等。复杂问题解决技能包括问题识别、信息获取、信息组织、综合、观点产生、观点评估、执行规划、结果评价等。科技技能指在运用机器设备或高科技系统时的设计、开发、运作和故障解决能力,包括操作分析、科学设计、设备选择、装置、测验、操作控制、产品检测、设备维护、设备检修等。系统性技能指理解、控制和改变社会、科技体系的能力,包括展望幻想、系统洞察力、识别后果、确定关键原因、判断和决策、系统评价等。资源管理技能指高效收集利用资源的能力,包括时间管理、财务资源管理、物质资源管理、人事资源管理等。[①]

也有人认为"技能"是指主体运用知识经验通过练习而形成的动作或智力的活动方式,运用知识和经过练习达到会操作的水平。在技能的基础上再经过反复练习达到完善化和自动化的程度,称为熟练或技巧。技能带有一定的操作技术性质。

这些技能的定义没有认识到技能是延续发展,同时又具有不同的维度。大多数定义方法只是考虑劳动力市场供给的时候劳动者的教育程度,而不是工作中所实际需要的技能。在传统有关技能的定义中,大家通常的观点是,技能通过个人在职业院校或者大学等教育机构获得,或者在企业中经过培训和实践操作来习得。

大部分学者都认为技能的概念比较复杂,技能是技术与社会劳动力直接互相影响的产物。技能作为一个理念,可以运用在不同工作、不同工人和不同机构当中。

技能的定义一直都是"实际操作中难于界定"[②],现在技能比之前的概念有了更加广阔含义,而且技能概念本身也有多维的含义。在职业教育政策领域,技能使用频率在不断增加,而和职业教育本身的实际问题不一定一

---

① 杨伟国.中国技能短缺治理[M].上海:复旦大学出版社,2011.40.

② Ainley, P.. Class and skill:Changing divisions of knowledge and labour[M]. London:Cassell. 1993.4

致,所以技能这一概念在政策领域和实际表达的不相符合也存在。①

人们对技能缺乏普遍一致的界定。大部分是从需要性的两个方面进行定义,人拥有工作的技能(智力、能力、才能等)和人需要什么技能(工作需求、角色需求、岗位需求等)。前面通常被认为个人所拥有的,后者通常是社会角色中品格特征。但是不论从哪个方面来看技能,考虑技能的时候都需要考虑以下问题:①社会价值(什么应该受到肯定),②社会定义、建构和历史来源(完成任务需要具备什么习惯、语言和技术),③工作与人在技能互动中的供应、需求和管理结构。

以往,技能往往是指与特定的岗位相关的专门的职业能力。不过,现在人们对"技能"的理解发生了很大变化,已经超出了传统的狭义的"技能"概念,包含了越来越多的内涵。除了技术技能或者专门技能以外,还包括合作能力、沟通能力等一般技能,一些人甚至将"动机"这些对职业活动至关重要的个性特征也看作是技能的一部分。因此技能内涵和外延的变化使人们对技能的理解不可避免地存在很大差异。

大部分人对技能都有常见的理解,但是精确定义技能不是那么容易,最为困难的是技能没有一个通用术语,在技能(skill)和技能化(skilled)的背后有它们的特定含义和历史传承。从历史上看,技能通常和技能化相联系:技能需要通过一段时间的训练来获得。许多技能的争论都与行业工人、行业协会和权力关系息息相关,即包括雇员与雇主,及其不同雇员之间。②

从技能的社会性看,技能是社会作用的结果,体现现有社会权力,反映在技能方面是不平等性。③技能是社会进程的结果,这一进程产生的不平等,反映出来就是现存的权力结构。

---

① Payne J. The unbearable lightness of skill: the changing meaning of skill in UK policy discourses andsome implications for education and training[J]. Journal of Education Policy, 2000, 15(3):353-369.

② Sally Dench. Changing skill needs: what makes people employable?[J]. Industrial and Commercial Training. 1997(6):190-193.

③ Rigby, Mike; Sanchis, Enric. D. The concept of skill and its social construction[J]. European journal of vocational training, 2006(1):22-33.

纵观以上各类有关技能的定义,狭义上指职业技能,即掌握和运用某种专门技术的能力,有时候也称之为技术技能。广义上来说,技能的形式不仅仅局限于职业技能。它还包括其他方面的技能。我们在探讨技能的时候,更多的是使用狭义意义上的技能。技能教育的存在形态是动态的、变化的,时代不同、国家不同、技能教育的存在形态就有所不同。在众多的技能定义当中,没有一个把技能当成是一个延续的过程,或者说技能具有不同的维度,技能关注教育对劳动力市场供应的角度,而没有真正的考虑工作中人们对技能的需求。技能应该是延续与发展的过程,可雇佣性技能的提出表明生产力发展到了一定阶段,对生产关系中人的因素——劳动者提出更高的技能要求。

3.1.1.3 科学技术与技能

从字面上看,"技术"由"技"和"术"两个字组成,技是技巧或技能,术是规范和要求。于是,技术就是规范化的技巧和技能,也就是方法;此外,当然还要包括实现技能技巧时所需各种工具或设备,也就是手段。前者是技术中的软件,后者是技术中的硬件。

技术,通常被认为是为达到某种目的而采取的手段和方法,也有的认为技术是科学应用于实践的方式、方法。科学与技术既有区别,又有联系;既相互独立,又密不可分。第一,科学与技术的区别。科学的根本职能是认识世界,揭示客观事物的本质和运动规律,着重回答"是什么""为什么"问题;技术的根本职能是改造世界,实现对客观世界的控制、利用和保护,着重回答"做什么""怎么做"的问题。第二,科学与技术的联系。科学与技术相辅相成,在认识世界和改造世界的过程中统一在一起。科学的成就推动技术的进步;技术的需要推动科学的发展。[1]

表3-1 科学发现与技术运用[2]

科学发现	技术应用
1831年发现电机原理	1882年生产出发电机

① 田长生主编.科学技术发展史[M].北京:科学出版社,2012. 2.
② 蔡子亮,杨钢,白政民编著.现代科学技术与社会发展[M].郑州:郑州大学出版社,2006. 14.

续表

科学发现	技术应用
1862年发现内燃机原理	1876年生产出内燃机
1925年发现雷达原理	1935年制造出雷达
1928年发现青霉素	1943年生产出青霉素
1932年发现核裂变	1945年制造出原子弹
1948年发现半导体	1954年生产出半导体收音机

科学和技术本来是两个概念。科学是知识、学问，是人们认识世界的成果。技术是技能、技艺、技巧，是人们改造世界的手段。但随着科学和技术自身的发展，它们之间的联系越来越密切。

科学和技术在教育领域也有所不同。科学的发现与研究更多是在综合性研究型大学和科研机构中进行。而技术的运用与教学，更多是在职业教育院校和机构进行，也就解析了联合国教科文组织为什么把职业教育称之为TEVT，技术教育也包括于大范围的职业教育之中。

科学在发展，技术也在不断进步，作为改造世界的技术，就是让人们掌握具体技能，随着技术的不断发展，人们本身需要具有的技能也要不断改进。这个也就从技术上能理解为什么技能的概念在不断扩大，特别是进入20世纪80年代以来，随着信息技术、人工智能技术的运用，技术对人的影响已经无处不在。因此人们为了掌握如何使用技术的技能，需要不断地进行学习。从技术本身发展来看，技能也是一个不断扩大的概念。

3.1.1.4 技能与可雇佣性技能关系

澳大利亚职业教育技能政策的政策文本和政策制定者的意识中，技能的概念和范畴已经超越传统技术技能观念，技能内涵在扩大并细分，技能出现非技术技能、可雇佣性技能、核心技能、通用技能等术语。

本书中技能的划分是根据澳大利亚的划分方法，将技能分为技术技能（或专门技能）和非技术技能（或通用技能），在澳大利亚个人技能在工作表现划分框架中，非技术技能涵盖了可雇佣性技能和语言、读写和数学技能。

在农业、手工业和工业时代，技能更多的是强调某种特定职业所需要的技能,可雇佣性技能是在知识经济和产业变革的背景下,个人除了传统所需的特定技术技能或专门技能之外,个人还需要具备的获得岗位、维持就业和重新就业等技能。可雇佣性技能是传统技能观的拓展,可雇佣性技能的提出是经济发展到一定阶段产生的结果,可雇佣性技能包含在技能当中,更强调技能的可迁移性和灵活性。

3.1.2 不同学科视角中的技能

3.1.2.1 经济学

表3-2 经济学视角的技能观

代表人物	主要观点
舒尔茨	技能和知识、经验等特征一样都是人力资本的范畴
Braverman	技能的形成是建立在社会分工和个体分工的条件之下的。特别是个体分工导致了劳动者技能的不断细化。而在劳动者技能不断细化的过程中,具有高技能水平的劳动力成本无疑远远高于只具有较低技能的从事简单劳动的劳动力成本

人们普遍认为技能是一种人力资本形态。皮特·凯普利认为,"技能反映了劳动力完成工作任务的能力和人力资本,是一个工作岗位对从业劳动力的具体要求"[①]。因此技能的形成显然也符合人力资本的形成机制,是对人力投资而形成的资本。舒尔茨认为,"人们获得了有用的技能和知识"。"这些技能和知识是一种资本形态,这种资本很大程度上是慎重投资的结果。"菲利普·布朗等人也认为,"能够提高劳动力资本产出的知识和技能被认为是系统投资的结果"。20世纪50年代到70年代的研究和政策都强调人力资本投资对于培养全面、灵活的劳动力的决定性作用。

根据人力资本理论的观点,多种途径可以养成人的技能,而最重要的途径就是教育与培训。教育与培训是人力资本投资,而不是消费。教育与培训能够提高人的技能,提升生产率水平。

---

① Cappelli P. Technology and skill requirements: Implications for establishment wage structures[J]. New England Economic Review, 1996 (Special issue):139-154.

一、从哪里获得技能

劳动经济学家认识到技能可以通过多种方式取得，并试图分析通过各个方式所能获得的技能。传统上，经济学家倾向于将从学校获得的技能与工作中获得的技能区分开来。

二、技能是否便于转移

个体技能的转移性是一个很重要的议题。它所讨论的是一种技能可以克服哪种障碍仍保持其有用性，包括：通用技能和企业相关技能，行业相关技能，以及职业相关技能。很明显，以上这些技能都与工人变换工作时可能失去收入的数量相联系。

三、某种技能可以完成什么任务

由于工作经常被划分为一系列任务，而经济中可能的任务太多，且经常变动，经济学家不大可能以这种分类来研究技能。不过，在实证工作中，经济学家有时会借助数据，有时也会使用技能内容的某些概括性度量，例如读写技能和数学技能。

总体来看，经济学家通常认为，技能存在于个体，拥有技能可以提高个体的劳动生产率。尽管经济学家的技能观点比较宽泛，但是经济学中有关技能的定义，与我们大众的观点，以及日常常用的话语中的技能，含义比较接近。

3.1.2.2 管理学

表3-3 管理学视角的技能观

代表人物	主要观点
Robert Katz	管理者技能包含：①技术性技能(Technical Skill)包括方法、过程、程序及技巧，是对特定活动的理解和熟悉；②人际技能(Human Skill)，即在工作过程中调整组织的技能；③概念性技能(Conceptual Skill)，即掌握组织整体的能力
Guglieliemino	根据Katz的三大类型技能，进行了实证调查研究，证实了Katz的分类。其实证得出：高层、中层、基层的三类技能构成分别是高层(概念性技能47%，人际技能35%，技术性技能18%)，中层(概念性技能31%，人际技能42%，技术性技能27%)，基层(概念性技能18%，人际技能35%，技术性技能47%)
阿尔·雅各布森和劳伦斯·普鲁萨克	研究发现，有些员工拥有隐性技能，并且这些技能可以整理成文，传授给他人

　　管理学中通常将技能作为一个先入概念来使用,很少论及技能概念本身。关于技能的有限的研究成果中,往往着眼于制造业中劳动者的技术水平,并将其拓展开来,形成一个较宽泛的技能概念。

　　上表对三位学者从管理学角度的技能观进行了概述,另外日本学者Koike Kazuo对通过各类型企业的实地调查,系统地提出了"知性技能"的观点。他指出,随着科学技术不断升级和在生产中被广泛应用,以往依靠劳动者的熟练技术来完成的工作逐渐被机械所取代,劳动者的技能转变为管理机械设备的能力,这种技能即"知性技能",换言之,即"应对问题及变化的技巧和能力"同时他还强调,这种"知性技能"主要是通过在岗培训的渠道获得的。Koike Kazuo还提出了"知性技能"的测量方法。Koike Kazuo "知性技能"的观点对以往比较模糊的技能概念进行了准确的概括,提出了"应对不确定性"这一技能的核心内容,较好地解决了不同职业劳动者技能的差异,进而从根本上把握了人在劳动中体现的技能的实质内容,能够适用于不断规范化、标准化的生产现场,也能够适用于计算机技术不断普及下,企业中各工作岗位的实际操作情况。[①]

3.1.2.3　心理学

表3-4　心理学视角的技能观

代表人物	主要观点
冯忠良	技能是通过学而形成的合乎法则的活动方式。根据活动方式的不同,技能分为操作技能和心智技能,前者是控制操作活动动作的执行经验。后者则是控制心智活动动作的执行经验
叶亦乾	技能是指个体运用已有的知识经验,通过练习而形成的动作方式或者智力活动方式。技能分为动作技能和认知技能
皮连生	技能是在练习的基础上形成的按某种规则或操作程序顺利完成某种智慧任务或身体直辖任务的能力。可以将技能分为三类:动作技能、智慧技能、认知技能

　　心理学特别是认知心理学对技能的研究较多,认为技能通常是指人们按某种规则或程序掌握专门技术的运作方式。它是在一定生理条件基础

① 王彦军. 日本劳动力技能形成研究[D]. 吉林大学,2008.20-21.

上,在心理活动支配下,按某种要求,经过反复练习形成,并通过人的外在比较固定的活动方式,即"规定动作"表现出来的,可视可辨;人们通过仿效、学习可以掌握技能。技能,特别是熟练的技能,可以推动能力的进一步发展。技能的本质是一套操作程序控制了人的行为,包括外显的身体活动和内在的思维活动,它不是从人们会说什么来判断的,而是从他们会做什么推测出来。

冯忠良认为技能是通过学习而形成的合乎法则的活动方式。由于活动方式的不同,他将技能分为操作技能和心智技能,前者是控制操作活动动作的执行经验,其动作是通过外显的机体运动来实现的,动作的对象是物质性客体。后者则是控制心智动作的执行经验,其动作常借助于内潜于头脑内部语言来实现,动作对象为事物的信息。对于操作技能的形成,他认为可分为操作的定向、模仿、整合以及熟练四个阶段。至于心智技能的形成,则分为原形定向阶段、原形操作阶段和原形类化阶段。

动作技能是一种习得的、能相当精确地执行且对组成的动作很少或不需要有意识注意的操作,表现为人的肌肉运动按照预定顺序组成的完整协调的动作系统。它存在于一切使用与不使用装置或器具的活动之中。具体到职业技能领域,动作技能大多与操作装置或器具有关,有些研究者将动作技能称为操作技能,如驾驶、装配、烹饪、操纵机床等。由于动作技能的活动过程和活动方式是外显的,所以动作技能可以通过模仿和反复练习来获得。值得指出的是,人们往往根据所使用的装置或器具,或用简单工具制作器物的动作技能称为"技艺",使用较复杂的机械化设备制造物品的动作技能称为操作技能,使用高科技现代化机械设备制造物品的动作技能称为智能化操作技能。[①]事实上,智能化操作技能在很大程度上已经不是动作技能,而是心智技能。根据加涅的定义,它泛指运用符号办事的能力(包括运用概念、规则或程序解决实际问题的能力,如营业员的心算、计算机编程、激光照排的排版等)。由于智力技能的活动过程和活动方式是内隐的,故必须在掌握一定的文化科学知识的基础上通过反复练习和不断实践才能获得。技能

---

① 庞世俊. 职业教育视域中的职业能力研究[D]. 天津大学,2010.42—43.

的形成是"学习"的过程,而不是"教授"或"培训"的过程,技能的形成尤其重视实践经历。

3.1.2.4 教育学

表3-5 教育学视角的技能观

代表人物	主要观点
J.R.Anderson	提出了较为成熟的技能学习理论ACT理论。该理论认为在技能获得的过程可以分为三个阶段:第一阶段,尝试。第二阶段,联结阶段。第三阶段,协调和精炼
祁国杰,祁国鹰	形成技能的规律是从无序—有序—新无序—走向新的高层有序的过程,有序越高、结构越严密,形成的技能越完善、精确,其系统的功能就越大
郑俊乾	根据技能形成的特点,介绍了几种技能训练方法的含义及其使用条件,认为技能学习的过程是一个试练、熟练,再试练、再熟练,循环往复以至无穷的过程

教育学领域中比较具有代表性的是布鲁姆的分类法。布鲁姆认为:能力=技能(技巧)+知识。在进行教育成绩测验时,我们有时希望对所谓的"理智能力"和"理智技巧和理智技能"二者做出区别。"技巧和技能"是指操作的模式和处理问题的综合性技术。在技巧和技能测验中,问题"和材料都具有这样一种性质",即几乎不需要专门化的和技术性的信息。[①]无论需要的是什么样的信息,都是受试者普遍具有的知识储备的一部分。测验的重点放在受试者运用综合性的方法,胜任地操作或对付新问题情境的能力。技巧和技能注重的是,为达到特定目的而组织和改组材料的心智过程。另一方面,理智能力是指要求个体在各种情境里把专门技术信息运用于新的问题。理智能力是知识与理智技巧和技能的组合。在解决需要理智能力的问题时,要求学生组织或改组问题,认识什么材料是适用的,记住这些材料,并在问题情境中使用这些材料。如果既需要能力又需要技能,那么就要使问题对学生来说既是新的又是不熟悉的。

---

① 布鲁姆.教育目标分类学(第一分册:认知领域)[M].罗黎辉,丁证霖,石伟平等译.上海:华东师范大学出版社,1986.36.

布鲁姆在的教育目标分类中分为三个主要部分——认知领域、情感领域和动作技能领域。认知领域，即包括有关知识的回忆或再认，以及理智能力和技能形成等方面的目标。这是许多流行的测验编制研究中关键的领域。分类学的第二部分是情感领域。它的目标包括描述兴趣、态度和价值等方面的变化，以及鉴赏和令人满意的顺应的形成。第三个部分是操作或运动技能的领域。虽说我们意识到这个领域的存在，但我们发现在中学或大学里对此几乎没做什么，因此我们并不认为目前对这些目标加以分类是很有用[①]。

不同学科研究者对技能的定义有不同侧重点。经济学家主要从社会分工进行探讨，人力资本投资的角度定义了技能。管理学家主要从职业需求的角度根据不同职业定义了技能，这种定义更偏向于职业技能。心理学和教育学研究者主要从动作技能和认知技能两个方面定义了技能。

3.2 职业教育技能观的变迁

1973年，丹尼尔·贝尔在其著作《后工业社会的来临：对社会预测的一项探索》中，提出了后工业社会这个概念。按照他的观点，以工业社会为基准，人类社会可以分为前工业社会、工业社会和后工业社会三种类型。通常观点认为，现代意义上的职业教育是工业社会的产物。从本质上看，职业教育是科技进步的结果。在以服务业为主的后工业社会，职业教育发挥着更为重要的作用。诚然，工业社会和后工业社会各个方面存在区别，从职业教育发展来看，后工业社会也显示出新的特点，工业社会注重对传统技术或专门技能的培养，逐步转向需要具备迁移性强的可雇佣性技能等多元技能。

前工业社会主要依靠原始人力和劳动工具，主要从自然界中提取初级资源；工业社会是以机器为主，围绕生产、制造商品而等活动组织起来的；后工业化社会是工业社会进一步发展的产物，以服务经济为主，知识占据中心位置，技能为本。[②]

---

① 布鲁姆.教育目标分类学(第一分册：认知领域)[M].罗黎辉，丁证霖，石伟平等译.上海：华东师范大学出版社，1986. 9.

② 丹尼尔·贝尔.后工业社会(简明本)[M].北京：科学普及出版社，1985. 2.

前工业社会主要以农业和手工业为主。在原始社会,当时人们技术水平低下,主要是靠狩猎和采摘以及开始简单的农业种植,因此狩猎工具的制作,简单农业工具的使用十分必要。为仰韶文化代表的新石器时代,主要以打制石器和细石器为主,开始使用磨制石器,磨制石器种类丰富,制作精美,制陶技术显著进步。农业社会的农业是指原始农牧业,称为第一层次的农业。原始农牧业是以人力、畜力为动力,以简单的手工农具为设备,靠天吃饭的农牧业。当时的手工业,如:手工纺织、制陶、打铁、铸铜等是工业社会的雏型。在农业社会,生产技术发展缓慢,科学尚处于孕育期,科学对技术的促进作用尚未显现。18世纪前的几千年,人类社会都处于前工业社会。

工业社会是继农业社会或传统社会之后的社会发展阶段。有时又称现代社会。以轻工业为主的是工业社会前期;以重工业为主的是工业社会后期;从时间上大约是继蒸汽机出现之后到20世纪七八十年代电子信息技术广泛应用之前。工业社会以经济增长为轴心,同经过加工的自然界竞争,机器是资源,企业主是社会的核心。

后工业社会又称知识社会,后工业社会是工业社会进一步发展的产物,后工业社会以理论知识为中轴,意图增强人与人之间知识的竞争,且科技精英成为社会的核心。[①]科技专家之所以拥有权力,全凭他们接受过专业教育与拥有技术专长。

3.2.1 前工业社会时期职业教育技能观

在文字出现以前的人类早期生活中,人类文化的传递、经验的积累,主要是通过模仿、口头传授实现。在人类早期生活中,这种向儿童传授劳动经验、生活技能,对世界的理解过程以及获得某种信仰、接受生活戒律的途径等等事宜,实际上就是社会生活过程本身,并不存在专门化的教育形式。因此,人类教育活动首先是一种生存手段,即我们所称之为的"生存教育"。生存教育最初是一种生产劳动经验的传递、生活技能的培养,开始时仅仅存在

---

① Vogt K C. The post-industrial society:from utopia to ideology[EB/OL]. http://wes.sagepub. com/content/early/2015/06/16/0950017015577911.abstract?rss=1. 2015-10-19.

于广泛的生产劳动过程中，存在于社会生活的点滴实践之中。①

原始社会没有现代意义的"职业"，这是由当时社会发展程度与分工程度低下决定的。但社会的运作和人类的生存总是需要社会中的个体承担一定的工作，这些工作广泛地分布于农耕、畜牧、手工业等领域，它们以世袭的方式代代延续，逐渐具有职业的特点。为了将这些职业领域中已有的文化知识和生产技术传播给下一代或未来从事这些工作的人，专门传授这些所谓的"职业技能"的教育在原始社会开始出现。②

氏族社会时期，手工业领域的分工日益专门化，出现了若干种技术性越来越强的工种，包括石器制作、制陶、制玉、冶炼等。

农业和畜牧业的发展及人类生活走向定居，促进了手工业领域的不断扩大和原始工艺技术的传授日趋专门化。这一时期，除石器、骨器、术器等工艺制作外，还出现了制陶、纺织、房屋建筑，以及育蚕治丝等原始手工业。根据对原始制陶工艺的考释，这种技能传授不仅具有相当丰富的内容，而且需要相当高的技术水平。如仰韶文化时期出土的细泥彩陶，西安半坡出土的黑陶，都堪称为精美的艺术品。其制作工序包括制造陶轮、砌窑、烧窑、淘洗、制坯、设计图纹、着色等。这就要求对每个参加制作者进行严格的训练，以养成职业性的知识与技能。③

《墨子·法仪》中："虽至百工从事者，亦皆有法。百工为方以矩，为圆以规，衡以水，直以绳，正以县。无巧工、不巧工，皆以此五者为法……故百工从事，皆有法所度。"百工要遵守的法度非常严明。《周礼-天官·染人》中记载了染色工人一年四季的工作情况，春、夏、秋、冬各有具体要求，决不能错乱。《考工记》中记载了金工冶铸技术的生产规范，铸造不同的青铜器，合金比例不同，即所谓"金有六齐"，"齐"不同，冶铸出不同的青铜器。④

学校的出现表明教育开始以独立的形式介入社会生活。专门教育首先

---

① 刘精明等著. 转型时期中国社会教育[M]. 沈阳:辽宁教育出版社,2004. 32.

② 米靖. 中国职业教育史研究[M]. 上海:上海教育出版社,2009. 2.

③ 吴玉琦. 中国职业教育史[M]. 长春:吉林教育出版社,1991. 3.

④ 米靖. 中国职业教育史研究[M]. 上海:上海教育出版社,2009. 21.

是社会地位的一种标志,起初的教育对技能的传授较少,官办教育成为统治阶级作为选拔人才的一种手段。但是为了生产生活的需要,也存在部分职业教育的形式。汉代官学和私学,已经建立了专业技术教育,到了唐代已形成了从中央到地方、门类齐全、学制完善的专业技术教育体系。到了宋、明、清时代,高产农作物、经济作物等普遍种植,冶炼、丝织、棉纺等都有较高的水平,商品经济日益发展,出现了手工业脱离农业而独立发展的趋势,涌现出许多著名的科学家和科技著作,这些都极大地促进了专业技术教育的发展。①

作为现代意义的职业教育是工业革命的产物,《中国大百科全书》教育卷中对职业教育的定义是"给予学生从事某种职业或生产劳动所必须的知识和技能的教育。"定义中的职业和生产劳动都是工业革命产物。中国传统的专业技术教育尽管历史悠久,但它仍然没有走出师徒制的传统,最初的工业仍然停留在小作坊阶段。因此说中国近代兴起的职业教育思潮不可能也不会是自生的,而是西方现代化冲击与反应的结果。但是我们又不能不看到近代中国的职业教育思潮蕴涵着丰富的传统的专业技术教育思想,这就必然使中国的职业教育思潮带有极大的本土性特点。②

回看人类职业教育的历史,无论在东方还是在西方,最早的职业教育形式都并非来自学校教育,而是来自某种形式的现场学习。其中被作为制度流传下来的,就是"学徒制"。一直到近代以前,在西方社会,学徒制是职业教育的主要形式。尤其在中世纪,西方各国的行会学徒制一度非常兴盛。

"学徒制被看成职业教育的最初形态。"在学校职业教育产生以前的漫长岁月里,学徒制承载着传授知识与传承技艺的重要职能。学徒制最开始的形态,是通过父亲把自己的职业技能传授给自己儿子这种方式完成。这样学徒制就具备职业世袭的特点,所以父亲给儿子传授职业技能是理所当然。后来职业教育发展为不只是将技能传授给自己儿子,还要传授给别人的形式,他们开始招收别人的小孩,为他人传授职业技能。通过这种方式,

---

① 钱民辉. 职业教育与社会发展研究[M]. 哈尔滨:黑龙江教育出版社,1999.3.
② 钱民辉. 职业教育与社会发展研究[M]. 哈尔滨:黑龙江教育出版社,1999.4

原始学徒制度逐渐演变成为一般性的制度化了的教育形式。①

许多研究学徒制度的学者关于古代学徒制度的习惯和法规，大都使用古巴比伦《汉穆拉比王法案》"倘任何手工业者以幼儿为养子，并以手艺教之，则（他人）不得向法庭申诉请求归还。倘收养者未以期手艺教之，则次养子得归还其父之家。"就是这个法典把当时不成文的法规或习惯文字化。我们从中可以看出，在编成这部法典时，少年们在师傅的手下以养子的形式当学徒的做法相当盛行。特别是，当时的师徒关系被看成是一种父子关系，最后还附加了国家的管理。总之，法典中所说的学徒制度，指的是从父子关系的学徒制度转向订立合同，而且规定了学习期限的真正学徒制度的过渡阶段。

《理想国》中，教育的目的是培养"哲学王"，贵族鄙视近代手工业劳动者，破产农民也不屑从事工匠类工作。职业教育只能以工匠世代相传形式进行。在柏拉图的《因家篇》中曾有"他的儿子和他所教导的人们"，或"他的儿子和徒弟"这样的词。以及"父母把他们小孩送到师傅身边，委托师傅传授技艺时，须以文件的形式，规定师傅作为教师应该承担的义务"这样的句子。可见当时技术技能主要是通过学徒制（师徒制）进行传授。

学徒训练教学全程在生产现场进行，"多数行业关于如何教授徒弟存在共识，至少分为明显的三个阶段。第一阶段为学徒从事简单不重要非技能型工作，如织工学徒捡拾散落到地板上的棉花；第二阶段通常直接从事与手艺和原料相关工作，如鞋匠学徒系鞋带；最后阶段学徒被委以通常由资深手艺人做的工作，学会本行所有东西并能熟练使用行话"②。

在科学时代（scientific age）到来之前，技术进步（technological advances）是以工艺经验（craft experience）为基础。而在把经验从一代传到另一代、从一个地方传到另一个地方的过程中，个人所起的作用是显而易见。工匠从一个中心到另一个中心转移的自然运动，例如佛兰德的制砖工匠和法国的制玻璃工匠向英国的转移。

---

① ［日］细谷俊夫. 技术教育概论[M]. 北京:清华大学出版社,1984. 12.

② Wendy Smiths,Thorsten Stormback. The Economics of the Apprenticeship System [M]. Cheltenham:Edward Elgar. 2001. 11.

这样引进的工匠,在传播其工艺中的主要细节时自然会遮遮掩掩,但工艺技能(craft skill)和经验在任何时代都是需要保密的个人财富。这可以简便地总结为,古代的技术是建立在私下学习相传的工艺诀窍(craft mysteries)基础上的,这种情况让人们对工艺技术(craft technologies)的任何全面考察都存在困难。

手工业中这种带有"学徒—帮工—师傅"三级划分的行会教育传统,直到今天的手工业教育中仍然作为楷模保持着。行会教育的成功之处,是培养了中世纪手工业者这种独特的人。因此,行会教育是创造典型的一种教育。从行会教育中可以看出,这一历史阶段上的职业教育已包括了三个重要方面,即职业技能、职业知识和职业思想品德教育。

随着近代科学的形成,大约在17世纪中叶的科学复兴(scientific renaissance)之后,技术的基础逐渐发生了根本变化。①随着社会的发展,特别是工业革命的兴起,培养拥有职业技能学徒工的学徒制逐渐被抛弃。传统学徒制被认为方法陈旧,难以适应现代化工业生产的需要。职业技能培养的机构,正规的学校职业教育将其取而代之,并在此后的一个多世纪里,成为职业教育主舞台。

3.2.2 工业社会时期职业教育技能观

3.2.2.1 西方工业革命时期职业教育的技能观

18世纪开始的工业革命,机器逐步代替人力,旧时学徒制已经不能满足生产发展的需求,中世纪盛行的手工业时代的旧学徒制逐步走向衰落。英国是工业革命发源地,1733年,凯依(John Kay)发明了飞梭;1769年,亚克赖特(Richard Arkwright)发明了水力纺织机,并于1771年开创了最早的机械纺织业。此外,1769年,瓦特获得发明蒸气机的专利,1770年,哈格利福斯(James Hargreves)获得发明多轴纺织机的专利;1779年,库伦布顿(Samuel Crombton)发明了定锭精纺机。随着这些机器的应用,生产发生了明显变化。

①[英]查尔斯·辛格等主编. 技术史(第4卷:工业革命)[M]. 上海:上海科技教育出版社,2004. 449.

由之前主要的家庭工业生产逐步转为工厂生产。工厂主为了获得更大利润,对妇女和儿童这样廉价劳动力的需求也不断增加。①

另外,生产中机器运用对工人也提出了新的需求。首先,生产中广泛的运用机器,要求工人需要具备能够操作机器的技能。工业革命一个最重要的表现就是技术的革命,纺织业、采矿业、冶金业、机器制造业和交通运输业等各个行业的重大技术突破相继发生。这些技术在工业中的运用,肯定需要工人掌握使用这些技术的技能。另外制造这些先进机器,也形成了一个新的机器制造行业,对机器制造的工人有了更高的技能需求。同时,工业革命导致生产规模迅速扩大,行会对工人的供给已经远远赶不上工业生产对工人的需求,因而导致行会组织和传统学徒制的衰弱,培养大量新型技术工人的职业教育制度开始建立,职业教育也逐步为各个国家所重视,各国都开始慢慢把职业教育纳入国家教育体系之中。

1841年,在英格兰和威尔士结婚的33%的男人和49%的女人只需在结婚登记表上画个押。即便那些上过学的人,所学的科学知识也甚少或根本没有。1836年,数学才进入什鲁斯伯里,1837年在拉格比有了物理课。为数不多的几所学校在18世纪非国教派的鼓励下,开设了相对具有启蒙作用的课程,不过,绝大多数学校沿袭了上一个世纪约翰逊在利奇菲尔德开设的课。实际上,这与两个世纪前弥尔顿在伦敦开设的课没多大区别。学校为上层阶级、商人和专家的后裔开设了拉丁文法、翻译、作文、少许希腊语和问答教学课。至于工人阶级,在1833年估计只有800 000人上过学:一些由年长妇女开办的只教读写的家庭小学,或每周付1便士或2便士学费的教会学校。1833年通过的《工厂法》(Factory Act)规定,9—13岁的少年必须持有一张证明,证明他们在前一周的6天中每天上了两小时的学才能被雇用,不过这个规定仅仅用于纺织厂,并不是所有工厂普遍都有这样的要求。②

---

① [英]H. J. 哈巴库克,[英]M. M. 波斯坦主编. 剑桥欧洲经济史(第六卷)[M]. 王春法,张伟,赵海波译. 北京:经济科学出版社,2002. 358.

② [英]查尔斯·辛格等主编. 技术史(第5卷)[M]. 上海:上海科技教育出版社,2004. 537–539.

　　值得注意的是,如此贫瘠的土壤上却会孕育一次英国历史上伟大的教育运动——建立技工学校(mechanics institutes)。它们出现于19世纪20年代,历经变迁仍保存了下来,一直到1889年颁布了《技术教育法》(*Technical Instruction Act*)。时至今日,仍有至少34个工人俱乐部和图书馆是直接从1851年前建立的技工学校衍生出来的。

　　在1868年,诺丁汉织带厂的工人中有一半是文盲。到1884年,诺丁汉的织带制造商强迫他们的学徒到职业学校上学,有的老板甚至还支付学费。证据表明:"过去设计人员通常被送到法国培养,不过,后来的大多数设计人员都是曾在诺丁汉学校接受过培训的诺丁汉人。"英国在工业的某些部门,特别是重型的工程技术部门,拥有自己的工艺师,而且他们的技艺仍然没有竞争对手。不过,委员会也提出了令人不安的证据,在其他部门,特别是化学和电力工业,欧洲大陆已取得了领先优势。

　　由于各国社会经济发展的需要,职业教育发展迅速,各国都相继通过立法建立起正规的职业教育制度。20世纪初期德国,职业学校称为补习学校。为了推动补习学校进一步发展,1919年制订了"魏玛宪法",1923年,普鲁士通过了"延长职业学校(补习学校)义务年限的法律"。法国于1919年7月制订了《阿斯蒂埃法》,这个法案在法国被称为技术教育的宪章。它的特点是由国家来代替个人承担给工人子弟以职业教育的任务。英国在这个阶段仍然没有重视职业教育,使英国的技术人才培养大大落后于其他国家,这也是造成英国经济发展缓慢的重要原因之一。①

　　美国国会于1917年通过史密斯·休士法案,规定由政府拨款协助各州发展职业教育,并具体规定职业教育的门类包括农、工、商、家政以及师资培养等。从此,美国的职业教育快速发展起来。日本在19世纪末大力振兴职业教育,在文部大臣井上毅主持下,制订了《实业教育国库补助法》《实业补习学校规程》《徒弟学校规程》《简易学校规程》等各项法令,由于法令规定详

---

① 钱民辉. 职业教育与社会发展研究[M]. 哈尔滨:黑龙江教育出版社,1999. 62.

细,日本在20世纪初就形成了初、中、高级的职业教育体系。①

亚当·斯密在《国富论》中指出:"一个工人技能的提高,如同一部机器或一种工具的改进,可以节约劳动,提高效率。"

约翰·穆勒曾在《政治经济学原理》中指出:"技能与知识同样都是对劳动生产率产生重要影响的因素"。因此,他认为提高人的技能和机械是同等重要的,劳动力数量的扩大和劳动生产力的提高对社会财富的增长起决定性的作用。巴登在行政长官内本纽斯的推动下,自1834年开始在城市里设立工艺技术学校,作为一种低级专科学校,其被确定的职能是:对致力于手工业或某种不要求受高级技术教育与经济教育的职业的并已开始学习这种职业技能的年轻人,应教会他们熟练地从事该职业所必要的知识和图解的技巧。②

按照凯兴斯泰纳的原则,人们开始按学生的职业归属把他们分配到不同的班级里。在工艺技术部门,出现了金属、建筑、木材加工、艺术、食品、服装加工等工艺技术专业方向的学校或班级。凡当地条件许可者,甚至按单门职业来划分班级。1900—1906年,在慕尼黑已有52所按凯兴斯泰纳的原则设立的专门的进修学校。③

从上述西方主要发达国家工业实践职业教育的技能观来看,职业教育主要还是停留在培养某一专门技能的人才,为当时工业革命发展所需的劳动力服务。

3.2.2.2 我国近代职业教育中的技能观

在我国近代职业教育中,职业教育也称之为实业教育。当时西方的工业文明逐步传入中国,官方和民间也逐步出现了工业化的生产方式,对工人的需求,也促进了职业教育的发展。

蔡元培根据实业教育的发展状况,参考各国教育经验,提出了实利主义教育。其中心思想是强调"以人民生计为普通教育之中坚",不仅教给人各种普通文化科学知识,且发展实业的知识和技能,并给予一定的职业训

① 吴文侃、杨汉清. 比较教育学[M]. 北京:人民教育出版社,1994. 507-511.
② 孙祖复. 德国职业技术教育史[M]. 杭州:浙江教育出版社,2000. 27.
③ 孙祖复. 德国职业技术教育史[M]. 杭州:浙江教育出版社,2000. 31.

练。①钱复认为职业教育不仅仅是职业技能的传授,而且还必须使"母慧",也就是基本智力得到发展与训练。

黄炎培认为自清末以来的实业教育之所以成效不彰,主要原因在于理论和实践的脱节。"所谓实业教育,非教以农工商也,乃教其读农工商之书耳。"教师教的和学生学的,仍然是一些书本上的理论知识,缺乏实际生产活动的训练。学生学成之后,即使空有振兴实业的愿望,也难有付诸实践的能力。所以真正的职业教育必须改变纸上谈兵的传统偏向,做到"手脑并用""做学合一"。"职业教育的目的乃养成实际的、有效的生产能力。欲达此种境地,需要手脑并用。"

为落实"手脑并用""做学合一"的基本原则,黄炎培在教学活动的各方面都极为强调联系实际的重要性。如他在开办中华职业学校之初,就明确提出每天的教学安排为半天授课,半天实习,每周总课时也是授课和实习各占对半。师资聘用,最好是既有理论知识又有职业经验,如果难以两全,则宁愿取其后者。招生分科,要考虑学生家长相应的职业背景。至于教材的选编,同样是要求注重实践性。此外,该校还特别规定:学生修业期满,只发给修业证书,必须在工作单位实习一年,且能够证明胜任实际工作后,才能取得毕业证书。通过以上措施,最大限度地将理论和实践结合起来,培养"知识与技能并重"的实用型人才。②

通过上面相关内容可以看出,近代我国职业教育主要还是以培养学生从事特定职业的知识与技能为主,注重技术技能的培养。

3.2.3 后工业社会时期职业教育技能观

3.2.3.1 多元技能观初现端倪

1972年,联合国教科文组织国际教育发展委员会在《学会生存》一书中指出:"为人们投入工作和实际生活做准备的教育,其目的应该较多注意到把青年人培养成能够适应多种多样的职务,不断地发展他的能力,使他跟得

---

① 钱民辉. 职业教育与社会发展研究[M]. 黑龙江教育出版社,1999. 23.
② 谢长法,彭泽平主编. 中国教育史[M]. 重庆:西南师范大学出版社,2012. 301.

上不断改进的生产方式和工作条件而较少注意到训练专门从事某一项手艺或某一种专业实践。"①

重新再教育是解决技能问题的一个重要选择。德国劳动力市场与职业研究所所长梅腾斯在1974年的一篇名为《关键能力——现代社会的教育使命》文章指出，除了特定的职业技能职位，在初始的正规教育中应该发展学生的一系列关键技能（Schlüsselqualifikationen，英译为 key skills）。也就是在教育中所教授的技能，包括基本的职业技能，也包括学习和获取信息等更加广阔的技能，这样可以让个人在以后职业生涯中去适应技能变化的需求。②梅腾斯也非常强调正规教育对个人发展、社会融入和工作准备有着不可忽视的作用。梅滕斯的关键技能观点是发达经济体提出并关注可雇佣性技能的开端。

3.2.3.2 发达国家和国际教育组织政策中的多元技能观

自20世纪90年代以来，雇佣性质发生了很大的变化，在过去几十年之间新增长的工作当中，全职工作只占到25%，其他75%的工作岗位都是临时性。临时性岗位一直被许多人认为不稳定，且其不稳定的层次也一直颇有争议。特别是在参与工作场所的培训中，相对那些稳定的员工，临时性员工更加不容易获得企业投入的培训项目。事实上，根据调查，近60%的临时雇员在过去几年中从没参加过正规的学习。③雇佣的不稳定性，单一的技术或专门技能不能适应劳动力市场的变化，英国、德国主要发达国家特别提出了需要具备通用的多元技能观，联合国教科文组织、世界银行也提出技能观。

英国国家技能工作小组（National Skills Task Force）认为技能主要包括

① Faure, Edgar. Learning to be: the world of education today and tomorrow [M]. UNESCO. 1972. 239.

② Mertens, D. Schlüsselqualifikationen. thesen zur schulung für eine moderne gesellschaft[J]. Mitteilungen aus der Arbeitsmarkt- und Berufsforschung, 1974（1）:36-43.

③ Workforce A. Future focus: Australia's skills and workforce development needs: a discussion paper for the 2012 National Workforce Development Strategy[R]. Australian Workforce 2012.1-5.

以下三种类型①:第一是通用技能(General Skills),指可以在大量不同职业中通用的就业技能,如沟通技能、解决问题的能力、使用IT设备的能力;第二是职业技能(Vocational Skills),指那些必须在某一特定职业或职业群中使用的职业或技术技能;第三为个人特质(Personal Quality),如积极性、公正、领导力,或与别人良好交际或自我激励、激励他人的能力,个人特质是雇主在招聘新员工时最注意搜寻与发现的个性。英国"标准职业分类"(Standard Occupational Classification)也区分了两种不同的界定"技能"的视角:一是通过完成任务和职责的复杂性来界定的"技能水平"(Skill Level);二是通过彻底而有效率地完成工作任务所需的知识领域来界定的"技能专门化程度"。

英国国家技能工作小组认为需要采用技能的广义定义,员工不仅只需要专门的职业技能,同时也需要可迁移的可雇佣性技能,以及创新、主动、不断学习与发展的能力。不久的将来,工作组织的形态将更加新颖和灵活。工人需要更高水平的技术和专门技能。很多企业担心他们新招聘的员工不能恰当地把他们拥有的知识和技能运用到真实的工作情境中。②另外英国国家技能工作小组也认为人为把教育和培训分离是有害的,把能力和知识与理解力分开是不可行的,把学习置于一个更为广阔的文化情境更为有益。

在英国,关键技能纳入国家资格证书框架之中,它适用于不同等级的所有科目,关键技能包括:①交际技能,②数字应用技能,③信息技术,④解决问题的能力,⑤促进学习和提高成绩的能力,⑥与人合作能力。③

在德国,职业教育以培养学生的"关键技能"(key skills)为其重要目标。关键技能又被称为"核心技能"(core skills)、"通用技能"(generic skills)、"必要技能"(essential skills)、"共同技能"(common skills)或"可迁移技能"(transferable skills)。这种技能是除具体专业技能和专业知识以外,从事任何一种职业都必不可少的基本技能。当从业者的职业发生变化时,关键技能能够

① Force S T. Towards a National Skills Agenda:First report of the National Skills Task Force [J]. Prolog,Sudbury,Suffolk,1998:24.

② Force S T. Skills for all:proposals for a National Skills Agenda[R]. London:DfES. 2000. 13.

③ 张全雷. 英国技能战略白皮书研究[D]. 首都师范大学,2005.4.

帮助从业者在已经变化了的环境中重新获得工作和技能，所以有人形象地称它为"可携带的技能"（portable skills）。在此基础上，德国职业教育理论界倡导职业教育必须使受教育者形成专业技能、方法技能和社会技能。[①]

德国职业能力概念在1991年召开的各州文化教育部长联席会议提出，正式的能力划分在1999年确定。划分标准是根据能力相关具体内容，在教育领域将职业能力划分为社会技能、方法技能和专业技能三个维度。这三个维度对职业能力的划分，反映了德国职业能力理论的综合性与整体性特点，是比较具有德国特色的一种职业能力划分方法。

社会技能是处理社会关系、理解奉献与冲突、与他人负责任地相处和相互理解的能力。它包括人际交流、公共关系处理、劳动组织能力、群体意识和社会责任心等。方法技能和社会技能具有职业普遍性。不是指某种职业所特有的技能，它们能在不同的职业之间广泛迁移，因此，有德国学者也把它们称为"人格"或"人性"的能力。方法技能是"个人对在家庭、职业和公共生活中的发展机遇、要求和限制作出解释、思考和评判并开发自己的智力、设计发展道路的能力和愿望。它特别指独立学习、获取新知识的能力"。专业技能是在专业知识和技能的基础上，有目的、符合专业要求、按照一定方法独立完成任务、解决问题和评价结果的热情和能力。[②]它是和职业直接相关的能力，具有职业特殊性，是通过专业教育获得的。

德国教育领域对职业能力内涵的三个维度的结构划分，让职业能力教育不仅仅专注某一时段的阶段性时间，或者某一狭窄的职业领域，而是把职业能力的培养与未来职业和生活所学相关联，让学习者面向未来，扩大时间和空间的广度，时间贯穿终身，空间贯穿职场、生活与家庭。这种职业能力观无疑是一种终身发展的能力观点，也是对后工业社会在职业教育所作出的反应。对学习者在未来的工作岗位职业进阶、人生发展都有积极的影响。

---

① 米靖. 现代职业教育论[M]. 天津:天津大学出版社,2010. 137-138.
② 张平. 德国职业院校的职业能力理念和实践[J]. 中国职业技术教育,2012(30):67-69.

联合国教科文组织的报告确定了三种技能，[①]这三类技能为：基本技能、可迁移技能、技术和职业能力。

基本技能：指的是最基础的基本技能，是找到足以满足其日常需求的工作所需的识字和数学技能。这些基本技能也是继续教育和培训的必要前提，还是获得可转移技能与技术和职业能力的必要前提。对于那些既不会读写又看不懂基本文本、没有基本运算能力的人而言，有报酬的就业和创业活动机会大大减少。因此，完成优质小学和初中教育至关重要。如果处境不利的青年人没有获得基本技能——由于没上学，或辍学，或学校毕业后没有达到预期的熟练程度，基本识字和数学技能的二次培训机会和社会保障计划有助于弥补差距。

可迁移技能：指的是找到并保住工作需要，能够转移和适应不同工作需求和环境的多种技能。可转移技能包括分析问题并找到适当解决方案，有效地交流思想和信息，具有创新意识，展现领导力和责任感，以及展示创业能力。在某种程度上，这些技能是在学校环境以外培养的。然而，它们可以通过教育和培训——尤其是通过中学教育和岗位培训计划得到进一步发展。

技术和职业能力：许多工作要求具备特定的技术专长，从种植蔬菜到使用缝纫机，砌砖或做木工，或在办公室使用电脑，无不如此。技术和职业能力可以通过以下方式获得：与中学教育和正规技术及职业教育挂钩的工作安置计划，或包括传统学徒制和农业合作社在内的岗位培训。

青年人要想充分利用职业培训，基本技能和可迁移技能必不可少——在劳动力市场需求不断增长和特定职业技能不断演变的充满活力的全球经济中更是如此。如果缺乏基本技能的青年人口数量众多，那么国家必须将重点放在增加小学和初中教育机会，扩大针对错过机会者的二次培训计划上。[②]

----

① UNESCO. Education for All Global Monito-ring Report 2012-Youth and skills:Putting education to work[R]. Paris:UNESCO publishing. 2012. 14.

② 曹浩文，杜育红. 人力资本视角下的技能:定义、分类与测量[J]. 现代教育管理，2015（3）:55-61.

世界银行在组织劳动力技能测试时将技能分为认知技能、非认知技能和技术技能(technical skills)三类。在该分类中，身体技能属于非认知技能。职业技能是指从事某一项具体工作时所使用的认知技能和非认知技能的集合。[1]个体能否获得可雇佣以及能否适应劳动力市场，不仅取决于与工作直接相关的职业技能，还取决于一般性的认知技能和非认知技能。

表3-6　国际组织有关技能分类

世界银行(2010)	技能的专门性和处理对象的不同	认知技能、非认知技能和技术技能
联合国教科文组织(2012)	技能的水平和专门性	基本技能、可迁移技能、职业技能

越来越多的人认识到，高水平的技术工人在人力资源竞争中占据了重要地位，工人的操作技能对于企业生产质量和效益起着关键作用。

很多成功的企业家把"设备维修加工人培训等于利润"当作座右铭，他们认为：通过培训提高了技术素质和操作技能的人是新科技的能量，也是效益转化为现实生产力的关键；只有拥有大批掌握先进操作技术的人，才能创造出高质量的产品，才能有相应的竞争能力并获得高额利润。

先进的劳动技能不是与身俱来、自然形成的，它需要经过培训、教育和开发而获得。职业教育被认为是技能培养的最好手段和方式。

对技术技能和某一特定工作技能的需求正在发生改变，未来并不是完全可以预见的。重要的是，劳动者需要有能力去不断地改变，能够具备核心或者通用的可雇佣性技能，这些技能可以运用在不同的场景中。

之前的工作可能只对专门技术技能有要求，但这样的要求已经适应不了当前社会发生的巨大变化。而且未来具体岗位的技能要求也不完全确定。因而，个人需要掌握可迁移或者通用的可雇佣性技能，这样拥有了可适应性和灵活性的能力，从而才能够在各个不同工作情境中有能力去实现转移。

技术技能贯穿于职业教育不同的发展阶段，具有一贯性。自古以来，

---

① Almeida, R., Behrman, J., & Robalino, D. (Eds.). The right skills for the job?: Rethinking training policies for workers[M]. World Bank Publications. 2012.34.

职业教育均以技术技能职业性为导向。前工业社会职业教育主要以学徒制形式存在,它所要培养的是手工业和商业等技能型职业的从业者;人类进入工业社会,作为现代教育制度的一部分,职业教育培养的是从事一线生产和管理工作的人员;在现代,职业的范畴扩大了,但职业教育培养的依然是技术技能型职业的从业者。[①]但是随着经济发展方式的不断变化进入到后工业社会阶段,技能要求本身也在不断变化,职业教育中传统的单纯培养学生职业技能已经不能适应劳动力市场发展的需求,正是基于这一背景,技能在传统的技术技能基础上提出了可雇佣性技能和语言、读写和数学技能。

3.3 小结

人类历史上的大部分时期所认为的技能,一般是指狭义上从事某一职业的技术技能或专门技能。随着经济的发展,技术的进步,技能的形式不再仅仅局限于单一的技术或专门技能,应该含有更加广泛意义上的定义,这点在最新不同的技能定义上得到认可。在20世纪的教育话语中,社会学和经济学这两个领域对技能的看法比较杂乱,在社会学领域看来,技能是一种社会构建,是工作产生的一个关键性过程;而经济学重点是关注技能在经济方面的贡献,如何让教育更加高效地满足产业的技能需求。

从技能的作用来看,可以从下面三个维度对技能进行分析:从教育的角度看,教育如何促成个体获得技能;从社会的角度看,技能如何帮助个体融入社会,技能如何使不同社会阶层的分化;从经济产业的角度看,重点关注技能对促进经济的作用。[②]

一、技能的教育学意义拓展:技能是个体行为的成分

对技能的理解,传统上更多的是依据教育学和心理学进行阐释,以智力活动与肢体活动的差异为标准,将技能分为"对环境产生直接影响的熟练而

---

① 欧阳河.职业教育基本问题研究[M].教育科学出版社,2006.15.

② 姜大源.当代世界职业教育发展趋势研究[M].北京:电子工业出版社,2012.19-20.

精确的身体运动能力",和"运用概念和规则办事的能力"的动作技能,或者指"在头脑中对各种信息进行加工"的心智技能。而在职业教育领域,人们普遍存在一个误区,即将技能仅视为简单的肢体活动。澳大利亚关于可雇佣性技能与核心技能关系已清楚地表明,技能绝非只是手脑分离的熟练肢体动作,而是人的"一种学会的或获得的行为成分",这就实现了动作技能习得与心智技能习得的融合。

二、技能的社会学意义拓展:技能是社会融入的媒介

澳大利亚职业教育的国家战略强调指出,"人口和经济结构变化引起的技能短缺问题"要通过劳动力开发来解决,只有"提升职业教育教师员工的专业化和技能水平",才能"满足未来技能需求,改善公民对劳动力市场的参与,提高企业生产力,促进社会融合",塑造一个具有包容性和可持续发展的社会。这充分显示,技能不只是个体的行为成分,还是一个自然人向职业人过渡所具备的因素——促进就业的媒介,这就实现了个体生涯发展与社会和谐发展的融合。

三、技能的经济学意义的拓展:技能是经济发展的要素

对技能的理解,传统上将其视为个体及其自身发展的能力,然而澳大利亚职业教育的战略决策将技能看作是提升国家经济实力的要素:"澳大利亚经济发展的目标是通过资源的整合实现长期的繁荣,而这只有通过满足经济对技能的需求以及确保这些技能得到良好运用才能实现",为此必须"在企业实现对技能的有效运用,并借此提高企业生产力"。这清楚地表明,技能已经成为关乎一个国家发展的战略性、全局性问题。国家的发展依赖于不同个体的个性化高技能,从而形成国家群体性的高技能。

对人的技能教育存在形态是动态的、变化的。时代不同、国家不同、技能教育的存在形态就有所不同。前工业社会时期,农业、畜牧业、手工业时经济生产是主要形态,技能的教育和传承,传统的学徒制(师徒制)占主导地位,获得某一行业的职业技能是传统学徒制最为关键的部分。现代意义上的职业教育是从工业革命开始产生。机器运用于生产,必然要求工人掌握其使用技能,职业教育成为技能教育的主要方式之一,职业教育的重点还是

关注职业技能的培养。后工业社会随着产业结构调整,生产方式变化,企业的管理方式、劳动雇佣制度等也发生了深刻的变化,职业教育除了培养个人的职业技能之外,对通用技能的培养也变得日趋重要。

技能这一概念是职业教育的话语中的核心要素,近年来,技能已经成为职业教育所关注的核心政策,重点关注其经济方面的贡献,人力资本理论给职业教育提供了一个视角,技能可以促进经济发展,帮助个人更加有效地融入社会。

第四章　澳大利亚职业教育
体系及技能政策演进

澳大利亚位于大洋洲,国土面积769.2万平方千米,总人口数约为2 400万(2016年3月25日数据)。[①]从历史上看,澳大利亚曾长期处于与外界隔绝的状态,直到17世纪欧洲人才开始陆续进入澳大利亚。1770年,英国宣布对澳大利亚拥有主权,1778年建立首个殖民区,自1788年新南威尔士州建立到19世纪初,澳大利亚没有专门的职业教育,也没有专门从事职业教育管理的机构。澳大利亚是一个移民国家,早期的移民多数来自英国和爱尔兰,这些移民把自身拥有的技能,结合澳大利亚的情况运用于实践生产之中。

在全球范围内,澳大利亚是一个发达资本主义国家,根据世界银行公布的2014年数据,澳大利亚国内生产总值(GDP)为1.454万亿美元,在全球GDP排名第12位,人均国民总收入(GNI)6.47万美元。[②]另外根据国际货币基金组织的数据报告,从人均国内生产总值来看,澳大利亚是目前世界上排名第五的国家,属于全球发达国家经济体之一。

澳大利亚具有十分坚实的经济基础。近10年来,澳大利亚失业率一直保持在百分之六左右,即使是处于2008年的全球经济危机时期,澳大利亚的失业率也稳定在这个百分比,2015年12月澳大利亚失业率降至百分之五点八。[③]在这些数据背后,澳大利亚职业教育的发展与重视,对经济繁荣与发

---

① Australian Bureau of Statistics. Population clock[EB/OL]. http://www.abs.gov.au/ausstats/abs@.nsf/0/1647509ef7e25faaca2568a900154b63. 2016-3-25.

② World Bank.Australia Data [EB/OL]. http://data.worldbank.org.cn/country/australia#cp_wdi. 2015-7-8.

③ Australian Bureau of Statistics[EB/OL]. http://www.abs.gov.au/ausstats/abs@.nsf/mf/6202.0. 2015-8-7.

展起到了不可忽视的作用。职业教育方面,澳大利亚一方面汲取欧美等发达国家办学经验,同时根据本国实际情况,形成独树一帜的职业教育办学体制与发展模式。

澳大利亚自独立以来,一直都重视发展教育,职业教育也是该国政府政策重点关注的对象。目前职业教育已经成为澳大利亚教育引以为豪的一张名片。职业教育体系中,培训包是澳大利亚最具特色之处,培训包是国家设定的能力标准,是职业教育课程开发的指导依据。

20世纪中后期开始,澳大利亚职业教育中技能教育的内涵从重点关注技术技能,逐步转向了关注通用的技能概念。职业教育的技能政策如何演变是本章探讨的问题之一。

4.1 澳大利亚职业教育体系及特色

4.1.1 澳大利亚职业教育体系

澳大利亚存在两种各具特色的课程模式,一种为学术模式,一种为职业模式。其中学术模式是以知识扩展为主。以学术模式为主的课程设置的学校,有时候被称之为普通教育,但学术模式并不是普通教育的唯一。学术模式同样也得到大学教学、学术活动以及人文和自然科学研究的支持。另外一种课程模式是职业模式,其目标是职业培训,基本上属于行为主义。澳大利亚技术与继续教育(TAFE)中的许多课程,便是采用这种模式。

在澳大利亚教育体系中,这两种模式作为"纯粹"形式几乎已经不存在。然而这二种模式作为规范和理想模式,其不同的导向促成教育实践的定型。澳大利亚教育在这两者之间构建起一个双重体系,一边是学术教育和大学,另外一边是职业教育和工业培训。[①]学术教育与大学的体系和职业教育与培训体系,这两个部分在社会地位和力量上,都处于不平衡的位置。大致相

---

① Marginson S. Education and public policy in Australia[M]. Cambridge University Press. 1993. 145-146.

当社会分工中的中产阶级和工人阶级。①

　　1974年，澳大利亚政府发布了技术与继续教育委员会向其递交的《康甘报告》，报告的发布标志职业教育体系初步形成。报告中明确提出岗位培训和学历教育结合，继续教育和技术教育结合，并且在全国范围内建立新型的技术与继续教育学院（Technical and Further Education，简称TAFE），实施新型的职业教育。此外，《康甘报告》明确了技术与继续教育的内涵与范畴，提出技术与继续教育"应该包括所有具有职业目的的教育课程"，"设计这些课程的目的是传授以职业为导向的知识，并且开发个人的理解力和技能"。此后，澳大利亚政府相继发表了《费恩报告》等一系列报告，这些报告进一步完善了澳大利亚职业教育体系，指明了职业教育的核心是培养劳动者适应劳动力市场需求的职业能力，最终构建灵活的国家职业教育体系。

　　1992年澳大利亚国家培训局（Australian National Training Authority，简称ANTA）成立，这样澳大利亚职业教育国家体系建成。之前，各州（或者领地）都是相对独立的职业教育体系，全国范围内有8个独立的培训系统，并且跨地域所获得的资格证书，各州之间不能互相认证。

　　2005年澳大利亚国家培训局被取消，其相关职责和功能由澳大利亚教育、科学和培训部（DEST）负责；2007年12月澳大利亚教育、科学和培训部改为澳大利亚教育、就业和劳动关系部（Department of Education，Employment and Workplace Relations，简称DEEWR），负责监管澳大利亚职业教育系统；2013年澳大利亚政府重新组合，建立澳大利亚教育部（Department of Education）；2014年澳大利亚教育部更名为澳大利亚教育与培训部（Department of Education and Training）。

　　澳大利亚的职业教育由政府的公立部门和私立部门构成，其中技术与继续教育是澳大利亚职业教育的主要提供者，占据着职业教育大约四分之三的市场。以下提供职业教育的各机构示意图：

---

① Marginson S. Education and public policy in Australia[M]. Cambridge University Press. 1993. 146.

表4-1　澳大利亚职业教育提供机构①

政府公立部门	私立部门
TAFE教育机构	不接受政府资助的私立机构
注册社区教育培训机构	私立商业学院
部分高等教育机构	企业对员工进行的培训
多个部门机构合作	由供应商提供的产品使用培训
部分中学	未经登记注册的社区机构
农业大学	
土著教育提供者	
与政府部门签署培训协议的私立机构	

　　20世纪80年代,技术与继续教育成为澳大利亚国家培训体系的主要教育培训机构,但是全国适用的各个行业和岗位能力标准还没有建立起来。从1992年开始,澳大利亚政党政府、产业集团等对职业教育重视程度不断提升,中央和地方政府对职业教育都给予财政资助。职业教育领域汇聚了来自政府、企业、行业委员会、学院等代表各个不同利益相关者的专家和学者,研究和探讨职业教育核心问题。根据各方意见,澳大利亚确立了国家培训框架体系和资格框架体系,形成了职业教育培训包。第一个培训包于1997年正式签署通过,此后国家培训包体系逐步取代之前的培训课程,开始在澳大利亚各个州和领地推广实施。澳大利亚国家培训框架体系(Australian National Training Framework,简称ANTF),现在也称国家技能框架(National Skills Framework,简称NSF),该框架体系具有灵活性、高效性、便捷性和一致性等特点。国家认可的技能和资格由行业开发和鉴定,为学习者提供统一的学习成果鉴定标准,保证了同类型的培训可以在不同的培训机构或不同的州(领地)实施;方便雇主对雇员跨州或跨行业的培训进行评估;为企业选择何时、何处、如何对雇员进行培训提供更大的灵活性。②国家培训框架体系由培训包(Training Package,简称TP)、质量培训框架(Australian Quality Training Framework,简称AQTF)和资格框架(Australian Qualifications Frame-

　　① Chris Robinson. Developments in Australia's Vocational Education and Training System[C]. Workshop presented to the Central Institute of Vocational and Technical Educati on Beijing. 2000.

　　② AQF. What is the AQF. http://www.aqf.edu.au/aqf/about/what-is-the-aqf/. 2015-3-9.

work,简称AQF)三个部分构成(见图4-1)。

一、质量培训框架(AQTF)

澳大利亚质量培训框架是一套全国通用的办学质量保障体系,用于监控注册培训机构提供的培训和考核的服务质量。

二、培训包(TP)

培训包是由行业通过国家行业技能委员会或企业开发而成,以满足不同的社会需求。培训包是一系列国家认可的、用以对个人在一个职业岗位有效工作所需的知识和技能进行评估的标准和获取的资格。培训包不是描述教师和培训师如何去培训,而是教师和培训者根据培训包要求,结合实际情况开发学习策略,具体教学中教师可以根据个人需求、能力和环境等去考虑如何进行教学和培训。

三、澳大利亚资格框架(AQF)

澳大利亚资格框架是描述在全国范围内,包括普通中学、职业教育培训机构(VET)和高等教育等各个不同教育层次授予的国家一致认可的资格证书。

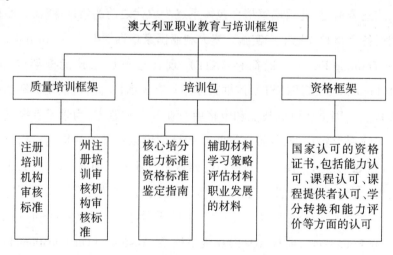

图4-1 澳大利亚职业教育框架体系[①]

———————————

① 刘占山、维吉尼亚·贝蒂、赵为粮、安东尼·巴瑞特.需求导向的职业教育探索与实践一中国·澳大利亚(重庆)职业教育与培训项目回顾与展望[M].北京:高等教育出版社,2007.13.

　　培训包中的资格是指澳大利亚资格框架体系的职业教育资格,它包括一级文凭、二级文凭、三级文凭、四级文凭、高级文凭、毕业证书和毕业文凭以及部分资格的陈述。一旦达到了培训包的相应要求,注册培训机构可以颁发全国认可的澳大利亚资格框架的资格证书。当达到澳大利亚资格框架证书所要求的一个或几个能力单元时,注册培训机构(RTO)可以颁发部分资格证书。澳大利亚资格框架职业教育资格证书,是以执行任务所要求的知识技能广度、深度和复杂性为依据而进行分类。资格证书是职业技能的标准,具体技能通过培训的传授以及评估都可以在培训包中得以实现,培训包的开发也包含向全国各个产业咨询的过程。

　　以培训包为基础,澳大利亚建立了全国统一的以行业为主导的国家职业教育的框架体系,与学校教育、大学教育体系一起共同构成了国家终身教育体系,并最大限度地满足教育与培训的相关者对职业教育的需求,如行业、企业、政府、社区和学员等。在职业教育体系中,培训包是绝大多数项目的基础,如澳大利亚学徒制,注册培训机构的培训课程,学校职业教育项目,都认可培训包中的技能标准与职业证书。

表4-2　澳大利亚资格框架体系(AQF)示意图[①]

义务教育后的 中等教育	职业教育部门 (VET)	高等教育部门 (HE)	国际教育分级标准 (ISCED)
高中毕业证书 (Senior second-ary certificate)	一级证书 (Certificate Ⅰ)		2C
	二级证书 (Certificate Ⅱ)		3C
	三级证书 (Certificate Ⅲ)		3C
	四级证书 (Certificate Ⅳ)		4B
	职业教育专科文凭 (VET diploma)	高等教育专科学历 (HE diploma)	5B

---

　　① Framework. Australian Qualifications Framework[EB/OL]. http://www.aqf.edu.au/aqfqual.htm. 2015-6-8.

续表

义务教育后的 中等教育	职业教育部门 （VET）	高等教育部门 （HE）	国际教育分级标准 （ISCED）
	高级职业教育专科文凭 （VET advanced Diploma）	高级高等专科文凭或 者副学士学位 （HE advanced diploma or Associate degree）	5B
		学士学位 （Bachelor degree）	5A
	职业研究生证书 （VET graduate certifi- cate）	高等教育研究生证书 （HE graduate certifi- cate）	5A
	职业研究生文凭 （VET graduate diploma）	高等教育研究生文凭 （HE graduate diploma）	5A
		硕士学位 （Masters degree）	5A
		博士学位 （Doctoral degree）	6A

4.1.2 培训包：澳大利亚职业教育最具特色之处

培训包(TP)是由行业制定且得到国家认证,用以帮助人们获得某一具体职业所需能力而开发的一个培训内容集成包,目前已经成为澳大利亚国家培训框架的重要支柱之一。培训包的引入和使用将行业技能要求和职业教育与培训的目标相结合,使澳大利亚的教育与培训系统更趋灵活与完善。[1]

政府通过吸引行业参加培训包的制定,将行业需求与行业技术教育培训目标结合起来,即将能力标准与资格证书直接联系起来,并规定学生能力标准的最低考核要求。培训包是澳大利亚职业教育中重要的官方文件和教学法规,它并不限定培训项目的具体内容、课程和培训方式,而是详细规定了统一的国家能力标准、评估指南和资格证书,并为之提供相应的辅助材料。教育培训机构和教学人员可以根据不同需要进行组合和教学创新,使

---

① 严璇,杨丽敏.发展中的澳大利亚培训包[J].中国职业技术教育,2006(36):27-28.

其应用更加灵活和自由，为注册培训机构的课程开发提供了具体而准确的依据。一个完整的培训包还包括由学习策略、评估材料和职业发展材料等组成的辅助材料。

培训包能力标准中所谓的能力，是指学习者能承担达到工作场所行为标准的具体任务和职责的能力。能力要求应用与有效参与行业、行业部门或企业活动相关的具体知识、技能和态度。能力标准由一系列能力单元组成。每一能力单元是描述具体工作功能或职业的一个重要功能或角色。培训包中的每一单元与一个或几个澳大利亚资格框架体系中的资格是相关联。培训包的能力标准由行业决定，以满足行业技能要求。

培训包通过对一个行业的管理，将以前相互不连接的职业能力标准、学科、学历以及学习辅导材料联系起来，并且为全国认可的证书、学历课程的学习和评估创造了一整套工具。从1998年发展至今，培训包可以说是澳大利亚职业教育改革最优秀的成果之一。到目前为止，培训包已经成为澳大利亚职业教育最引以为豪的旗帜，作为一套国家认可的用以认定和评价受训人技能的职业标准和资格体系，培训包没有规定要使个体达到这种要求应当采取怎样的教育和培训方式，而是致力于解决职业培训和认证中的能力标准、评价方针以及资格证书认证的条件和标准，还包括学习策略、评估材料和职业发展材料等组成的辅助材料，所有这些在澳大利亚全国范围内均能得到认可，其基本内容如下图所示：

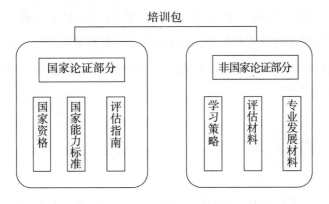

图4-2 培训包国家认证和非国家认证示意图

每个培训包主要包括两部分内容。

一、国家认证部分，它是培训包的主体，包括的内容是：

（1）能力标准：规定了本行业不同岗位从业人员所应具备的文化知识、技能和素质的标准。能力单元合成必须包括能力的四个要素，它们是：工作技能、工作管理技能、事故处理技能及与他人合作技能。能力标准在培训包中起着关键的作用，行业的培训包就是根据能力标准开发。

（2）资格证书：根据行业不同岗位资格的要求对有关能力标准进行组合，学习合格者可授予相应的资格证书。

（3）评估指南：对学生能力的评估考核方法和评估考核环境作出了明确的规定，并且对受培训者和评估考核人的资格也提出了具体的要求。

二、非国家认证部分

由学习方法指导、评估材料、发展材料三方面组成，它是由行业和教育培训部门自行开发，不需要国家认证。

培训包的引入将行业技能需求和职业培训的目标相结合，即将能力标准与澳大利亚资格框架直接联系起来，并规定出学生达到能力标准所需的最低考核要求。截至2002年，已经通过开发和认证的培训包的数量为76个（包括7个企业培训包），资格证书涉及了澳大利亚大多数行业，且有41个培训包正在开发过程当中。[①]

在职业教育的具体教学中，能力标准是课程、教材的开发依据，也是学习成果的一项鉴定标准。培训包的能力标准，以及提供职业教育的机构所设置的专业，都有明确的培训目标、岗位能力要求和学习时间。通过对这些标准的学习让学习者获得相应资格证书，从而使学习者达到劳动力市场对相关岗位的能力需求。

---

① 陶秋燕. 高等技术与职业教育的专业和课程：以澳大利亚为个案的研究[M]. 北京：科学出版社，2004. 38.

表4-3　澳大利亚培训包框架下的课程设置特色①

课程特色 ＼ 课程依据	能力标准＋资格证书框架＝课程（学习模块）		
	能力标准	资格证书框架	课程（学习模块）
课程开发依据：培训包及资格框架	培训包规定了本行业各岗位从业人员应具备的知识、技能和品质	证书框架据本行业不同岗位的不同要求，组合相关的能力标准成为相应的证书等级	通过对能力标准的不同组合，开发出不同的专业课程模块
	·能力单元编码		·课程编码
	·能力单元名称		·课程或教学大纲的目标
	·能力描述		·预期的学习成果
	·能力要素和实做指标		·课程模块的学习单元内容
	·适用范围 ·关键的通识能力		·相关的教学策略、方法
	·鉴定指南 ·资源		·学习资源（人力、物力） ·鉴定标准（能力标准） ·鉴定方法和策略 ·鉴定资源（人力、物力）

在教学过程中，培训包能力标准是培训学习成果鉴定的标准，是课程、教学材料开发的依据。培训包中的能力标准和证书框架使技术与继续教育院校和注册培训机构所设的专业都有明确的培养目标、就业岗位能力要求和学习时间，使学习者获得适应劳动力市场需求的职场工作能力，并获得相应的职业资格证书。②

培训包是由行业引领。行业技能委员会或企业开发培训包，以满足具体行业或行业部门确定的培训需求。为使培训包获得全国的承认，开发者必须提供行业领域或企业内的研究、咨询和支持的依据。③培训包是澳大利

---

① 刘占山、[澳]维吉尼亚·贝蒂、赵为粮、[澳]安东尼·巴瑞特. 需求导向的职业教育探索与实践——中国-澳大利亚（重庆）职业教育与培训项目回顾与展望[M]. 北京:高等教育出版社,2007. 14.

② 吕红. 澳大利亚职业教育课程质量保障的研究[M]. 北京:外语教学与研究出版社,2011.54.

③ 刘育锋. 面向世界的职业教育新探索[M]. 北京:北京理工大学出版社,2009. 67.

亚职业教育体系中最具特色之处。

表4-4　澳大利亚11个行业技能委员会①

序号	中文名称	英文名称
1	农产品行业技能委员会	Agrifood Industry Skills Council
2	资源和基础设施行业技能委员会	Resources and Infrastructure Industry Skills Council
3	制造业行业技能委员会	Manufacturing Industry Skills Council
4	建设与财产服务行业技能委员会	Construction and Property Services Industry Skills Council
5	电力通信与能源公用事业行业技能委员会	ElectroComms and Energy Utilities Industry Skills Council
6	政府与社区安全行业技能委员会	Government and Community Safety Industry Skills Council
7	创新与商业行业技能委员会	Innovation and Business Industry Skills Council
8	社区服务与健康行业技能委员会	Community Services and Health Industry Skills Council
9	服务业行业技能委员会	Service Industries Skills Council
10	交通运输与物流行业技能委员会	Transport and Logistics Industry Skills Council
11	森林行业技能委员会	ForestWorks Industry Skills Council

4.2　澳大利亚职业教育技能政策的演进

澳大利亚教育、就业与劳动关系部(Department of Education, Employment and Workplace Relations)在2012年中把在工作情景中表现的个人技能,分为技术技能或学科专门技能(Technical Skills or Discipline-Specific Skills)、可雇佣性技能(Employability Skills)和核心语言、读写与数学技能(Core LLN Skills)三个部分。

这种划分方式把技能划分成为技术或学科专门技能、可雇佣性技能和语言、读写与数学技能。根据这种划分方式,可以把澳大利亚职业教育技能政策的技能划分为三个阶段,第一个阶段职业教育重点关注技术技能或学科专门技能。第二阶段职业教育除了技术技能和学科专门技能之外,逐步

---

① industry-skills-councils[EB/OL]. http://www.isc.org.au/industry-skills-councils/. 2015-8-7.

开始关注与雇佣相关的非技术技能和通用技能或可雇佣性技能。第三个阶段职业教育除了关注技术技能和学科专门技能外,还包括可雇佣性技能与语言、读写和数学技能。澳大利亚将这两者称为基础技能。

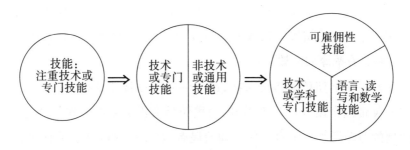

图4-3　澳大利亚职业教育技能政策中技能观的演进

4.2.1　技术技能(专门技能)为主时期

4.2.1.1　土著时期——二战:关注技术技能(专门技能)

土著时期,澳大利亚土著人没有创造文字,但是他们依然实施了独特的教育,需要掌握4个方面的知识和技能。首先,土著人除了必须了解社会制度,明白个人应该履行的义务和应该采取的态度以及学习传说、礼仪和宗教知识外,还必须掌握有关自然环境的实践知识,譬如,辨别动物的足迹,寻觅狩猎的理想场所,挑选掘井的位置,配制药方等。他们还必须学会劳动技能,譬如采集蜂蜜的技能和盖房的技能。反复和模仿是基本的教学方法。在土著人社会中,教育与生活是密切相关的,教育是生存的需要。由于当时生产力极其落后,没有社会分工,也没有正规教育。①

1770年英国著名航海家库克船长首次登上澳大利亚,并定名为乔治三世和新南威尔士国。从1786年开始,英国曾多次将罪犯流放澳洲大陆,早期的移民主要是英国和爱尔兰人。他们把带来的技术应用于生产。

18世纪到19世纪初期,澳大利亚学校非常简陋,只是用四面墙围起来。教师收入微薄,那些进入学校的学生,是没有达到工作和捕鱼年龄的小孩,当时教学最主要的内容就是教会他们谋生的技能。

---

① 吕红.澳大利亚职业教育课程质量保障研究[M].北京:外语教学与研究出版社,2011.31.

伴随着最初以犯人为主移民的到来，澳大利亚便开始模仿英国的模式办起了学校。初期的澳大利亚教育几乎是英国教育的翻版。当时的教育带有两个显著的特点，一是等级性。如文法学校，主要招收官吏和军人子弟，目的是培养有教养的基督教绅士，以古典教育为主。而下层社会阶层家庭的子女则主要进入贫民学校或慈善学校，掌握简单的读、写、算等知识和技能。二是具有浓厚的宗教色彩。[①]

澳大利亚早期殖民历史时期，都面临着工业技能和技术技能的缺乏。受到大英帝国自由放任政策影响，殖民统治者没有系统的提供产业培训。技能型的劳动者主要来自一些早期殖民者，甚至一些囚犯如果有技能并加以运用也会受到奖励。

最早到达欧洲的移民者，开始都处于技能短缺的状态，因而有可能提供费用让劳动者去学习技能。1801年创办的"女子孤儿学校"是澳大利亚第一所正式实施职业教育的学校，这所学校为女孩开设了女红、纺织、写作等技能课程。学徒制大约于1805年进入到南威尔士州。早期的职业教育，除了政府主动去培养具有职业和技术技能方面的专家型人才，同时一些院校也主动去培养中产阶级在艺术方面的兴趣。

影响较大和相对正规的职业教育，起始于1827年，当时一些工商巨头在塔斯马尼亚州的霍巴特建立第一所机械学院，学院名称为范迪门地学院，学院主要是对行业有关技术方面的知识进行教学。1833年悉尼艺术机械学校建立，悉尼最早创立了类似的技工学校，也是正式职业教育在新南威尔士州的开端。1840年，纽卡斯尔、墨尔本、阿德莱德和布里斯班都建立了类似的教育机构。这些机械学院和艺术学校各自的差别很小，基本上都是设置讲座课程，开办图书馆和阅览室。1851年伦敦的大型展览会刺激了科技进步并日渐产生经济效益，这又对机械学院和艺术学校的发展产生了重要的影响。在1850年到1860年10年间，新南威尔士州建立了大约15所技工学校、艺术学校和扫盲机构。在1855年，重建悉尼工艺学校。当时妇女被排斥在大

---

① 王桂.当代外国教育[M].北京:人民教育出版社,1995.543.

学和中等教育的学术性学习之外,她们可以在这类技工学校接受教育。在塔斯马尼亚,1883年皇家教育委员会建议建立系统的手工培训学校(a system of manual training schools)、家政学校(schools of domestic economy)和成人业余补习学校(continuation schools)。1888年由社区委员会在霍巴特和朗塞斯顿建立技术学院,标志着塔斯马尼亚州高等职业教育由此开端。之后,职业教育在各州不断完善,教学形式逐渐多样,办学层次逐步提高。

到19世纪中叶,因淘金热等原因移民速度大大加快。这些移民同早期移民澳大利亚的熟练技术工人相比,存在很大的差别。一是受教育程度低,几乎半数为文盲;二是没有突出的职业技能。为了生计,这些移民主要从事繁重的社会底层工作。移民的大量涌入,对澳大利亚社会产生了重要影响。就职业教育而言,对这些来自不同文化背景下的移民进行职业教育是非常必要的。①

为了能够确保民众有接受技能培训的机会,技能培训可以是公共机构如社区提供,也可以直接通过政府机构提供,所以公共政策对促进技能发展有重要的影响,最早的培训机构在19世纪20年代就已经出现。19世纪最后20年间,各个殖民领地在主要大城市都建立了技术学院,同时之前政府补助的相对独立的学院,慢慢被纳入州政府技术教育体系的管理范围之内。②

澳大利亚政府逐步意识到职业教育的重要性,并逐步将职业教育纳入了公共教育体系。这一时期,从英国移植来的机械理工学院和技术学校为成人提供了职业教育的初步模式,提供专门学科或技术技能的课程。例如,悉尼理工学院的前身——悉尼机械技术学校成立于1848年,当时开设绘图和建筑制图等课程,1860年开设了机械制图等课程。

澳大利亚大部分殖民地工业基础大概起始与19世纪70年代,19世纪80

---

① Goozee G. The Development of TAFE in Australia 1970 to 1992: An Historical Perspective [D]. University of New England-Armidale. 1992.

② Goozee G. The Development of TAFE in Australia 1970 to 1992: An Historical Perspective [D]. University of New England-Armidale. 1992.

年代澳大利亚经济开始迅速发展,因此国家工业发展对技能性人才需求迫切,很多技术教育学院在这个时候成为全国优先发展项目,政府给予财政资助并对技术学院进行管理。与此同时,贸易联盟运动的兴起,也让技术教育不断扩大,对技术教育的重视,减少当时的中产阶级文学艺术类对教育的影响,培养实践运用性强的技能。

澳大利亚自1901年成立,在之后接下来10年间,联邦政府重视教育的职业价值,把中等教育系统同工作第一次正式的连接起来。维多利亚州芬克皇家委员会(Fink Royal Commission)提出建立农业高中、初等技术学校,培养专业型技能人才。

从19世纪末到20世纪初,维多利亚、新南威尔士、南澳大利亚等州曾开展职业教育质量调查,所有调查报告都呼吁,"国家应当建立从幼儿园到大学连贯一致的技能培训体系,同时要求职业教育系统应在中等教育基础上建立。①

这段时期,女性进入劳动力市场比较随意,她们在进入劳动力市场的时候,没有教育或者培训能保障他们去获得相关的技能。在众多女性参与的职业中,女理发师是要求技能训练的职业,她们要训练六个月才能上岗,培训时间不长,但是对女性来说,相对来说还是技能训练要求较高的行业。男性的理发师需要五年以上的学徒期,才能有资格去理发。

1929年经济大萧条期间,对失业年青人的培训成为一个重要议题,在国会议员的提议下,联邦政府接管了职业教育体系。联邦政府是在第二次世界大战,以及战后重建重视职业教育并给予政府投入。1945年《教育法》(The Education Act)中,扩大了联邦的权利。

现代军事工业急需各类技术能手和专家,1940年到1945年间,联邦技术培训在60个培训中心培训了119 518人。军事工业带动了制造业的发展,制造业发展需要大量的高层次的技术工人,这促进了技术学院的发展。在新南威尔士州,技术学院注册的人数从1940年38 536人增加到1947年

① 杨丽波.职业教育社会伙伴关系研究[D].上海:华东师范大学,2012.122.

60 185人。①

二战后,工业化进程极大推动了技术教育发展,技术教育发展以技术学院的增多为标志,战后,联邦政府重建训练计划首先关注的是技术教育而不是大学教育,1948年,属于联邦政府战后重建训练计划的全日制大学生为11 580人,部分时间制大学生为7 317人,而接受全日制职业教育的学生为101 495人,全日制学生中,职业教育的学生是大学生的10倍。②

1944年联邦政府投资用于"后学校教育"(post-school education)项目,包括联邦政府重建培训机会,采用奖学金和薪水补助等措施,支持那些退伍的军人参与教育与培训,也包括教师的培训,一些高中学生也获得资助,超过30万人从这个项目中受益。

1945年1月,《沃克报告》正式颁布。《沃克报告》主要是对政府战后教育发展的计划安排,在职业教育方面,政府对教育的发展策略首先是对军队军人的培训,军人在安排从事各个不同职业之前,需要从事不同岗位的职业培训,培训机构主要为职业教育机构和一些大学,培训内容方面,主要是职业或某一专业技能为主,让他们能掌握从事某一职业的基本技能。其次,培养工业发展所需的技能型工人,二战期间,许多工业发展受到破坏,战后重建计划中需要促进工业发展,培养工业发展所需的人才。联邦产业委员会计划建立高级纺织学校,满足纺织业发展所需的人才。再次,对教育和技术专家的培训,政府要求各个教育机构之间合作,促进技术学院和大学教学活动,职业教育领域对职业院校和相关的技术人员进行培训,同时加强对工艺师和工匠的培训。最后,加强对成人教育的培训,职业教育和成人教育联系最为紧密,二战期间联邦政府很多成人教育项目已经开展,为澳大利亚培养了产业发展急需的技能型人才,二战后,各州和领地对成人教育的需求也不断增加。③

---

① Alan Barcan. A History of Australian Education[M]. Wellington: Oxford University Press. 1980. 287.

② Campbell C, Proctor H. A history of Australian schooling[M]. Allen & Unwin.2014. 150.

③ 崔爱林.二战后澳大利亚高等教育政策研究[D].河北大学,2011.18-23.

4.2.1.2 二战后到20世纪80年代初期:国家职业教育体系的初步构建

第二次世界大战后的工业化进程有力促进了技术学院和技术教育的发展。联邦政府战后重建训练计划首先关注的是技术教育而不是大学教育。[①]二战后到20世纪80年代,有关职业教育中技能培养的政策报告主要有《莫瑞报告》《马丁报告》和《康甘报告》。

1956年澳大利亚大学委员会成立,莫瑞为该委员会主席,对大学现状和未来发展进行相关调查,并提出建议,经过大规模的调查,莫瑞委员会于1957年出台了《莫瑞报告》,联邦政府于同年正式发布了此报告。

报告指出,二战前,大部分澳大利亚人通过职业教育或者在工作中的学习获得相关的知识和技能,很多人初中毕业就直接进入劳动力市场,高等教育发展比较缓慢。二战后,经济的发展和形势不断改变,澳大利亚制造业在二战后蓬勃发展,一些新兴产业如石油炼制行业、汽车行业、金属制造行业、造纸业和化工业等产业不断兴起并且蓬勃发展,这些行业的发展,需要接受过专业训练或教育的专业型技能人才。另外随着政府工作的更加专业化,以及从事社会服务的更加专业化,对专业型和专门型人才需求也更为迫切。

20世纪50年代,澳大利亚社会上出现的职业培训需求对大学产生了一定影响,一些在职人员到大学里学习实用的职业知识与技能,大学除了学术研究的传统功能之外,澳大利亚一些新兴的大学也有职业化的倾向,课程设置更加结合市场,培训社会和劳动力市场所需的专门技能型人才。[②]二战后,澳大利亚高等职业教育得到发展,高等教育成为培养新兴产业所需要的专业性技能型人才的主要场所。

1961年,澳大利亚未来高等教育委员会成立,莱斯利·马丁为该委员会主席,委员会根据澳大利亚本国情况,考虑澳大利亚高等教育下一步发展规划,政府采纳了委员会提供报告内容并于1964年发布,称之为《马丁报告》。在《马丁报告》中教育应被看作一种投资,通过教育来提高国民技能和加速

---

① 王斌华.澳大利亚教育[M].上海:华东师范大学出版社,1996:203.
② 崔爱林.二战后澳大利亚高等教育政策研究[D].河北大学,2011.25-28.

技术进步,从而产生直接显著的经济效益。委员会认为,"澳大利亚的经济发展依赖于高水平的、先进的教育"。委员会提出"将教育作为国家在人力资本上的一种投资是现实和有利的"①。"在澳大利亚目前的发展阶段,个人和社会两者对教育供应的不同动机之间不存在冲突。"产生过多的毕业生总比缺少毕业生的风险来得好。该委员会建议,学生人数应翻一番,即从1963年的117 900人增长到1975年的248 000人,并强调要重视为工业培养毕业生的非综合性大学的技术性课程。②报告主要建议增加高等教育特别是技术型高等教育的数量,来提供劳动力市场对高技能人才的需求。

20世纪70年代初期,受到国际环境影响,澳大利亚经济发展趋缓,本土出生率下降,另外移民也相对减少,同时失业问题也开始出现。这种情况导致很多人到技术学院学习技能,从而能在劳动力市场获得就业竞争力。③随着求学人数的不断增长,促使承担主要技能培训的机构技术与继续教育(TAFE)破土而出。政府开始采取措施加强职业教育的作用,1973年澳大利亚成立了一个以迈耶·康甘(Kangan)为主席的技术与继续教育咨询委员会,专门审核澳大利亚职业教育的需求并提出未来发展的建议。《康甘报告》出台标志着澳大利亚职业教育体系的初步形成,职业教育的主要目标还是培养经济发展所需的技术技能人才。

在对澳大利亚经济、社会、教育等认真分析,以及对各个不同利益团体的调研之后,技术与教育咨询委员会于1974年3月向澳大利亚联邦教育部提交了调查报告,称之为《康甘报告》,同年4月份澳大利亚政府发布了这份报告。

《康甘报告》呼吁从必须给予澳大利亚的职业教育以充分的重视。报告明确提出把技术教育与继续教育结合到一起,把学历教育与岗位培训结合

---

① Martin, Leslie. Tertiary Education in Australia, Volume 1, Report of the Committee on the Future of Tertiary Education in Australia[R]. Australian Universities Commission. 1964. 1-2.

② [澳]西蒙·马金森. 现代澳大利亚教育史:1960年以来的政府、经济与公民[M]. 杭州:浙江大学出版社,2007. 9.

③ 黄立志. 制度生成与变革:二战后澳大利亚技术与继续教育(TAFE)历史研究[M]. 天津:南开大学出版社,2013. 56.

到一起,建立新型的"技术和继续教育(TAFE)"学院,属于新型的技术与继续教育。报告的采纳,使技术与继续教育(TAFE)学院获得了联邦资金,资金用于新教学楼建设、师资队伍建设、图书馆建设、教学大纲研究与开发和广告策划,以提高公众对技术与继续教育(TAFE)学院的认识与了解。

报告阐述了技术与继续教育的内涵与范畴。提出技术和继续教育(TAFE)应该被认为描述所有有组织的和连续课程,设计这些课程的目的是传授职业为导向的知识,并且开发个人的理解力和技能。明确提出技术与继续教育(TAFE)"应该包括所有具有职业目的的教育课程"和"那些被人们称为'成人教育'的内容","但不包括没有直接教育目的的活动和那些没有计划、没有体系的活动"。①报告指出了职业教育与初等、中等和第三级教育的关系,认为技术与继续教育(TAFE)应该是一种既不比其他教育高也不比其他教育低的教育。报告建议技术教育主要目的应该满足社区职业需求,像国际劳工组织、联合国教科文和经济合作组织所倡导的满足"那些希望在自己能力范畴内,开发自己和社区的最大能力(包括工业和商业)的个人职业需求"。

《康甘报告》的发表,标志着澳大利亚高等职业教育的国家体系开启。澳大利亚对职业教育更为重视和支持,技术与继续教育学院的建立,适应了澳大利亚经济发展对更为高级技能型人才的需求,在当时失业压力情况下,提供更多学习机会并缓解了年轻人的就业压力等,职业教育课程与教学也偏向与工作和就业联系更为紧密的职业技能相关技能的培养,主张教育平等、强调继续教育并关注弱势群体的教育等,既对澳大利亚职业教育也产生了深远的影响,顺应了国家发展需求,也满足各州的实际需要。从此,技术与继续教育逐步开始成为澳大利亚职业教育的主要提供机构,在职业教育体系中占据主导作用。1975年技术与继续教育咨询委员会改名为技术与继续教育委员会,继续为澳大利亚职业教育的发展提供咨询服务。

---

① Australian Committee on Technical and Further Education. TAFE in Australia: Report on Needs in Technical and Further Education[R]. Aust.Government Pub.Service. 1975.

《康甘报告》提出职业教育的技能培养,主要还是为了通过技术教育满足企业对技术和专业技能的人才需求,提升企业劳动力。在康甘报告中,报告指出:"课程的目的是传授以职业为导向的知识,并开发个人的理解力和技能。"①《康甘报告》体现了职业教育不仅仅培养职业技能,强调职业教育的职业性,同时也提出职业教育有利于个人终身发展的思想,提出了个人需要具备综合技能与知识的理念,尽管没有明确表明需要何种技能,但是这份有关职业教育的报告可以看出培养综合技能的端倪。

4.2.2 非技术技能(通用技能)政策出台

4.2.2.1 《劳动力市场调查报告》

1985年《劳动力市场调查报告》提出可迁移技能的培养。当时职业教育主要培养某一特定工作的技能,这与个人与社会所需的通用、可迁移技能有所差异。报告提出了通用、可迁移技能的培养,可迁移技能的具备能让人们更加适应技术和社会结构的变化,同时为个人的长远发展奠定基础,也能够增加工作流动性,让学习者之后能进一步去参加培训或者获得相关的学历证书。

报告指出培训应该去培养学员的沟通能力、数学能力、动手能力、观察及解决问题能力。在信息化技术的时代,教育应该包括以计算机作为基础的沟通系统。相关技能的操作和运用,都需要运用到信息技术,这个对个人发展和他们将来的就业都非常重要。

4.2.2.2 《澳大利亚技能报告》

1987年,政府将"教育和青年事务部"与"就业和训练部"合并,组成新的"就业、教育和训练部"(DEET)。政府决心让教育和培训系统在澳大利亚面对的主要的经济挑战中扮演重要的角色。这要求澳大利亚经济结构上作出调整以及要在国际竞争中获得优势,这对人力资源以及劳动者技能都有很高要求,而澳大利亚技能形成和培训体系还不能完全达到这些要求。

---

① Australian Committee on Technical and Further Education. TAFE in Australia: Report on Needs in Technical and Further Education[R]. Aust.Government Pub.Service. 1975. V.

在工作中,个人的技能和能力在经济性能中成为至关重要的因素,因此支持他们的技能发展是必须的。报告明确要求增加在教育和培训中参与总数,扩大国家培训能力,改善澳大利亚教育和培训系统的质量和灵活性,以便更好适应经济和劳动市场的长期需要。增加在培训和技能形成上的投资,对失业者的就业是有效的,否则将使他们处于更加不利位置。

澳大利亚除了面临高失业率之外,一些重要的产业和岗位上,也缺乏大量的技能型人才,特别是高技能和拥有经验的工人。一方面高失业率,另外一方面劳动力市场技能型人才的缺乏,反馈劳动力市场存在结构性缺陷。

在所有的教育层次中,技术与继续教育和劳动力市场联系最为紧密,也直接影响劳动力市场的发展状况,特别是对年轻人的影响。技术与继续教育作为职业教育中最重要的模式,是政府关注重心之一,特别是劳动者技能提升方面。

报告提出政府将大力支持技术与继续教育发展,以培养更多技能型人才,之前技术与继续教育和政府长远经济和劳动力发展目标没有直接的联系,为了满足急需提升全国的技能发展水平,政府将在财政上给予技术与继续教育资助,设立基金来作为国家优先发展的目标。1988年政府投入2.7亿澳元支持各个州和领地的技术与继续教育发展。相关投资将重点聚焦在:①优先资助技能型人才缺乏领域,以及那些对未来经济发展非常重要的领域。②加强技术与继续教育实施政府培训包项目的能力,特别是对年轻人的培训。③企业资助的项目,或者有企业参与其中的项目。另外部分资助也提供给移民的高级英语课程培训项目和成人阅读能力和非政府组织的成人教育等项目。

报告指出技术与继续教育关键角色之一是给年轻人提供宽广和适应性的技能,以便为他们未来职业发展打下坚实的技能基础。技术和继续教育学院学生可根据自身的需要进行选择和安排。教学注重理论学习和实际操作密切结合,偏重应用,培养学院所在地各种经济部门需要的实用型技术人才。①

---

① 王桂. 当代外国教育[M]. 北京:人民教育出版社,1995. 560.

4.2.2.3 《迈向技能型国家——职业教育国家战略》

1994 年澳大利亚国家培训局发布《迈向技能型国家——职业教育国家战略》,在国家层面制定职业教育的发展规划。战略指出澳大利亚在社会、经济、和技术上都面临转型,提升国家竞争力,全国民众的技能和能力尤为重要。增进民众的技能、可以促进并保持澳大利亚国家竞争力。

工作场所需要更为多元和复合的技能,单纯技术技能已经不能满足产业发展需求。在职业层面,雇主寻求更加通用的技能(如有效沟通)以及更加广博的基础知识,这些变化也就需要员工去不断学习,适应不断变化社会的需求。

在一些组织机构中,员工不仅仅是一个人去完成工作,通常需要团队去完成,他们需要为产品质量负责,他们需要解决问题,他们需要适应先进的技术,他们必须去适应新产品的需求并提供更加好的服务,在新的体系下工作,自动化已经改变了许多劳动密集型工作,工作实际、工作设计、技能与学习都有巨大变动,

为了适应这些挑战,除了技术或专门技能之外,员工必须具备除了技术技能之外的其他通用可迁移技能,这可以让他们拥有更强的适应性。受到更多的教育和拥有更多追求机会,大家也在寻求更好的职业机会,寻找更为满意的工作。

不仅仅是那些还没有进入工作场所的学生需要新的技能以及接受职业教育的机会,那些正在工作的劳动者也需要获得新的技能,这样他们才不会被那些素质更高的刚入职者抛在后面。

澳大利亚职业教育系统目标:提供受过教育,技能型和变通性强的劳动力,使澳大利亚企业在国内和国际市场都具有竞争力;改进人们的知识、技能和生活质量,同时也关注处理不利群体的特定需求。

国家策略是澳大利亚政府为职业教育发展提供一个清晰的目标和方向。策略提出职业教育未来的目标:更加灵活,能满足大部分产业雇主需求;进一步发展的相关决定要和雇主需求的尽可能一致;更具有竞争力,促进更好的表现;更加公开化,让相关部门都知道方向已经改变的细节。

未来的职业教育一定要承担起提升澳大利亚劳动力技能的重任,无论是什么产业、职业和不同就业岗位人员,劳动力市场所有人员都应该拥有基础工作场所技能,为未来的技能发展奠定基础。

4.2.2.4　《通向未来的桥梁——澳大利亚1998—2003年职业教育国家战略》

澳大利亚国家培训局发布了《迈向技能型国家报告》后,在职教与培训改革取得重大进展的基础上,在职业教育政策上,澳大利亚政府将进一步建立与产业机构、教育与培训机构之间的合作。在经济全球化背景下,为了保持国家竞争力,需要确保澳大利亚拥有足够技能劳动力,并为不同的个体提供发挥自己潜力的机会,澳大利亚国家培训总局(ANTA)于1998年初发布了《通向未来的桥梁——澳大利亚1998—2003年职业教育国家战略》这份报告。

报告分析澳大利亚主要面临以下变化:全球化进程进一步加快,国家之间竞争更加激烈,澳大利亚面临严峻的国际形势,澳大利亚国家竞争力面临降低的危险;同时澳大利亚国家经济结构也在发生着深刻的变化,知识型产业和服务业产业成为更为重要和新增的就业增长点;工作岗位也不再拘泥于固定的地点和区域,就业机会越来越灵活;新兴通讯与信息技术对社会的影响不断扩大,对企业的影响更为深远和巨大;同时随着小微企业的涌现和增加,人们的工作方式也随之发生改变,兼职工作和灵活就业的形式更为普遍;工作组织方式也在发生变化,如扁平管理方式、更加重视团队合作能力和具备多元技能;澳大利亚人口因素变化也不断加剧,老龄化、人口种族背景的多元化、工作场所女性增多等;社会结构也在发生改变,如生活方式、个人期望、家庭构成、收入来源等;澳大利亚整个社会期望也发生变化,包含那些处在劣势地位的人,希望有机会,如通过教育和工作机会,去实现他们的目标;政府需要不断降低失业率;不断满足顾客越来越复杂的需求,包括产品的质量和类型等;政府角色也在发生变化,从之前的政府直接服务,政府购买公共服务,政府购买服务是政府提供公共服务的重要方式,越来越强调竞争过程和产品购买。

上述所提及的变化都将持久而深刻的影响到澳大利亚职业教育。未来职业教育将进一步提升工作技能的重要性。未来劳动力变化有一个共同之处:不仅只增加劳动力人口,而是要提升劳动力的综合技能去满足劳动力市场的技能需求。

报告期望澳大利亚能建立国家技能储存库,来应对产业对技能的需求。劳动力的知识和技能是企业间国际竞争关键因素所在,也是国家经济增长和提升效率的重要支柱。以知识为基础的职业和产业在不断增加,这些都需要劳动者具备新的和多元的技能,特别是信息技术能力。所以对职业教育体系来说,要将必要的知识与技能传授给学生,以达到社会的需求。

报告中特别指出要把关键能力融入职业教育当中,这些关键能力包括:收集、分析和管理信息的能力;信息和想法的沟通;计划和活动组织的能力;与他人的协作及团队合作的能力;数学思维和技巧的运用;技术运用和问题解决的能力等。通过在培训包中重点关注关键能力的培养,人们可以提升他们教育水平,为他们的未来技能发展奠定基础。同时报告也提出要提升人们的语言、阅读和数学技能,这些技能的缺乏会影响他们今后能否有效参与终身学习,因此应该开发相关方面的资源放入培训包,另外通过其他项目改进人们的语言、阅读和数学技能。

4.2.2.5 《塑造未来——澳大利亚职业教育国家战略(2004—2010)》

澳大利亚国家培训局于2003年出台了《塑造未来——澳大利亚职业教育国家战略(2004—2010)》。报告认为职业教育将使澳大利亚企业在国际上更有竞争力,职业教育能给澳大利亚人们提供世界一流的技能与知识,职业教育能构建更加包容和可持续发展的社区。

报告中,澳大利亚政府期望通过培养具备高技能的劳动力,来支持经济建设。由于国际竞争日益加强,以及科技不断发展,许多技术含量较低的职业逐步减少,而服务业和高新技术产业迅速发展,产业对灵活变通性强的知识型工人的需求不断增加,管理能力较强的人才、高水平技术技能的应用型人才将逐步成为澳大利亚劳动力需求的主体。因此澳大利亚职业教育需要推动劳动力水平的提高,这就需要未来的劳动者拥有较高的技术水平、迁移性强的可雇佣性技能、扎实的文化素养、广阔的全球视野等。要培养具备这些综合素质的人才,职业教育需要充分利用政府、企业和个人等多方面的资源,去满足经济发展需求。在之前职业教育管理体系当中,职业教育主要是按照澳大利亚中央和地方各级政府组织及培训机构决议执行,作为职业教育体系中其他重要的利益相关主体,如企业、员工、及参与职业教育的其他个体,决策过程当中参与度不高,地位较低,因此,职业教育国家战略着重强调了,企业和个体参与相关政策的重要作用,在未来工作所需的技能要求中,应该有这些利益相关者参与,产业应该在职业教育政策中起到核心作用。

职业教育国家战略强调,职业教育首先需要了解企业对劳动力技能的需求,企业需为职业教育机构提供建议,告诉他们企业所需要的新技能,企业也需要帮助促进职业教育领域技能标准的提升和培训水准的增长,让职业教育能对产业的变化需求作出灵敏反应,从而能够培养出企业所需的新技能和可雇佣性技能。其次,职业教育需要和成人教育、基础教育和高等教育整合,建立连贯融合的教育体系,让不同背景的人方便灵活的去接受多元的教育,提供适合个人发展的教育类型,除了教育机构,需要联合社区、政府等多个部门共同推进职业教育发展。最后,确保职业教育的质量,政府需要全程监督质量管理体系,保障贯穿于职业教育全过程,确保职业教育的质量和颁发的证书确实达到应有的水准。

报告指出可雇佣性技能不是某一特定工作或者特定职业或行业的技能,而是对日常的工作、教育和生活非常重要的技能,可雇佣性技能包括数学技能、管理技能、沟通技能、电脑读写、人际沟通和分析技能等。[①]

4.2.2.6 《支持澳大利亚技能一览——振兴职业教育与技术教育体系》

澳大利亚教育、科学与培训部2006年发布了《支持澳大利亚技能一览——振兴职业教育与技术教育体系》。报告指出,澳大利亚在过去10年间经济迅速增长,也进一步增加了对技能型工人的需求,澳大利亚商业机构的报告表明他们在技能型工作的招募中面临越来越大的困难。

---

① ANTA. Shaping our Future: Australia's National Strategy for Vocational Education and Training 2004—2010[R]. ANTA. 2004. 22.

澳大利亚有良好的职业教育体系,能够对企业面临的挑战做出反应。每年由公共财政资助的培训系统对超过170万的澳大利亚人进行培训,与1995年相比,培训人数增长了50万。另外,职业教育体系变得更加复杂和先进,澳大利亚职业教育体系被认为处在全球领先地位,所以对很多澳大利亚年轻人来讲,70%的年轻人第一选择是职业教育,而不是直接从学校到大学去就读。

澳大利亚政府为职业教育设立了更高的目标。在2004年,澳大利亚政府宣布投入10亿澳元的启动项目,用来帮助传统职业教育中的技能培养所需。这一投入远远超过历届政府对职业教育的投入,而且政府承若在接下来四年将投入101亿澳元来实现职业教育领域的主要目标。2006年,澳大利亚政府对职业教育投入25亿,另外额外投入2.8亿澳元作为启动项目来重点加强传统职业学校的技能培养。

4.2.2.7 《国家技能与劳动力发展协议》

2008年11月,澳大利亚政府委员会签署了《国家技能与劳动力发展协议》,政府确定提升澳大利亚公民的技能水平。报告指出在澳大利亚当前在职工作人群之中,读写等技能水平与劳动力市场需求存在差距,这就要求教育机构、劳动力市场和社会共同参与,确保劳动群体在技能和能力的深度和广度上都能达到21世纪劳动力市场的需求。确保在全国培训体系中保障技能的供给,以满足并适应劳动力市场不断变化的需求;国家保障有效投入到技能领域,从而确保提供更为高效的劳动力市场,提升适合劳动力市场人才的产出,提升创新,让人力资本在劳动力市场得到有效利用。

4.2.3 技能政策发展新动向

澳大利亚要实现经济长期增长,迫切需要人们拥有技能,以及他们如何去使用技能。面对全球竞争激烈情况下,澳大利亚需要高技能人群,以便确保并提升经济地位,让大家拥有技能去掌握新的技术和面对迅速变化的社会。

澳大利亚将面临老龄化、劳动力人口短缺的风险,为此,澳大利亚需要进一步提升就业参与率。要改进那些没获得可雇佣性技能或者缺乏基本可雇佣性技能人群的技能,提升成年人的核心语言、读写和数学技能显得至关重要,这些技能有助于提升社会就业参与度,更重要的是这些技能有助于让那些想工作的人都能获得工作,促进社会包容度。提升生产率的提升不仅仅依靠技能的提供,同时更加依靠个人技能在工作场所的运用,雇主、雇员、教学人员和政府等共同努力,让个人技能在工作中能够得到更好的组织和利用。

4.2.3.1 《澳大利亚未来劳动力:国家劳动力开发战略》

2010年,澳大利亚技能署发布了《澳大利亚未来劳动力:国家劳动力开发战略》。报告对职业教育的改革发展提出了具体要求,在技能培养方面强调政府加强和行业与企业的合作,探寻合作开发技能人才的路径。报告中重点指出要提升成人的语言、读写和数学技能。

报告指出提升语言、读写和数学技能将给澳大利亚带来好处。语言、读写和数学技能是劳动生产率的基本要素,研究发现,每提升全国读写技能成绩的一个百分点,可以提高劳动生产率的百分之二点五,同时也能提升全国的GDP增长率。加拿大相关研究也发现,提升那些低层次劳动者的语言、读写和数学技能,比提升那些具有较高技能的毕业生,更能促进经济的增长。[1]经合组织(OECD)也指出,语言、读写和数学技能影响到国家生产率的提升,同时也影响到收入的不平等。[2]

技能委员会建议澳大利亚政府进一步实施全国成人语言、读写和数学战略,来提升全国成人语言、读写和数学水平;同时,政府需要设立语言、读写和数学改进目标,作为一个重要战略让人们参与其中;另外,确保教育与培训提供机构,有能力、并主动去传授这些重要的技能。[3]

4.2.3.2 《澳大利亚政府预算2010—2011:技能与基础设施建设——

_____

① Coulombe S, Tremblay J F. Public investment in skills: are Canadian governments doing enough?[J]. C.d.howe Institute Commentary. 2005(6):1-18.

② Pont B, Werquin P. Literacy in a thousand words[J]. OECD Observer, 2000:49-50.

③ Skills Australia. Australian Workforce Futures: A National workforce Development Stragety [R]. Commonwealth of Australia .2010. 35-41.

建立繁荣和平等的澳大利亚》

《澳大利亚政府预算2010—2011：技能与基础设施建设——建立繁荣和平等的澳大利亚》提出技能可以促进澳大利亚可持续增长。为了建设一个更加公平、强大和繁荣的澳大利亚，需要国家去行动，面对中长期的技能挑战，为那些处在不利地位的就业者改进就业机会，这也能让所有的澳大利亚人从中获益。

技能与基础设施预算包将为更多澳大利亚人提供就业机会，改进技能型劳动力的供给，满足不同产业和地域的劳动力需求，将进一步对澳大利亚职业教育体系进行改革，采取措施应对劳动者的语言、读写和数学方面技能的缺乏，提升处于不利地位劳动者的经济参与度与劳动效率。预算包将从以下三个方面应对技能挑战：①对影响经济恢复与增长潜在的技能威胁，采取及时和果断的措施去解决；②投资改进澳大利亚人的语言、读写和数学方面技能，让他们掌握工作所需的必备核心技能；③改进技能培训的质量，构建世界一流的职业教育体系，让更多澳大利亚人有能力面对未来技能需求。[①]"技能可持续增长策略"投入6.6亿澳元来进行改革，应对技能短缺、提升基础技能，让大家能更加容易获得职业教育。

澳大利亚决定采取一系列措施来解决语言、阅读和数学技能方面的缺乏，从而促进澳大利亚适龄工作年龄人口的就业和提高他们的收入。增强劳动者的语言、阅读和数学技能可能是最有建设性的步骤，从长远提升澳大利亚的生产率。

澳大利亚增加1.192亿澳元用于基础技能培训包项目，将使最少140万澳大利亚人从中受益。以社区作为基础，国家将启动"工作场所英语、语言与读写项目"（Workplace English, Language and Literacy program），主要是为那些在职工人提升他们的英语技能，让他们更加安全和高效的工作，为他们职业发展提供帮助。在接下来的10年，澳大利亚联邦政府和各个州和领地

---

① Australian Government. Budget 2010-11：Skills and infrastructure - building a stronger and fairer Australia[R].Australian Government, Canberra. 2010. 4.

政府一起,共同拓展全国基础技能策略,提升成人的基础技能。这一项目通过国家培训体系,主要解决成人基础技能能力的瓶颈限制。另外与具体产业联合,改进职业教育学徒制学员的核心技能,特别是那些对数学水平要求较高的产业领域。[①]

4.2.3.3 《职业教育技能繁荣路线图》

2011年5月,澳大利亚技能署发布其对于国家职业教育体系的综合性评估报告《职业教育技能繁荣路线图》。报告指出,通过技能的有效供给,并且技能能够在劳动力市场得到有效运用,才能实现澳大利亚经济发展目标。职业教育的发展目标,需要根据产业发展需要,提供澳大利亚经济发展所需要技能供给;提高澳大利亚工作年龄段的基础技能水平;提高劳动力参与率;发展关键领域技能;技能政策实施来提高劳动力生产率。

该报告为澳大利亚职业教育改革与发展提出了一系列政策建议,与技能相关的政策措施包括确保技能在企业中得到运用并服务于生产率的提升;追求卓越,把澳大利亚职业教育发展目标定位于世界一流的技能培养体系。

报告指出基础技能的重要性,基础技能是帮助人们进入和维持就业的关键。2006年澳大利亚成人阅读和生活技能调查显示,澳大利亚读写素养低于知识经济对人的要求。许多工人和雇主并没有认识到语言、阅读和数学能力对国家社会和经济的发展具有深远影响。

4.2.3.4 《构建澳大利亚未来劳动力:充分培训及为工作做好准备》

澳大利亚政府颁布《构建澳大利亚未来劳动力:充分培训及为工作做好准备》。报告指出,为了能够面对21世纪的挑战,澳大利亚需要构建教育良好、拥有熟练技能的劳动者,让所有民众有机会去享受工作的乐趣。

为了培养符合时代需求的技能型人才,澳大利亚在接下来六年投入30亿澳元来对培训系统进行改革。改革主要集中在以下几个方面:对职业教

---

① Australian Government Budget 2010-11:Skills and infrastructure – building a stronger and fairer Australia, Australian Government, Canberra. 2010. 20-21.

育投资17亿澳元,以满足未来经济的长远发展;让具体产业在培训中起到关键作用,政府投资5.58亿澳元建立新的国家劳动力发展基金,主要用于与企业合作,让企业参与培训。为了让新学徒制能更好的为澳大利亚服务,1亿澳元用来支持新的培训方法,确保学徒获得所需的技能,并且能更加快捷的获得他们所需的资格证书,另外还有1.01亿澳元给新学徒制的指导者,以便让他们帮助学徒完成培训。其他经费将用来支持劳动者获得更好的技能,这包括1.43亿澳元来支持30 000人提升语言、读写和数学技能,另外还提供投资于工作场所语言和读写项目,为那些处于不利不利地位的劳动者提供保障。①

近40%的澳大利亚劳动者需要改进他们的阅读和数学技能,以便能达到未来参与社会工作的需求,当前劳动者基础技能的较差表现已经对个体和经济产生了巨大的负面影响,下一步将改进劳动者技能,维持政府正在发展国家基础技能策略,并对各个州、领地和其他不同利益相关者进行了支持,将出台的策略为技能培训提供整体框架。

4.2.3.5 《面向所有人的技能:实现更具竞争力和活力的经济发展》

2012年3月,澳大利亚联邦政府发布《面向所有人的技能:实现更具竞争力和活力的经济发展》。这一报告指出,技能型劳动力是澳大利亚未来经济和社会繁荣的基础,更是企业生产力和社会包容性发展的支撑,是未来的立国之本。澳大利亚必须加强对技能培训的改革,以帮助个人通过学习新技能获得更好的工作,发展更具竞争力的企业,建立更强大、包容和公平的经济。为应对经济战略转型、人口老龄化、就业不足与技能短缺并存等挑战,澳大利亚要建立一个惠及全民的、高效灵活的职业教育体系。②

报告指出高技能工作是新经济的主要特征。为了能够最大程度上利用亚洲时代和经济的改变、技术革新和促进澳大利亚绿色经济,为了更好应对

---

① Treasury Australia. Building Australia's Future Workforce:Trained up and Ready forWork [R]. Budget Reports,2011. 2–3.

② Government A. Skills for all Australians:National Reforms to Skill More Australians and Achieve a More Competitive,Dynamic Economy[R]. DEEWR. 2012.8–19

未来工作的变化，现在需要培养未来劳动者的新技能。

技能型劳动力能让企业在质量上更具有竞争力，能让企业提升内在价值，来开发更具创新性的产品和服务，对新技术采取更加开放的态度并提升整个企业的革新能力。他们认为技能是提升生产力和在全球市场保持竞争优势的关键所在。

经济改变也带来了更多的机遇，需要培养工人新的技能，让他们从那些需求量减少的部门转移到需求量增加的部门，除了相关的专业技术技能之外，工人需要更为坚实的基本技能，以及快速获取新技能的能力，从而能够在最大程度上获得新的机会。技能和教育水平直接决定了个人工作参与度和收入，从广义上将，也影响到国家GDP的产出。

表4-5 《面向所有人的技能》实施进度表①

时间	实施项目
2012年4月	新的国家技能改革合作协议
2012年7月	各个州和领导通过的执行计划
2012年到2014年	全国培训授权
2012年到2015年	增加学生按收入比例偿还贷款
2012年9月	开发"我的技能(My Skills)"网站
2014年中期	"我的技能(My Skills)"网站正式上线
2014年1月	学生单独认证开始实施
2012年到2015年	第三方优秀评估实行并施行
2015年6月	国家合作协议的回顾
接下来5年	培训结果的报告(保护资格证书获得、技能缺乏领域培训等)

4.2.3.6 《聚焦未来——2013国家劳动力发展战略》

澳大利亚经济在过去20年间保持高速增长，国家GDP总量翻了一番，就业人口增长超过50%，每个家庭票面上的财产是20年前的近四倍。为了能够保持繁荣，在知识密集型经济的时代背景下，需要不断增长创新能力，保持高效生产率。构建环境可持续发展的社区，国家还面临着挑战。我们当

---

① Government A. Skills for all Australians: National Reforms to Skill More Australians and Achieve a More Competitive, Dynamic Economy[R]. DEEWR. 2012. 83

前能提供的高技能型人才和产业发展所需还有很大差距,到2025年,根据国家发展模式,澳大利亚高技能资格证书拥有者人数的缺口为280万。与此同时,还有很多澳大利亚人缺乏语言、读写和数学技能,因此限制了他们参与培训和工作。根据相关调查,在15—74岁的澳大利亚人群中,只有54%的人口达到完成每日生活和工作所需的读写技能。语言、读写和数学技能较差的人更难找到工作,要在培训中受益也需要依靠这些技能。[①]

针对澳大利亚语言、读写和数学的低水平,报告建议在2014年专项投入1 600万澳元用于国家基础技能战略。大部分语言、读写和数学教学都是在职业教育中进行的,技术与继续教育(TAFE)和其他教育机构进行教学,把语言、读写和数学整合到职业教育课程以及培训包中,这是一个非常有效的教学方式。过去语言、读写和数学技能和可雇佣性技能都融入培训包当中,最近由澳大利亚政府资助,在行业技能委员会的帮助下,根据产业需求,国家开发了基础技能培训包,并纳入到国家资格框架的培训包中。

4.2.3.7 职业教育未来进一步改革的方向

澳大利亚需要具备技能、适应性强的劳动力来适应工作场所技术迅速的变化,在激烈的全球竞争背景下,保持并改进本国在经济领域的表现。澳大利亚产业需要拥有技能型劳动力,保持其在全球的竞争力与创造力。

新的改革措施由工业部领头,目的是建立更好的职业教育体系。澳大利亚政府的产业政策,是为了创造更多的工作,吸引新兴投资,让澳大利亚产业更有竞争力。技能、培训和职业教育改革是完成这些目标的中心所在,政府把这些作为目标,并采取相关改革策略,推动澳大利亚经济和产业的繁荣、增加效率、提升就业。

澳大利亚工业部部长、澳大利亚政府产业与技能委员会为职业教育设定了以下六项改革目标。这六项改革目标为:①更有效的管理,②适合产业需求的资格证书,③重视并合理利用行业学徒制,④反应灵敏和公平的国家

---

① Workforce A. Future Focus:2013 National Workforce Development Strategy[R]. Australian Workforce and Productivity Agency. 2013. 9.

职业教育管理体系,⑤为职业教育提供更加方便信息服务,⑥对职业教育采取更有针对性的投资。

4.3　通用技能与可雇佣性技能

从上述报告可以看出,过去的几十年间,澳大利亚职业教育已经发生巨大改变。对年轻人来说,社会发展对他们技能的需求,以及他们所接收的教育,两者之间还存在差异。当前的职业教育,不仅仅只是教会他们某种技术或专门技能,同时还需要具备适应社会发展的非技术技能或者通用技能。澳大利亚政府部门在1985年提出的通用技能是一种理想技能形态,没有完全细化。为了使通用技能更加具体,1992年的《梅耶报告》提出关键能力,并细分为七项能力,这样抽象的通用技能具体化,可以在职业教育教学实践中实施。2002年的《未来可雇佣性技能》报告是在关键能力基础上,以雇主为代表的产业利益集团主导,提出了可雇佣性技能政策。2012年在可雇佣性技能基础上,政府和产业为主导,提出了基础技能政策。

4.3.1　通用技能

在澳大利亚的教育话语体系中,除了可雇佣性技能,通常也会出现通用技能这一术语,通用技能这一术语可以用于所有教育领域,在职业教育研究与政策话语领域,可雇佣性技能与通用技能经常互用。通用技能通常是指某一特定技术技能或专门技能之外的技能,技能不仅仅运用于某一个领域,而是可以运用于多个领域。

通用技能的运用比较广泛,在澳大利亚,通用技能术语有不同的表述方式,在各个教育层次中经常使用不同的术语表示通用技能①:在中小学领域,澳大利亚中小学通常使用核心素养(key competencies)或者通用能力(general capabilities)术语。在职业教育领域,澳大利亚职业教育机构通常使用可雇佣性技能和相关品格(employability skills and associated attributes)等术语

---

① Kaye Bowman. Background paper for the AQF Council ongeneric skills[EB/OL]. http://aqf. edu.au/wp-content/uploads/2013/06/Generic-skills-background-paper-FINAL.pdf. 2015-8-9.

进行表述。在澳大利亚高等教育领域,高等教育领域常用毕业生素养或者毕业生能力(graduate attributes or capabilities)术语表述通用技能。

通用技能提出目的,是为了能找到包含中小学、职业教育、高等教育、雇主、个体和社区等各个不同利益相关者所能共同认同的术语。在21世纪新时代,每个人应该掌握必备的生活技能,和企业对雇员要求的可雇佣性技能技能,澳大利亚统称之为通用技能。不论是澳大利亚还是国际其他发达国家,通用技能通常与核心技能、关键技能、必备技能、基本技能、工作场所必备等术语类似,在一些国家,通用技能特指与就业相关的技能。[①]

在2004年澳大利亚职业教育研究中心的研究中,认为通用技能主要包括六个方面。他们认为关于通用技能没有一个特定的说法,各国存在诸多不同列表,但都涵盖了以下六个共同要素,即基本技能(Basic/fundamental skills)、人际关系技能(people-related skills)、概念性技能(conceptual skills)、个人技能(personal skills)、商业技能(business skills)、社区相关技能(community skills)。在各个不同方面的技能中,其所包括的具体内容如下:

表4-6 澳大利亚职业教育研究中心提出通用技能要素列表[②]

技能	包含要素
基本技能	读写、数字使用、技术使用
人际关系技能	沟通、人际交往、团体合作、顾客服务技能
概念性技能	收集和管理信息、问题解决、计划和管理、学会学习技能、创新和创造性思考、系统思考
个人技能	责任感、策略性、变通性、有效管理自我时间、自尊
商业技能	创新技能、创业技能
社区相关技能	市民或公民的相关知识与技能

通用技能(generic skills)指的不是某一特定的职业(工作)的具体技能,但通用技能对个人的工作、教育和生活很重要。如沟通技能、数学技能、管

---

① Gibb J E. Generic Skills in Vocational Education and Training: Research Readings.[M]. National Centre for Vocational Education Research. 2004. 8.

② NCVER. Defining Generic Skills—At a Glance[M]. National Centre for Vocational Education Research.Australia. 2003. 8.

理技能、计算机阅读、沟通能力和分析技能等。通用技能是独立于特定工作岗位,适用于任何职业,是各个职业和岗位所共同需要的技能,也是职业发展和生涯成功所必须具备的技能。①

一个取得共识的定义对通用技能的发展与实施有着非常重大的作用,然而我们也应该认识到,通用技能都没有一个确定的定义,因为随着时间、地点和环境的改变,通用技能定义需要重新被审视和重新定义。澳大利亚在1985年提出了通用技能的理念,1991年和1992年根据这一理念提出了具体的关键能力,2002年澳大利亚产业界在关键能力的基础上,提出了可雇佣性技能。

4.3.2 通用技能与关键能力、可雇佣性技能、基础技能关系

在职业教育领域,通用技能只是一种普通的叫法,本身包括的内容也不是一成不变的,在澳大利亚,自1985年,提出了通用技能、可迁移技能,仅仅只是提出了这种理念,没有细化,没有实施细则。1992年,在《梅耶报告》中正式把关键能力作为职业教育的目标之一,纳入职业课程与教学中。2002年,在《未来所需的可雇佣性技能报告》中的可雇佣性技能,以及2012年报告中的《成人基础技能发展策略》提出的基础技能,都是非技术或非专门的技能,可以称之为非技术技能或者通用技能。这些技能的提出都是以就业为导向的雇佣关系,因此和可雇佣性技能是一脉相承,雇佣性更能反映出技能提出的内在本质和政策的利益动因。

从通用技能的定义来看,通用技能和可雇佣性技能都存在共同之处:第一,获得工作的技能;第二,在工作中拥有不断发展的技能;因此,二者在本质上都体现了为雇佣服务,其含义存在类似之处。很多时候,在职业教育领域,通用技能和可雇佣性技能可以互用,但是在澳大利亚职业教育体系中,可雇佣性技能不包括语言、读写和数学技能。

---

① NCVER. Defining Generic Skills-At a Glance.[M]. National Centre for Vocational Education Research.Australia. 2003. 8-9.

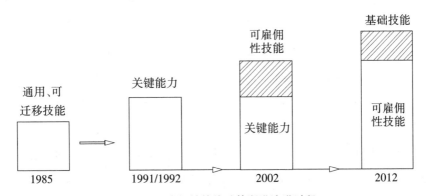

图4-4 可雇佣性技能政策渐进演进过程

如图4-4所示,通用、可迁移技能是澳大利亚政府部门在1985年提出的一种技能形态,没有完全细化,在1991年和1992年的政府有关关键能力报告中,特别是1992年的《梅耶报告》正式把关键能力划分为七类具体技能,这些关键技能在课程和培训包国家标准中都得以实践。2002年的《未来可雇佣性技能》报告是在关键能力基础上,以雇主为代表的产业利益集团根据自身的需求,提出了可雇佣性技能。报告在关键能力这七项技能基础上,调整为八项具体的技能。2012年提出的基础技能,是在可雇佣性技能基础上,把语言、读写和数学技能也纳入其中,两者构成了基础技能。可见关键能力、可雇佣性技能和基础技能正是一个渐进的决策过程。各个技能政策的决策与出台,都是基于过去技能政策,对现行政策稍加修改而已。渐进的过程,看上去似乎变化不大,但积小为大,基础技能政策较关键能力而言,已经有很大的变化。这也正是与林德布洛姆的观点不谋而合,政策大起大落的变化是不可取的,往往"欲速则不达",可能会危及社会的稳定或导致政策的不可执行。

2002年,澳大利亚国家培训局(Australian National Training Authority)在职业教育领域提出了可雇佣性技能的国家发展政策,包括实验性测试等各种方法,寻求如何把可雇佣性技能融入培训包之中,相关的咨询和研究表明,在具体的教学过程中能否有效地融入这些技能,关键看这些技能是否能够阐述得更加清晰明了。2002年7月,澳大利亚国际培训局联合其他各个机构,寻找可雇佣性技能的具体操作办法。2003 年开始,澳大利亚教育、科学与培训部、澳大利亚国际培训局、艾伦咨询集团、澳大利亚国家职业教育研究中心、共同承担了开发大家都认同和认定的可雇佣性技能方法。澳大利亚教育、科学与培训部 2004 年正式发布《最终报告——支持可雇佣性技能认证与记录的发展策略》,2006 年,可雇佣性技能出现在澳大利亚《培训包指导手册》中,正式给出如何把可雇佣性技能融入培训包的指导性意见。

澳大利亚教育、就业与劳动关系部(Department of Education, Employment and Workplace Relations)在 2012 年中把工作情景中表现的个人技能,分为技术技能或学科专门技能可雇佣性技能和核心语言、读写与数学技能三个部分。通用技能在这一技能列表中,除了技术和学科专门技能之外的技能,都可以用通用技能来进行概括。

澳大利亚提出的一系列通用技能(非技术技能)政策,其关注的重点是可雇佣性,获得雇佣是可雇佣性技能的目的所在,因此本书选择可雇佣性技能作为职业教育技能政策的核心,首先可以了解澳大利亚职业教育技术技能政策不断发展渐进的过程,另外更能从政策背后去理解相关利益团体在政策中的博弈。同时澳大利亚可雇佣性技能中的技能列表,在国际上比较知名并受到了很多关注,主要是因为列表并不是简单罗列一系列基本技能,而是把这些基本技能蕴藏在主要技能中。

4.4　小结

麦金泰尔在《澳大利亚史》中指出,库克发现新南威尔士可以看成是澳大利亚历史的开端①。从那时起,英国先进的工业生产方式开始作用于澳大利亚,澳大利亚现代意义上的职业教育也应运而生。澳大利亚政府重视职业教育的发展,对经济繁荣与发展起到了重要作用。澳大利亚职业教育一方面汲取欧美等发达国家的办学经验,另一方面根据本国实际,形成独树一帜的职业教育办学体制与发展模式。培训包是澳大利亚职业教育最具特色

---

① Stuart Macintyre. A Concise History of Australia[M]. Combridge University Press. 2004. 1.

之处,培训包是由行业通过国家行业技能委员会或企业开发,以满足不同行业的社会需求。

从澳大利亚职业教育技能培养的发展进程中,可以看出从19世纪30年代年代开始,由于工业化在澳大利亚的开端与发展,早期的职业教育与培训机构提供的项目比较单一,主要为满足当时工业发展的特定需求。在随后的100年间,澳大利亚的职业教育也在不断地发展,先在各个州和领地形成各自不同的职业教育体系。20世纪70年代《康甘报告》的出台标志着澳大利亚职业教育全国体系初步建立。随着后工业的到来,20世纪80年代开始,技能的政策由之前重点关注的某一特定技术或专业技能,逐步转向了更加注重劳动者通用技能的培养。这一时期澳大利亚提出通用技能、关键能力、可雇佣性技能等一系列技能相关政策。2012年,澳大利亚在可雇佣性技能基础上提出基础技能发展策略,逐步构建起一个国家技能培养体系。

在澳大利亚,相对可雇佣性技能,通用技能提法和含义更广,适用于基础教育、高等教育和职业教育等各教育层次,可雇佣性技能常用于职业教育领域。可雇佣性技能在20世纪七八十年代便开始探讨,20世纪90年代成为研究的热点,工商业团体作为以产业、企业经营者或者说雇佣界为代表的利益集团的代表,提出产业、企业对劳动者能力的要求,并运用自身的政治影响力,将这种要求上升到至少部分上升为国家技能政策。可雇佣性是产业集团提出,是更为有针对性的通用技能,有时候也称之为通用可雇佣性技能,可雇佣性在术语上直接反应产业界的教育意愿,凸显雇佣关系。

第五章 可雇佣性技能前奏：关键能力政策的提出、内容与实施

20世纪70年代的两次石油危机，引发了二战后最严重的全球经济危机，西方发达国家经济普遍受到影响，劳动力市场受到巨大冲击，失业率居高不下。与此同时，全球化进程进一步拓展，世界经济联系越来越紧密，科技方面以电子计算机为代表的信息技术开始逐步应用到日常的生产生活中，产业结构方面，第三产业服务业成为迅速增长的产业，经济结构在发生变化。这一系列变化对职业教育产生了巨大影响。

澳大利亚统计数据显示，自20世纪60年代中期起，服务行业呈现强势增长，制造业就业人数有所下降。[①]随着服务业比例增加，劳动者的技能需求也在发生变化：传统产业中强调对学科专门技能或技术技能的需求，逐步过渡到对技术或专门技能与通用技能的综合需求，劳动力市场需要多元、复合的技能型人才。通用技能包括数学、语言推理、以及信息技术和沟通技能等一系列技能。[②]

20世纪80—90年代，澳大利亚技术与继续教育（TAFE）学院迅速发展，技术与继续教育更加关注如何适应劳动力市场对劳动者的需求，澳大利亚技术与继续教育因为更加能够培养适合劳动力市场需求的学生而备受瞩目，成为澳大利亚教育当中规模发展最大、学生增幅最多的教育机构。

从1945—1975年这30年里，失业率就开始困扰着澳大利亚，它对国家经济发生和社会稳定有很大负面作用，澳大利亚意识到这个情况，但是不愿

---

① Aspden C. Estimates of multifactor productivity, Australia[M]. Australian Bureau of Statistics. 1990. 12

② Carnevale A P, Desrochers D. Training in the Dilbert Economy[J]. Training and Development, 1999(12):32-36.

意去接受这个事实。1975—1985 年接下来的 10 年，澳大利亚更是持续地遭受高失业率的困扰。面对持续的高失业率，以及劳动力市场变化对技能不断提出的要求，澳大利亚政府也面临着巨大压力。如何让劳动者获得雇佣成为刻不容缓的问题，为了找到解决问题的办法，1983 年，工党执政后，同年 12 月，澳大利亚就业与劳动关系部就专门成立了"劳动力市场调查委员"就劳动力市场提供相关政策，1985 年，澳大利亚政府正式发布了《劳动力市场调查报告》，报告中提出了对劳动者通用、可迁移技能的培养，特别是技术与继续教育（TAFE）培训中重点关注通用、可迁移性技能的培养。1985 年教育部发布了《教育质量报告》，报告强调了普通教育特别是高中阶段和中学后阶段要加强职业教育课程的力度，需要在课程当中培养学生的通用技能。

通用、可迁移技能成为一种理念，但是具体内容不明确，也不能落实到具体教学实践当中，因而需要进一步去具体化。《芬恩报告》和《梅耶报告》在通用技能具体化的基础上，形成了关键能力，并把关键能力融入职业教育课程与培训包当中。

本章主要探讨的问题包括，在职业教育领域澳大利亚政府在 20 世纪八九十年代之间出台了那些技能政策，从多源流角度去探讨各个政策的形成原因，以及这些政策主要的内容，另外本章还说明了关键能力是如何在职业教育教学中培养。

5.1 职业教育需要培养通用、可迁移技能

5.1.1 《劳动力市场调查报告》：通用、可迁移技能的提出

5.1.1.1 《劳动力市场调查报告》出台背景

20 世纪 70 年代，两次石油危机导致第二次全球范围内的经济危机，失业率居高不下。1973 年 10 月，第四次中东战争爆发，油价猛然上涨了两倍多，引发了第一次石油危机，从而引发了第二次世界大战之后最严重的全球经济危机。持续三年的石油危机对发达国家的经济造成了严重的冲击。在这场危机中，美国的工业生产下降了 14%，其他所有的发达工业化国家，包括

澳大利亚,经济增长都明显放慢。

1978年底又爆发了第二次石油危机,此时爆发了两伊战争,此次危机成为20世纪70年代末西方经济全面衰退的一个主要原因。由于当时西方国家经济不景气,支撑澳大利亚经济繁荣的资源热突然冷却,特别是1981年和1982年遭到了数十年不遇的特大干旱,其农业生产严重受损,经济衰退,劳动成本增高,使一度低沉的失业率从1982年3月开始回升,截至当年10月份已经上升到8.6%。通货膨胀、失业率猛增、工资上升、出口萧条、高利率、国际收支失衡使澳大利亚经济迅速恶化。[1]

表5-1　澳大利亚1970—1984年失业人口总数与失业人口比例[2]

时间	失业人口(万人)	失业人口比例(百分比)
1970年	7.82	1.4%
1975年	27.84	4.6%
1980年	39.23	5.9%
1983年	68.41	9.9%
1984年	60.46	8.6%

1970年,失业人口总数为7.82万人,失业人口比例为1.4%,到1984年,失业人口为60.46万人,失业率为8.6%。在这15年中,失业人口不断上涨,失业人口比例在20世纪80年代已经在9%左右徘徊,失业率的高居不下,带来了一系列的社会问题。

表5-2　澳大利亚1970—1984年失业数据统计(P32-40)[3]

年份	失业时长(周)	失业人数(失业6个月以上)	失业人数比重(失业6个月以上)
1970年	7.3	0.51万	6.5%
1975年	12.7	4.55万	16.3%

---

① 曹海科.澳大利亚霍克政府的经济改革述评[J].世界经济研究,1990(4):13-18.

② ABS. The Labour Force Australia, August. Cat No. 6203.0. Canberra, various issues; and ABS. The Labour Force Australia.Cat.No.6204.0. Canberra, various issues.

③ ABS. The Labour Force Australia, August. Cat No. 6203.0. Canberra, various issues; and ABS. The Labour Force Australia.Cat.No.6204.0. Canberra, various issues.

续表

年份	失业时长（周）	失业人数（失业6个月以上）	失业人数比重（失业6个月以上）
1980年	32.1	15.72万	40.1%
1983年	45.3	36.1万	52.8%
1984年	45.5	31万	51.3%

1970年，失业6个月以上人口人数为5100，长期失业只占失业人口比重的6.5%，1984年，失业6个月的有31万人，长期失业人口占失业人口比重的51.3%。20世纪80年代，澳大利亚人口中长期失业情况严重，长期失业人口比重达到失业总人口的一半以上。

表5-3　澳大利亚1970—1984年劳动力参与率与就业人口比例[①]

时间	劳动力参与率	就业人口比例
1970年	61.2%	60.3%
1975年	61.6%	58.8%
1980年	61.1%	57.5%
1983年	59.8%	53.9%
1984年	59.9%	54.8%

1970年，劳动力参与率为61.2%，就业人口比例为60.3%；1984年，动力参与率为59.9%，就业人口比例为54.8%。

表5-4　澳大利亚1970—1984年不同年龄段失业率（百分比）

年龄段	1970年	1975年	1980年	1983年	1984年
15—19岁之间	3.2%	12.9%	16.7%	22.6%	21.0%
20—24岁之间	1.6%	5.9%	8.8%	14.7%	12.5%
55岁及55岁以上	1.0%	2.3%	2.8%	5.25%	4.8%

1970年，15—24岁之间青年人失业率为4.8%，到1984年，15—24岁青年人失业率占到33.5%，青年人失业成为了一个严重的社会问题。

---

① ABS. The Labour Force Australia, August. Cat No. 6203.0. Canberra, various issues; and ABS. The Labour Force Australia. Cat. No. 6204.0. Canberra, various issues.

表5-5　1971年与1984年各产业就业数据[①]

产业	就业人口		1971年与1984年就业变动		各个产业完全就业比例	
	1971年（千人）	1984年（千人）	总变化率（百分比）	年变化率（百分比）	1971年（百分比）	1984年（百分比）
农牧渔业	412.4	400.2	−12.2	−0.2	7.5	6.2
采矿业	89.2	93.2	4.0	0.3	1.6	1.4
制造业	1 364.8	1 141.4	−223.4	−1.3	24.7	17.7
建筑业	469.9	423.2	−46.7	−0.8	8.5	6.5
零售业	1 113.5	1 271.3	157.9	1.1	20.2	19.7
交通与物流业	294.2	354.1	59.9	1.6	5.3	5.5
通讯业	118.0	131.6	13.6	0.9	2.1	2.0
金融、财产与商业服务	394.8	619.3	224.6	4.4	7.2	9.6
公共管理	311.0	469.6	158.6	3.9	5.7	7.3
社区服务	615.6	1 138.4	522.8	6.5	11.2	17.6
创意等其他服务业	332.2	420.0	87.8	2.0	6.0	6.5
总数	5 515.6	6 462.3	946.7	1.3	100.0	100.0

农牧渔业、制作业、建筑业等第一、第二产业就业人数呈现负增长,社区服务,金融、财产与商业服务、公共管理等服务业就业人口比重不断增长,社区服务就业人数从1970年的61.56万,增长到1984年的113.84万,就业人数增长最为迅速;零售业就业人口为127.13万人,是就业人数最多的一个部门。

在工业和商业领域,由于技术的发展、企业收购、兼并和倒闭,以及贸易扩大和竞争力加剧等因素,导致工作的组织形态、生产的过程发生改变,对技能的要求和形成也有影响。

从1945—1975年这30年里,失业率就开始困扰着澳大利亚,它对国家经济发生和社会稳定有很大负面作用,澳大利亚意识到这个情况,但是不愿意去接受这个事实。1975—1985年的10年间,澳大利亚一直被高失业率所困扰。每年有超过60万人想要工作,但是没有工作机会,因为劳动力市场供大于求。

---

① Kirby P. Report of the Committee of Inquiry into Labour Market Programs [R]. Australian Government Publishing Service. 1985. 33.

每年有超过10万的年轻人，虽然他们已经完成了学业，毕业后却没有机会就业。另外大量的女性在劳动市场上被当作二等公民对待，许多有残疾或者其他处于不利条件的人也很难找到工作；一些还没到退休年龄的人被催赶着提前退休。

当时澳大利亚政府在其劳动市场政策和计划中，看到并指出了这些问题的存在，但是如何去解决这些问题，对现状进行改变，并且能把这些政策和计划能有效落实到实践。经过调查和研究，澳大利亚政府得出，简单方法很难解决当前所存在的问题。只依靠政府劳动市场方面的宏观调控，从根本上是不能解决劳动市场的问题。高失业问题的出现受到多方面因素影响，其中最为重要的是国家经济发展状况。

在过去的10年时间里，人们已经意识到他们的经济和其他国家的联系是不可避免，这些联系对于澳大利亚国内失业率的也有影响。改变与欧洲、北美、日本和东亚的贸易关系，以及那些地区之间的贸易关系，已经对澳大利亚的失业率水平和经济结构有深远的影响。

对上面所存在的问题进行概述，从多源流理论的观点看，政策报告出台的问题源流是：①失业率居高不下，特别是青年人失业情况更为严重；②经济发展，产业结构发生变化，对劳动者的技能需求也开始发生变化；③工业和商业先进技术的运用、企业兼并的影响，加上企业面临国际贸易和国际竞争的压力；④企业内部的工作组织，产品的生产进程，技术更新要求，技术构成上慢慢有了新的变化，这些都对企业的产生了重大影响，并带来了一系列问题。而劳动者的技能是其中核心问题之一。

1983年，由罗伯特·霍克领导的工党政府开始在澳大利亚执政。该政府为帮助失业者和青年掌握实用技术、降低失业率实施了多种职业技术培训计划。其中"平等参与计划"是从1984年开始推行，其主要目的是向青年人提供丰富的教育和培训经验，为其今后的工作和生活打下基础。该计划特别强调"平等"。劳动市场的劳动者，对澳大利亚经济和社会的发展做出了重大贡献，政府政策要向那些劳动市场处于最不利的劳动者，给予他们政策上的支持和帮助，特别要注意政策之间内部衔接。在政策上重视发展职业教育,特别是对于那些社会底层的劳动者给予教育补助,提升他们的技能,能够增强劳动力市场的稳定性。

1983年12月,就业与劳动关系部部长成立了一个委员会,主要对劳动力市场项目进行调研,1984年5月份提供了中期报告。劳动力市场调查委员会的成立,专门就劳动力市场提供相关政策。

劳动力市场调查委员会调查咨询时间长达8个月,委员会收到了6000多页来自全国各地个人和机构的书面建议。委员会实地到访了各个州和领地,听取来自雇主、贸易团体、社区组织、产业培训委员会、各级政府机构、学术研究机构等不同团体和机构的意见。委员会成员还到访了日本、韩国、马来西亚、新加坡等国家,考察所到国家的与劳动力市场相关的政策,并咨询了众多北美和欧洲劳动力市场政策研究方面的专家学者。

委员会把《劳动力市场调查报告》提交给政府部门,政府向各个不同部门和利益群体进行协商沟通,并获得各个不同利益相关者的认可,1985年报告由澳大利亚就业与劳动关系部正式发布。

5.1.1.2 《劳动力市场调查报告》的内容

一、国家政策方面

国家通过宏观经济和其他相关政策,努力扩大就业岗位,政府尽量去实现广大公民的充分就业。同时也鼓励大家能在就业与离职之间自由的流动,在就业、教育与培训之间互动,在全职或兼职工作之间自由选择,或者能比较容易的在工作岗位中,重新去接受教育和培训。接受继续职业教育不论是对个体,还是对社会,都有益处。如果大家在工作时间上能有更大的自主权,便可以让那些在工作的人们,把工作、教育与培训、家庭责任、闲暇时间等有效的结合,这就需要对当前的教育与培训进行重大的改革,去满足人们的需求,达到他们对新技能的要求,或者去提升他们已有的技能水平来适应社会多元环境的变化。那些之前没有机会去参加教育与培训的人们,不管全职还是兼职,都有机会接受更多的教育与培训。

政府采取一系列政策来鼓励各个群体的人参与培训项目,这些项目主要包括:远程电子通信技术及其相关技术的教育培训;技能标准的模块培训；传统职业教育中技能的培训。

二、教育与培训方面

当前教育和培训体系培养出来的学生，不可能能完全满足雇主所需，也不可能培养什么都已经训练好了员工。雇主面临着生产的压力和竞争，他们自己也需要为员工提供广泛和足够的培训。政府、雇主、工会三者都要共同努力，建立更加有联系性的教育与培训体系。

青年人的培训方面，为16岁和17岁左右的年轻人安排培训。培训可以采取兼职工作，或者一段时间之内的封闭式培训。培训人员可以安排75 000或更多的年轻人，使其在1988年底确保获得培训。对于16岁和17岁年轻人，提出了新的训练安排，采取激励工资补贴形式提供给这个群体。另外实验实训项目、津贴及参与股权计划也加入技术与继续教育（TAFE）培训体系当中。在联邦政府的支持下，各个州和领地开始安排实习。

技术与继续教育除了提供自身教育与培训之外，还应承办业余高端培训以及继续教育培训等项目，国家技术与继续教育中心主要为学生提供高级或者特定的培训，同时也为教师提供培训，更新教师的知识与相关技术。技术与继续教育产业培训中心可以提供高级或特定技能的培训，同时私有培训机构可以提供参与技术培训和部分技能的培训。[①]

技术与继续教育培训中重点需要关注通用、可迁移性技能。报告提出可迁移性技能的培养。企业更希望当前所需要某一特定工作的技能进行培训，这与个人与社会所需的更易通用、可迁移技能有所差异。报告强调通用、可迁移技能的培养，可迁移技能的具备能让人们更加适应技术和社会结构的变化，同时也为个人的长远发展奠定基础，增强他们工作流动的能力，让他们以后能进一步去参加培训或者获得相关的学历证书。工作时间之外对学员的正规培训应该包括更加广泛的领域，除了相关的具体职业领域培训，应该也加入人文与社会科学科目的学习。普通科目学习应该成为正规

---

① Kirby P. Report of the Committee of Inquiry into Labour Market Programs [Kirby report][R]. Australian Government Publishing Service. 1985. 115-123.

培训中职业与专业教育的一部分。

培训应该培养学员的沟通能力、数学、动手能力、观察及解决问题等技能。在信息化时代，教育培训中应该包括以计算机为基础沟通技能的培养。相关技能的操作和运用，都需要运用到信息技术，这些技能对个人发展和他们未来就业都有着非常重要的作用。

5.1.1.3 《劳动力市场调查报告》的实施

1985年发布的《劳动力市场调查报告》，也称之为《柯比报告》。该报告提出建立一个具有广泛基础的职业教育与培训体系。在职业教育体系中，特别是有关职业培训这部分，应该包括在学校脱产形式的正规学习和在企业的实地工作、实地实习。在这个规定的基础上，学徒制由此建立。1985年由澳大利亚联邦政府颁布实施建立澳大利亚职业技术培训网，该培训网于1986年开始正式招收第一批学员，其中百分之六十学员来自联邦政府、各州政府的附属单位；百分之四十来自银行、零售联号商行等私营机构。这项培训措施由各州培训管理委员会负责管理，由工业企业工作组负责提出全部课程设置计划，工作实习安排在工业企业中，脱产培训安排在技术与继续教育学院中，脱产学习时间比大概占百分之二十五。该网为澳大利亚的职业教育提供有效的支持。①

5.1.2 《教育质量报告》：通用技能需要进入课程

5.1.2.1 《教育质量报告》出台背景

澳大利亚经济发生变化，经济增长减缓；技术变革，新的信息技术为代表并广泛运用生产实践中，劳动力市场的恶化，失业率不断攀升，特别是青年人的失业人数迅速增长。这些都是澳大利亚政府面临和需要解决的问题。为了应对这些变化，教育与培训需要做出相应的改革，职业教育更应该适应劳动力市场变化和经济发展需求。

1983年，由罗伯特·霍克领导的工党政府开始在澳大利亚执政。该政府

---

① 匡瑛. 比较高等职业教育[M]. 上海:上海教育出版社, 2006.56-57.

为帮助失业者和青年掌握实用技术、降低失业率,实施了多种职业技术培训。

1984年8月,教育部成立教育质量评价委员会,教育部部长任命Peter Karmel为委员会主席,委员会构成了政策源流。委员会主要对澳大利亚初等教育和中等教育进行调查,来帮助政府解决在学校教育层面的经费资助问题。委员会得到教育部门专家、劳动力市场权威人士和全国其他利益相关人士的支持和帮助。

这份报告当时是由教育部部长负责,同时也得到了澳大利亚政府各个不同部门的支持。1985年,在报告提交给教育部后不久,政府就正式发布了《教育质量报告》。

5.1.2.2 《教育质量报告》的内容

报告指出需要进一步扩大中学后的职业教育。类似观点在经合组织(OECD)评估者提交的澳大利亚青年政策的报告草案中也得以确认,评估团队认为澳大利亚的教育与培训,需要与经济发展的劳动力需求相结合。

澳大利亚目前产业中,产业发展只需要一小部分工人具备高技能,剩余的大部分是没有技能或者只具备部分技能的工人,而且那些具有较高技能的工人主要是在工作中获取相关技能。但是随着后工业化的到来,高端技术领域以及服务产业变得更加重要,因而更多的澳大利亚青年需要完成中学教育,这样他们能接受到普通教育,在此基础上形成他们的专门技能,同时具备专业技能之外的通用技能,这样才能在这个劳动力市场急剧变化的情况下,有能力去适应对劳动力不断增长的需求。

《柯比报告》(The Kirby Report)中建议应该优先考虑为年轻人提供教育与培训,在报告特别强调中学后的教育培训,在教育中要培养学生的通用、可迁移技能。采用这样的办法,能让人们适应技术发展的需求以及社会结构的变化,为个人的长远发展提供基础,并可以增加工作的流动性,这样为他们将来进一步培训和获得学位奠定基础。[1]

---

① Quality of Education Review Committee. Quality of education in Australia:report of the Review Committee[Karmel report][R]. Australian Government Publishing Service. 1985 .60.

在就业岗位和产业结构的双重作用下，就业情况改变，就业所需求的技能内涵也在发生改变，同时不同职业之间的边界也逐步缩小，这就需要进一步培训，让人们获得保持岗位的能力，年龄大的工人也需要参与职业的培训。对那些只专注在一个狭小工作领域，或者集中于某一特定技能，就业结构大概还停留在10年前左右，对这些人来讲培训对他们更具有影响力。尽管在教育培训中需要优先考虑青年群体，但是对那些马上进入工作场所或者重新更换工作的年轻人来说，也需要接受必要的教育，根据他们之前已有的培训和相关经历，提供多元的选择路线，采用多模式的组合项目对他们进行培训。

课程是教育的基本载体。通过课程，学校培训学生的基本能力和其他能力，让他们能有效地参与到成人社会中。因此要达到令人满意的结果，这需要丰富的核心课程供学生选择。然而不同的课程各有差异，应该提供一些学生需要亲身实践的课程，让他们参与其中。但是课程不能减少为自助餐式的让学生去自由选择，因为到后面学生可能会放弃这些课程。到高级中学阶段，许多学生可能只选择与就业密切相关的学科。如果可行的话应该给这些学生提供机会，让这些学生能参与工作场所实践，或者参与与当前就业要求相关，对学生就业有帮助的课程，但是学校在这个时候所提供的课程，不应仅仅局限于某一特定职业或者某一专业领域。

联邦政府在教育中应该优先强调发展以下这些通用技能：信息获取技能、信息表达技能、逻辑思维运用技能、个人的独立实践操作技能、团队参与实际认为技能。

提升处于劣势群体学生的能力，提高他们就读11年纪和12年级的比例；在核心学科领域，女生应该达到与男生相同的成绩水平与能力；另外需要提升教师的综合能力，让他们可以持续地做出必要的改进。

5.2 关键能力相关政策及内容

5.2.1 《芬恩报告》：关键能力的提出

5.2.1.1 《芬恩报告》出台背景

1985年在《劳动力市场调查报告》和《教育质量报告》两个报告中都提出要发展通用、可迁移技能，这些就业需要技能的具体内容是什么，这个问题没有明确，需要进一步去具体化。

从1980年到1990年，澳大利亚青年人接受全日制教育的人数不断增长，全职工作人数的比例不断下降，教育对青年人的作用越来越明显（见下图）。在接受全日制教育的人数中，TAFE学院人数占据大部分，这些接受职业教育的青年人需要教授他们什么样的技能，也是政府需要解决的问题之一。

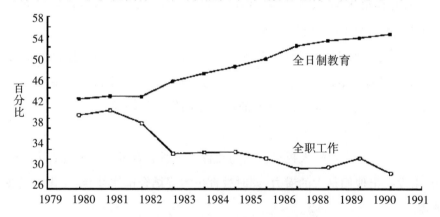

图5-1 青年人接受全日制教育比例的提升①

1989年，负责职业教育与培训的联邦政府和各个州政府，决定采用一个基于能力的职业教育与培训系统，同时建立国家培训局，来研究工业部门的技能要求标准。20世纪90年代开始，政府主导以能力为基础的培训改革是

---

① Australian Education Council Review Committee. Young people's participation in post-compulsory education and training：executive summary and list of recommendations[R]. Australian Government Publishing Service. 1991. 16.

教育界最大的改革。

1990年,联邦各州的教育部长们以澳大利亚教育委员会的名义召开会议,并成立提议委员会,委员会的成立构成了政策源流。委员会重点考察15—19岁年龄段青少年的教育,该委员会以主席布莱恩·芬恩(Brain Finn)得名,改为芬恩委员会。

1991年,政府对报告的审定,同时在征询不同利益团体意见基础上,获得他们的认可,同年《芬恩报告》正式发布。

5.2.1.2 《芬恩报告》政策内容:

一、总体目标

《青年人参与义务教育后的教育与培训》这份报告指出,在过去的10年间,澳大利亚年轻人参与教育与培训模式发生了重大改变,第12年级的学生入学率由1980年34.5%上升到1990年的60%,参与学徒制学习由1982年的34 100人增加到1989年的56 600人。

报告的主要目标是关注义务教育之后的青年人,特别是针对离开学校没有参加过教育与培训项目的青年。委员会当时提出了一个特定目标,在全国范围内确认一套课程体系,让所有的年轻人都能发展他们的关键能力。

报告指出教育需要达成的共同目标:①

第一,为所有年轻人提供优质的教育。通过教育发展他们的智力和能力,来发挥出他们最大的潜力,同时教育也需要结合国家社会、文化和经济所需。

第二,让每位学生都能获得高质量和高水平的学习。教育教学过程中发展学生的乐观和自信心态,培养他们的自尊心、尊重学生并鼓励他们去实现个人理想。

第三,进一步促进教育公平。特别要为那些特殊群体提供必要的教育。

第四,教育能对当前的经济和社会所需做出回应。为学生提供技能,让学

① CommitteeAECR. Young people's participation in post-compulsory education and training: executive summary and list of recommendations[R]. Australian Government Publishing Service. 1991. 9.

生拥有较强的适应性和灵活性，让他们能够应对未来就业和其他生活所需。

第五，为未来的教育与培训打下基础。包括必备的知识和技能，尊重学习并终身学习。

第六，教育应该为学生提供以下技能：①英语读写技能，包括英语听、说、读、写等方面技能；②除了本国语言英语之外，应该具备其他语言的知识；③数字技能，包含数学技能；④掌握分析和解决问题的技能；⑤理解科学和技术在社会中的作用，能掌握科学和技术技能。⑥拥有信息处理和计算技能；⑦掌握和了解澳大利亚地理与历史情况；⑧了解并理解创造性艺术，同时有信心参与其中；⑨拥有道德、种族、社会公正等方面正确的判断能力；⑩理解并关注社会平衡发展和全球环境。

第七，全球化背景下，发展学生知识、技能、态度和价值观，让他们能够积极合理地参与澳大利亚民主社会。

第八，帮助学生理解历史文化遗产并懂得尊重这些遗产，包括对土著文化和其他不同民族文化遗产的理解与尊重。

第九，提供与学生身体发展和个人健康护理方面的有关知识，同时教授他们该如何有效利用闲暇时间。

第十，给学生提供合理的职业生涯教育和工作领域的相关知识，包括理解社会中各种不同的工作。

委员会在1991年提出，绝大部分青年在接受义务教育后仍需进行教育与培训，完成12年的教育，或者取得一些资格证书，最少一半的年轻人需要获得高级证书，具体目标为：1995年所有18岁的青年需要完成12年的教育，或者最少完成第一等级的培训项目；2001年绝大部分20岁的青年完成第二等级的培训项目，或者高层次的职业或专业资格证书；2001年最少50%的22岁青年获得第三等级的职业文凭，或者获得超过第三等级的职业资格证书，或者相关的学历和学位。①一系列的目标需要达到一个最终目的，到2001

---

① Committee AECR. Young people's participation in post-compulsory education and training: executive summary and list of recommendations[R]. Australian Government Publishing Service. 1991. 41-48.

年，约95%的19岁青年应该完成12年教育，或者参与义务教育后的资格证书项目以及相关教育与培训。

二、《芬恩报告》中关键能力提出及内容

在关键能力开发方面，澳大利亚也深受国外教育与培训机构的影响，传统上，澳大利亚职业教育和普通教育分离，一般中小学学校提供普通教育，职业教育主要由那些技术学校、技术与继续教育（TAFE）和一些私立大学提供，而在其他一些国家，普通学校和高等教育机构也提供一些和与劳动力市场和就业相关的职业课程。

大多数国家认为，在义务教育阶段之后的教育，在继续培养学生智力和社会能力的同时，也要发展他们在劳动力市场需要的相关能力。

在报告中，委员会明确指出要发展一套能让青年人获得"与就业相结合的关键能力"标准。在能力方面，"要与年轻人的就业和终身雇佣需要相关"。委员会同时指出"在青年人获得工作场所必备的关键能力时，也需要拥有作为良好公民的品质"。①

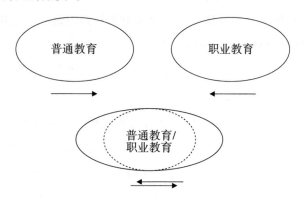

图5-2　普通教育与职业教育的汇合（convergence）②

① Committee AECR. Young people's participation in post-compulsory education and training: executive summary and list of recommendations[R]. Australian Government Publishing Service. 1991. 54-55.

② Committee AECR. Young people's participation in post-compulsory education and training: executive summary and list of recommendations[R]. Australian Government Publishing Service. 1991. 8.

　　首先,不论是个人,还是产业,都需要普通教育与职业教育走向共同汇合点。全球化已经成为现实,各个不同工作的组织形态要人们拥有多项技能、创造力和适应能力。其次,普通教育应该扩大学生在职业教育方面的项目与课程,让更多的年轻人在完成义务教育阶段之后参与其中。

　　同时,工作与教育应该有汇合点。为了能保持工作,并提高工作效率,技能和知识的更新也变的尤为迫切,工作和学习的概念也需要共通。

　　这一观点告诉我们,为了满足企业需求,学校和技术与继续教育(TAFE)都要进行改革:学校需要关注可雇佣性的问题,在普通教育阶段提供更为广泛的职业教育,技术与继续教育(TAFE)提供职业课程,应该注重能力,这些能力比传统的以手工为基础的学徒制应更具有通用性,对产业而言,产业也应该在培训中扮演更为主动、积极的角色。

　　委员会认为,澳大利亚政府必须为社会,特别是劳动力市场,提供既有质量又有数量的技能与知识。我们需要在各层次的教育领域和工作场所继续提升教育与培训,知识与技能的增长不仅仅只与传统的高层次教育相关,而需要覆盖更为广泛的学科与职业。其中重要的就是重申职业教育的重要性,进一步地扩大职业教育在普通教育的覆盖面。

　　委员会建议关键能力包括语言与沟通、数字、理解科学与技术、理解文化、问题解决等具体内容,其主要包括内容如下表所示。

表5-6　关键能力包含的内容①

关键能力	包含内容
语言与沟通	说、听、阅读、写作、获取及使用信息
数学	计算、测量、理解数学符号
理解科学与技术	理解科学与技术概念、理解科学与技术对社会的影响、科学与技术技能包括计算机使用技能

---

① Committee AECR. Young people's participation in post-compulsory education and training: executive summary and list of recommendations[R]. Australian Government Publishing Service. 1991. 58.

续表

关键能力	包含内容
理解文化	了解澳大利亚历史、地理和政治背景等知识,了解全球主要问题——如竞争的环境、技术和社会重点所在,了解全球工作情况、重点之处及其需求
问题解决	分析、批判性思考、做出决定、创造性思维、技能在新情景下的运用
个人与交际	个人管理及计划,包含职业规划、协商与团体技能、进取心及领导力、自尊、道德规范

报告指出,在中学课程设置中应该包括与工作相关联的职业课程。需要在课程中加入关键能力,注重动手、实际运用能力,让主流课程能与现实的工作之间有关联性。委员会还特地强调:在合适的地方,特别是在具体的职业课程中,采用以能力为基础的方法,贯穿课程、教学与评价。

在技术与继续教育等教育与培训机构,技术与继续教育的课程是培养关键能力重点之处,特别是对那些即将迈入工作场所的人而言。对那些没有核心能力基础的年轻人,参加技术与继续教育和培训的课程可以提升他们的职业能力。

对于学生是否能成功获取关键能力,技术与继续教育及其他培训机构负有直接责任,因此技术与继续教育教师的态度需要进行改变,来支持培训课程能落到实处。

相关课程中,如果可行的话,语言和数学,科学与技术这些领域需要在课程中加强,并注重实践,课程设计应与实际工作所需相结合。另外文化理解能力也是技术与继续教育改革面临的一个主要挑战。

5.2.1.3　政策实施

澳大利亚政府和大多数州的州长批准了当时芬恩委员会报告提出的意见,有些目标甚至提高到更高的标准。到1995年,18岁及以上的所有年轻人都应该读到12级,或者达到澳大利亚能力标准体系的一级水平,到2001年,20岁的年轻人差不多都应该达到能力标准体系的二级水平,22岁的人应该达到能力标准体系三级水平,或者攻读文凭或学位。

在关键能力方面,为了进一步发展关键能力,芬恩委员会建议设计一个

"标准框架"用来描述不同关键技能的不同层次,这样让不同的教育与培训体系在课程开放和教学方法上,都能达到预期的目标。同时政府成立了委员会专门就关键能力继续推进。

5.2.2 《梅耶报告》:关键能力具体化

5.2.2.1 《梅耶报告》出台的多源流分析

1991年,芬恩报告《青年参与义务教育后的教育与培训》,提出年轻人要为就业做好准备,去学习与职业相关的"关键能力",但是核心技能还没有完全确定。另外如何把关键能力融入到职业教育院校中,也是进一步需要解决的问题。委员会的任务是进一步去确定关键能力,并进一步地去发展这些能力,让这些能力成为职业教育机构的教学和课程的共同参考之处。

梅耶委员会是由 Eric Mayer 领导的委员会,共27名成员,委员会为政府提供政策咨询与报告。这些委员是从教育和培训系统、工会、产业界、教师组织和国际培训部中选出的,任务是要制定与职业相关的关键能力概念,并使关键能力能够在课程发展和教学中实现,同时能够运用在国家统一评估、报告和管理中。1992年的2月和5月,文件讨论稿出台,委员会征询了教育界的意见,并对关键能力下了定义。

这一项目由政府发起,受到政府各个不同部门的支持,同时关键能力的培养也符合产业界等各个不同利益集团的需求。1992年9月澳大利亚教育委员会和澳大利亚职业教育、就业和培训部共同发布了《关键能力》这份报告,这份报告成为指导澳大利亚职业教育发展的一个重要指导性文件。

5.2.1.2 《关键能力》(梅耶报告)的主要内容

委员会提出要把教育要和学习者所从事的工作相结合,职业教育需发挥更大的作用。目前澳大利亚劳动力所在的工作场所正在变化,工作场所发生的最大变化,就是之前固定和专门的工作,慢慢变得更加分化,工作角色和组织架构发生改变,工作规划和决定中,大家需要共同承担责任。因而为了有更好的工作表现,个人的创造性、主动精神、开拓性和批判性思考变得更为重要。

　　为了让年轻人在这个变化的时代具备多元技能，让他们在工作场所具有灵活和变通性的能力，他们需要在教育中获得较强的基础知识与技能，同时也需要获得具体的职业技能。未来发展的方向是更加重视职业教育，同时在普通教育之中贯穿职业培训，培养相关的能力，让他们在工作中主动做出决定，同时在工作中能获得继续学习的机会，这些能力让他们把教育与工作相结合，这些能力就是委员会关注并需要确定的关键能力。在未来，澳大利亚将会和其他国家与地区在经济贸易上更加频繁，因此企业更需要提升效率，参与国际市场竞争，员工是否具备关键能力是提升企业效率和提升国家竞争力的重要力量。①

　　1992 年 9 月，澳大利亚教育委员会和澳大利亚职业教育、就业和培训部发布了梅尔委员会的调查报告，报告中所给出关键能力概念和相关的政策，对澳大利亚职业教育产生了深远的影响。澳大利亚职业教育技能政策，特别是通用技能，在关键能力的分类中得到进一步的发展和完善。在《梅耶报告》中，对关键能力的定义为：

　　"关键能力是指那些对有效参与工作和工作组织必不可少的能力。这些能力主要表现为在实际工作场景中，能够把知识与技能相整合并加以运用。关键能力通常是可以通用的，因为关键能力在运用的时候并非仅仅局限于某一特定行业或者工作，而是可以通用于各个不同工作之中。通用性意味着关键能力不仅对有效参与工作是必要的，而且关键能力对未来工作岗位上的继续教育，以及成人后的日常生活也具有非常重要的作用。"②

　　报告提出，关键能力必须为就业做好必要的准备；融入工作模式和工作机构的通用性；满足个人有效参与各类社会活动和日常生活；知识与技能的整合与运用；学会学习；经受有效评价的检验。

---

　　① Committee A E C M. Putting general education to work: the key competencies report[R]. Australian Education Council & Ministers of Vocational Education Employment & Training. 1992. 1-12.

　　② Committee A E C M. Putting general education to work: the key competencies report[R]. Australian Education Council & Ministers of Vocational Education Employment & Training. 1992.7.

构建关键能力一套体系时,委员会考虑了以下原则:关键能力是普通教育中的一部分,但是不是全部;工作必要的和通用的技能;毕业后对年轻人也非常重要;跨课程,不只是包含某一课程或某些学科;能够在各种背景下去发展;知识、技能和理解力的基础;聚焦与运用;实践中整合。

表5-7 梅尔委员会提出了关键工作场所技能的七大类[①]

序号	类别
1	1.搜集、分析和管理信息的能力
2	2.想法和信息的沟通
3	3.计划和组织活动
4	4.与他人的协作及团队合作
5	5.数学思维和技巧的运用
6	6.问题解决
7	7.技术运用

(1)搜集、分析和管理信息的能力:对信息的目的能做出反应、能理解资源与本质所在;能够获取信息、懂得使用检索工作以及相关准则;能分析和管理信息;能评价信息质量及其真实性。

(2)想法和信息的沟通:能确认沟通对象和目标是否正确,并做出合适的反应;对表达方式和语调作出选择;理解对方所表达意图;修正并改进沟通方式。

(3)计划和组织活动:重要事情及过程的安排;计划和管理行为中具体操作和具体流程的评价;对影响重大事件的因素作出反应。

(4)与他人的协作及团队合作:合作的时候向他人阐明任务和目标;站在不同角度,扮演不同角色去考虑和认识问题;共同实现目标。

(5)数学思维和技巧的运用:理解活动的目标和任务;选择恰当的数学方法和技巧;能运用数学步骤与方法;能判断所需的精确度和准确度;对方法进行解析与评价。

---

① Committee A E C M. Putting general education to work: the key competencies report[R]. Australian Education Council & Ministers of Vocational Education Employment & Training. 1992.5.

(6)问题解决：澄清并了解问题架构；能用合适的方法成功解决问题；能够对问题、内容和具体情况进行预测；能够对过程与结果进行评价。

(7)技术运用：懂得科学与技术的原理并能运用于实践；使用技术的时候要有社会与伦理道德；适应周边环境，协调个人身体能力。

另外，委员会也提出其他一些内容，把这些内容放入关键能力的考虑之列，这些能力包括英语之外的外语运用能力、文化理解能力等。当委员会就关键能力向社会各界广泛征询意见时候，产业界认为，关键能力还需要包括道德规范、服务客户技能、保持身体健康、具备创造力和灵活变通性等。

委员会除了给出关键能力的列表，同时还给出三个不同的级别能力表现，其中第一级别是能有效地按照指令去执行任务，第二级别为能运用恰当的办法和现有资源去达到所要求的目的，第三个级别则是能使用创造性方面去解决问题。

另外需要注意的是，关键能力不是指具体的工作或者职业相关的能力，而是指一般性能力，是能适应于不同工作岗位的技能。关键能力不仅对当前所从事的工作非常重要，对未来发展，对参与社会生活和接受继续与终身教育都非常必要。

由于知识与能力的分类，委员会避免了与建立在知识基础上的学术课程发生直接冲突。委员会尽管没有直接表露他们的想法，但是这种考虑为能力评估和学术评估的分离奠定了基础。

5.3　关键能力的实施

5.3.1　关键能力融入职业课程

一、关键能力融入课程概述

澳大利亚就业、培训与继续教育部（Department of Employment, Training and Further Education, 简称DETAFE）提出的关键能力项目已经得到政府、产业、学校等各个方面认可，职业院校的教学人员应该主动对关键能力与教育教学的具体课程进行整合。相关研究表明关键能力能否得到良好的发展，与教师的具体教学实践存在紧密关联，良好的课程教学安排有助于学习者关键能力的获得。

因此相关部门有必要找到可行的办法，能够将关键能力整合到职业课程之中。关键能力融入课程之中，其课程所包含的内容主要是围绕关键能力融入课程的设计、提供及评估的各个环节，同时对关键能力在具体教学与培训项目中提供报告。

目前，最受认可的职业课程是通过运用详细指南，说明各课程模块与关键能力之间的关系，在课程中对关键能力进行整合。

二、关键能力融入课程需要处理的问题

将关键能力系统地整合到课程之中，还存在一系列待处理的问题，这些问题可以简要概括为以下几个方面[①]：①课程/模块目标：如果对关键能力进行教学与评估，需要把关键能力作为课程的目标。②课程内容与时间：将关键能力纳入课程范围可能使课程内容不合理地增加、时间不合理地增多。③模块化课程的结构：在开发关键能力的时候，当前使用模块化课程结构可能会遇到一些困难。独立模块课程融入关键能力的教学对学生与老师而言可能都较为困难，模块化的课程目标难于把关键能力融入整体课程内容之中。④关键能力的评估与报告，在这些方面对学生成绩进行评估，相对之前职业能力的评估则更为困难，而且关键能力之前并没有在与课程直接相关的项目/行为中进过描述。⑤关键能力优秀的教学法，鉴于关键能力获得与有效教学之间有很大的关联性，但是相关课程文件中缺乏关键能力的教学方法指导，因而教学者对关键能力的教学处理各自为阵，不利于关键能力的教学。

三、为什么需在课程中确认关键能力

如果关键能力是课程评估的目标，上面提到的问题都可以在课程中进行解决和处理。前面提及的，以及当前使用的并经过认可的大多数课程，在

---

① Dadds V. Teaching and learning the key competencies in vocational education and training：integrating key competencies into vocational courses：developing a course outcome profile[Z]. Department for Employment Training & Further Education，1996.

课程相关的文件中,都对关键能力进行了说明。但这只是课程开发中注意了关键能力,更为重要的是要把关键能力贯穿于课程实践与教学当中。

关键能力整合到课程中主要是为了对关键能力在具体情境中进行宽泛描述,这些宽泛的术语和行为的描述需要与具体职业场景相结合,才有可能影响到关键能力在课程目标、内容和学习过程中的实现。

四、关键能力的记录与说明

关键能力作为课程的确定目标,要对关键能力进行确定,同时有文件记录形式对课程主要能力素质的结果进行记录和说明。记录方式可以在已有的毕业生课程结果中一起加以记录。

五、关键能力作为目标

除了在课程开发中把关键能力作为课程开发的一个目标,关键能力还可以在很多方面成为目标。这些方面包括:所有毕业生在个人关键能力所达到水平的记录;关键能力作为一个参考标准,教师与学习者都可以把这个标准定位在各个课程模块当中;作为教学人员的教学策略之一,关键能力的培养可以放到教学者的教学职责中作为目标之一,等等。

六、如何将关键能力表达为课程目标

将关键能力作为课程目标可以有两种方式。第一种把关键能力独立出来作为一个单独的目标;第二种是把关键能力整合到职业能力之中作为共同目标。这两种方法均有其潜在的不足,第一种方法可能使人认为关键能力是课程的附加项而非整体课程的一部分。第二种方法可能会导致技术技能掩盖了关键能力。不论何种方式,关键能力定义可以来帮助确认是否达到课程目标。

七、关键能力与课程能力标准的关系

课程应该达到目标的说明,必须与相关能力标准的具体能力单元相一致。但是,在许多情况下,毕业生需要完成许多不同的单元。只是列出一系列关键能力素质,这样不可能完全说明课程的能力意图,也不能说明这些能力是如何在工作场所中去应用。因此课程所需要达到的目标,是应该清晰地去说明个体在完成该课程后应该具备什么样的关键能力。

课程最终达到的目标是需要获得各项关键能力，还是具体的职业技能或者技术技能，还是两者都应该获得？课程的目标应该对是各个不同类型的课程进行说明，各个不同类型的课程最终达到的目标是获取什么样的能力或者技能。

八、整合关键能力到课程

如果需要在课程达到的目标中获得关键能力，在课程教学的过程中，和其他能力或者技能一样，需要针对关键能力有详细的教学计划和具体的教学安排。另外关键能力与单纯技术技能不一样，技术技能可以表现在具体工作生产实践中，关键能力的课程目标与工作场合的各个不同方面都息息相关，关键能力也不便于单独进行教授，因而需要将这些关键能力整合到技术技能的相关课程之中，需要深度整合而不是简单涉及。

5.3.2　关键能力融入培训包

产业界和教育界都认为人们具备通用的关键能力重要性，关键能力确保澳大利亚劳动力拥有必要的技能，让人们能有效参与目前和未来不同形式的工作组织形式。

关键能力在1992年的《梅耶报告》中得正式得到官方的确定，之后关键能力不断在职业教育的培训包能力标准和学校课程中得到确认和实施。关键能力中所描述的知识和技能是成功参与工作场所需必备的，通常也是雇主雇佣的一个常用标准，关键能力内化在雇员整体能力之中，具备关键能力能够让人们去适应技术、组织和社会改变。

关键能力是通用的，也就是说和某一特定职业或者产业要求的专门能力不同，关键能力适应于各个工作中，关键能力主要聚焦在把知识和能力整合在工作情景当中。如何整合关键能力起关键性作用。关键能力需要清晰地被开发并应用于职业教育的教学与评估之中，确保灵活性和适应性，以有效地应对澳大利亚工作场所当前与未来的挑战。

因此关键能力不应该只认为是职业能力的额外补充，而需要与职业能力整合，关键能力是学习的一部分，理解这点，对培训包的开发者十分重要，教师在职业教育的教学设计、课程制定、教学过程、教学评价等方面都应该把关键能力整合其中。

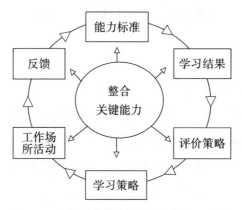

图5-3 关键能力整合到培训包各个环节①

培养技术技能的时候，教学者需要让具体的技术技能在传授过程中，逐步迁移到具体工作情景以及运用到不同的工作场合中。因此，在技术技能传授的过程中，需要有意识并且要思考如何把关键能力融入到培训包教学环节中的各个阶段。

根据上图5-3示例，在培训包开发、传授、学习、评价和反馈等各个环节当中，通过培训包的能力单元，把关键能力整合培训包的各个环节。

5.4 小结

20世纪70年代的两次石油危机，引发了全球性的经济危机，澳大利亚也受到了影响，导致其失业率居高不下，经济增长乏力。20世纪80年代工党开始执政，工党大力发展技术与继续教育（TAFE），把技术与继续教育作为提高国民技能水平、减轻就业压力的重要工具。工党领袖霍克在1983—1991年间担任总理8年，保持了政策的一致性和延续性。另外从20世纪70年代开始，发达国家经济开始向后工业转型，以信息技术为代表的先进科技纷纷运用到社会生产中，对经济发展产生了重大影响。

---

① ANTA. Training package development handbook[M]. Canberra：DEST. 2004. 3.

教育是社会经济和政治的集中反应，1985年国家教育质量委员会、就业与产业关系部等政府部门发布《教育质量报告》《劳动力市场报告》等报告，报告高度重视教育特别是职业教育对经济发展的作用。面对社会经济的变化，人的培养也需要发生变化，政府部门提出了教育需要培养具有通用技能、可迁移技能的报告。这些技能是澳大利亚对技术技能之外技能统称的一种叫法，或者有些人称之为与就业相关技能，或者雇佣技能，澳大利亚对雇佣技能的关注起源于20世纪七八十年代左右，这时候虽然提出了培养通用技能，但是通用技能具体是什么，如何去培养通用技能还没有确定和细化。1991年和1992年关键能力的提出便是劳动者如何获得雇佣的通用技能细化，成为具体的可实施的关键能力，《梅耶报告》提出的关键能力是雇佣技能发展的一个里程碑，梅耶委员会在教育政策方面，就劳动者如何通过教育获得雇佣技能作出了很多探索，提出了关键能力的具体细节，《梅耶报告》中提出关键能力的七个维度，以及如何培养关键能力的建议。政策出台后，关键能力便开始在职业课程与培训包中得以实施。

第六章　可雇佣性技能确立:可雇佣性技能政策的形成、内容及实施

20世纪七八十年代初,工商业界就认为职业教育对学生的就业问题关注太少。西蒙·马金森也指出,工商界一直有这种担忧,即教育过分关注监护人的职责,较少关注就业前的准备。①考虑到教育功能的多样性,这种担忧是不可避免的。但青少年接受全职教育之后,仍然面临高失业率。另外中等学校依据成绩分班的情况也越来越多,这导致教育是否为就业准备的争论进一步加剧。20世纪七八十年代,有人指出学生算术和读写能力在下降,并且认为这种下降是公立学校中奉行平等化和进步性教条的结果。在这些观点的中,企业界人士占据了突出位置。②1986年,澳大利亚商业委员会印发了一份关于商业界对教育看法的调查结果。他们认为,学校应该在以下方面加大投入:工作和职业选择,基本运算技能和读写技能;解决问题和做出决定的能力,与人或权威部门打交道的能力;以及职业技能。③有些人觉得学校太过强调学术性科目,而正是这种对学术性科目的过分强调,弱化了未来职业所需要技能的教育。

20世纪七八十年代,企业界只是提出自己的看法,而这些看法和观点还没有上升到国家教育政策的层面。在此之前企业界很少直接参与到政府教育政策的制定当中。

澳大利亚政府虽然在20世纪90年代初提出了关键能力,但是产业中具体落实效果不明显,产业界也没有完全参与其中。20世纪90年代末,职业培

---

① Husén T. The school in question:a comparative study of the school and its future in Western society[M]. Oxford:Oxford University Press, 1979. 20—21.

②［澳］西蒙·马金森. 澳大利亚教育与公共政策[M]. 杭州:浙江大学出版社,2007.105.

③ Business Council of Australia. Report on Education[R]. Melbourne:BCA. 1986. 10-17

养出来的人才没有达到企业界的需求，同时企业本身也重视自身员工的在职与继续教育，企业开始主动参与到职业教育的研究与调查中，并通过自身的影响力，把他们的需求通过政府直接上升到国家层面的教育政策。企业成为影响职业教育的重要力量，成为政策制定的一个重要推动力量，他们的重点从关注职业教育的标准，逐步转向职业教育能为经济发展提供所需的劳动力，他们也更加注重职业教育对经济发展的贡献。

澳大利亚产业集团在1999年开始提出企业所需可雇佣性技能的初步观点。2002年，《未来所需的可雇佣性技能》报告正式发布，为了进一步推进和落实可雇佣性技能，2004年教育部发布《最终报告：支持可雇佣性技能认证与记录的发展策略》，进一步推进了可雇佣性技能在职业教育领域的落实，报告提出不同利益相关者在可雇佣性技能培养中应该承担的角色。

《未来所需的可雇佣性技能》这一报告中，可雇佣性技能框架包括个人品格和可雇佣性技能。可雇佣性技能包括八项具体技能，与1991年《芬恩报告》和1992年《梅耶报告》中提及的关键能力有些差异。加拿大、英国、新西兰、新加坡、荷兰、法国、德国、美国等一系列国家都提出类似的可雇佣性技能列表。这些国家都认为这些核心技能，在确保劳动力进入就业和维持就业方面起核心作用。澳大利亚可雇佣性技能列表比较突出，因为它不只是关注一些基本的技能，而是把这些技能内蕴在主要技能的列表之中。

本章主要探讨的问题为：澳大利亚产业界是如何把自己政策建议上升为国家政策？可雇佣性技能政策的具体内容是什么？可雇佣性技能如何融入培训包？

6.1 《未来所需的可雇佣性技能》报告

6.1.1 《未来所需的可雇佣性技能》出台背景

20世纪七八十年代起，工商业界认为教育对就业的关注太少，也有人开始指出学生在读写能力和数学能力下降，这些观点中以商业人士居多。1986年，澳大利亚商业委员会印发了一份关于商业界对教育看法的调查结果。对这次调查做出回应的人士认为，学校应该加强培养学生以下能力：工作和职业选择；基本运算技能和读写技能；解决问题和做出决定的能力，与人或权威部门打交道的能力；以及职业技能。

近年来，关于年轻人应该具备怎么样的技能，社会一直存在广泛争议，究竟需要何种技能才能为未来就业和继续学习做好准备？企业认为个人除了具备特定工作技能、或者相关的技术技能之外，还应具备一些关键的可雇佣性技能。企业认为随着时代的改变，必备的技术和专门工作技能也在不断变化，但是更加重要的是那些持续更新的、加以应用的核心或通用可雇佣性技能，这些技能能够在不同情境下进行转变。企业普遍认同未来的劳动者需要一系列技能，这样可以为他们的就业和继续学习做好准备，个人的可雇佣性也需要具备一套相关的技能。然而这些技能到底是什么，澳大利亚产业界对此还不是很清楚，因此有必要对这个问题进行研究。

作为生产一线的企业，需要适应社会发展、减少成本开支、提高生产效率和开发新市场（新的产品和服务）。企业招聘和培训更多地受到商业目标的影响，在这种背景下，企业希望他们招到的员工，能够提升企业的竞争力、创新力，同时适应能力强，并能够做到以顾客为中心。因此企业对高技能劳动力的需求不断增长，他们希望雇员具有比较全面的通用或可迁移技能。20世纪90年代提出了关键能力，把关键能力融入教育特别是职业教育之中，然而关键能力中只有少数部分产生实际作用，如何具体落实到产业中仍不明确，缺乏联系统一的措施，尤其是产业界并未完全参与。

下列问题的存在，使可雇佣性技能提上议事日程：首先，产业界对教育特别是职业教育培养出劳动者不是特别满意；其次，劳动者具备更为多元的技能才能适应经济社会的发展，但是具体是什么样的技能，澳大利亚产业界对这一问题也不是特别明确；最后，澳大利亚政府虽然在20世纪90年代提出了关键能力，但是产业中具体落实效果不明显，产业界也没有完全参与其中。这些问题存在，代表产业界利益集团的社会团体，他们主导了相关研究，从企业的角度，提出对劳动者技能要求，以满足产业发展的需要。

1999年，澳大利亚产业联盟委托艾伦咨询集团对350家企业进行调查，重点调查雇主认为哪些技能是获得雇佣所必备的，主要了解在特定企业（产业）、特定工作岗位对雇员所需的技术技能及其他技能。

表6-1　澳大利亚企业联盟调查得出企业需要的技能①

通用核心或基础技能	沟通和人际关系技能	个人品格
读写	沟通	学习能力
数学	团队精神	乐意接受改变
信息技术能力	顾客至上	独立解决问题和推理能力
了解不同体系之间关系	项目和人力资源管理	可操作性与商业导向

2001年，由澳大利亚商业委员会、澳大利亚工商总会两个团体主导，牵头负责未来劳动者需要什么技能的调查项目，该调查项目也受到澳大利亚教育、科学与培训部和澳大利亚国际培训署的资助。同时参与调研的还有澳大利亚产业联盟，以及来自澳大利亚不同行业的集团合作伙伴。在产业培训方面，澳大利亚产业联盟与不同行业联盟一直都有合作，在过去十多年中一直在为培训改革而努力。这次，澳大利亚产业联盟联合他们的成员（这些成员来自不同行业，包括制造业、建筑行业和服务行业，还包括信息技术产业和通信业等不同行业部门），共同承担这个项目。

澳大利亚商业委员会（BCA）是一个产业联合协会，该委员会成立于1983年，总部设在墨尔本，其成员为澳大利亚100多家最大企业的首席执行官。澳大利亚商业委员会举办澳大利亚商业领袖论坛，直接为公共政策提供参考意见，参与起草和发起经济和教育等领域的讨论与改革。②委员会下面设有四个政策制定委员会，主要聚焦政策发展的重点领域。其中有一个委员会是劳动力市场、技能和教育委员会（Labour market, Skills and Education Committee）。

澳大利亚工商总会（Australian Chamber of Commerce and Industry, ACCI）是国内历史最长、规模最大的工商业组织，同时也是国际商会的成员。工商

---

① Group A I. Training to Compete: the Training Needs of Industry: Report to the Australian Industry Group[R]. Australian Industry Group, 2000. 31.

② BCA. About-us[EB/OL] . http://www.bca.com.au/about-us. 2015-10-15.

总会主要代表工商企业和雇主的利益。[①]该会在全澳8个州(区)均有分会，会员企业超过35万。其主要职责是在澳大利亚联邦层面和国际层面为澳大利亚的工商企业代言，开展有关政策研究活动，促进工商企业更好的发展。澳大利亚工商总会在经济、贸易、劳资关系、工作安全与健康、就业、教育和培训等领域影响政府政策制定。

澳大利亚企业家通常通过联盟方式形成不同的社会团体或组织，如澳大利亚工商总会、澳大利亚商业理事会、澳大利亚产业联盟(Australian Industry Group)等都是澳大利亚比较知名的企业社会团体。这些代表产业集团利益的团体，都强调了劳动者非技术技能的重要性。劳动者具备这些技能，可以提升企业的生产效率，这些团体把自己的在教育方面的意见和政策建议，提供给政府和教育部门。

报告由澳大利亚商业委员会、澳大利亚工商总会主导，由他们负责成立了联合调查项目小组。另外参与报告起草委员会还有来自其他团体的成员，成员包括了来自澳大利亚产业联盟、澳大利亚国家培训局、国家职业教育研究中心、国家农业联盟等团体，这些成员组成了未来可雇佣性技能参考小组(The Employability Skills for the Future Reference Group)，他们对这个项目提出了来自不同部门的看法和评价，小组的代表观点在最终报告中有所体现。

调查报告也得到澳大利亚教育研究委员会的支持，委员会负责起草文献综述，并且负责帮助完成初稿的撰写。澳大利亚教育研究委员会(Australian Council for Educational Research，简称ACER)也对企业所关注的通用可雇佣性技能进行评论，他们关注点主要包括：在国际竞争、工作场所通用可雇佣性技能对工人高水平的表现起着至关重要的作用；这些技能在招聘的时候要加以关注，通过培训可以拓展这些技能；对这些技能进行确认和定义；教育和培训中有意识地引导这些技能的发展；负责这些技能的持续更新。

---

① ACCI. Who we are[EB/OL]. https://www.acci.asn.au/who-we-are-0. 2015-10-15.

在实地调查中，报告所涉及的案例得到了众多大型企业支持；报告还得到许多不同的教育服务机构的帮助，他们协助完成了对特定人群以及众多中小企业的访谈。

联合调查项目小组进行了团体与个人的访谈。其中调查与访谈的抽样包括28个中小型企业（少于200名员工），大型企业9个（超过200员工），其中超过1 000名员工的大型企业3个。企业来源于不同产业，地理位置也包括大都市、地区及郊区各个地方。访谈采用标准化开放式问卷，从以下角度来分析企业的观点：企业眼中的工作的变化；工作场所需要技能的推断；可雇佣性技能的开发、处理、评估；教育部门如何在培养可雇佣性技能中发挥更加积极的作用。

另外，调查小组还专门对13个企业做了个案研究。这13个企业来自都市和郊区，包括对各个产业部门，并对企业的核心管理部门的高级经理进行访谈，来获得各个企业认为哪些可雇佣性技能是个人需要必备的，以及可雇佣性技能该如何培养和评估，了解在他们眼中教育机构应该如何在可雇佣性技能培养上发挥更加积极的作用。通过初始研究，项目小组出台可雇佣性技能框架，通过澳大利亚工商总会，在其他150个企业中进行测试，让企业来确定他们是否赞同这个框架。

澳大利亚工商总会（ACCI）与澳大利亚商业理事会（BCA）把初步报告提供给澳大利亚教育、科学与培训部。报告提供的研究成果，主要是从企业的视角为未来提出了可雇佣性技能的框架。在对澳大利亚大、中、小各个类型的企业联合调查的基础上，澳大利亚工商总会与澳大利亚商业理事会联合调查项目小组从相关各个产业得出具有代表性的结果，并综合各个不同方面的调查与研究结果，在此基础上提出发展的可雇佣性技能框架。

工商业团体作为以产业、企业经营者或者说以雇佣界为代表的利益集团的代表，提出产业、企业对劳动者能力的要求，并运用自身的政治影响力，将这种要求上升到至少部分上升为国家技能政策。

从2001年开始，澳大利亚工商总会与澳大利亚商业理事会，对澳大利亚大量不同类型的大、中、小型企业的雇主展开调查，根据调查结果，于2002年完成了《未来所需的可雇佣性技能》(*Employability Skills for the Future*)这份报告。报告提交给澳大利亚给教育、科技与培训部,经过审核,报告最终得到肯定之后,澳大利亚教育、科技与培训部正式发布。

6.1.2 《未来所需的可雇佣性技能》内容

6.1.2.1 政策报告中相关术语的界定

"技能"通常被理解为:有能力对某一具体任务的操作(澳大利亚教育研究委员会(ACER)的观点认为技能通常是指操作某一具体任务的能力)。

"能力"指在操作某一具体层次任务可以观察到的行为,因而通常以行为表现作为评价的基础。

"品质"(素养、特性),这些术语通常指所需的个人能力,与工作场所需要的个人"性格"相近。

该调查报告通常使用企业的技能术语,其定义比一些文献综述中的类似术语的含义更为广泛。除了工作所需要的技术技能和特定工作技能,就业同样需要其他的通用技能,为了把两者相区分开,项目中工作小组使用了一套工作术语,并做了定义。可雇佣性技能定义中不包括阅读与数学技能。[①]

可雇佣性技能定义为:可雇佣性技能是指那些不仅能获得就业的技能,同时也能让个人在岗位中不断发展、实现自身潜能、并能为企业发展做出贡献的技能。[②]

6.1.2.2 可雇佣性技能项目的预期目标

澳大利亚教育、科学与培训部委员会提供的建议认为,1992年虽然在《梅耶报告》中提出关键能力,但是随着形势的变化,产业部门在通用可雇佣性技能方面有新的要求。澳大利亚产业部门提出的"可雇佣性技能"给出清晰的定义,并确保各种类似术语间的延续性;另外提出可雇佣性技能一套体

---

① Bowman, K. Background paper for the AQF Council on generic skills[EB/OL]. http://www.aqf.edu.au/Portals/0/Documents/Generic%20skills%20background%20paper%20FINAL. 2015-8-9.

② DEST. Employability Skills for the Future[R]. Commonwealth Department of Education, Science and Training, Canberra. 2012. 3.

系，大致的框架应该包括评估、认证、可选择的既能适应产业又能适应教育领域的相关报告；产业（包括大中小各个类型的企业）参与对可雇佣性技能报告方案的调查与反馈，报告中的案例调查包括13家大型企业，也包括了众多中小企业。

澳大利亚教育、科学与培训部也与其他相关政府研究机构和政策发展部门寻求建议和信息。教育、科学与培训部项目委员会给出的建议包括：自《梅耶报告》提出关键能力以来，产业集团目前以及今后所需有所改变，对通用可雇佣性能力方面提出一些新需求；对澳大利亚产业部门提出"可雇佣性技能"给予清晰的定义，并保持连续性，否则容易和其他类似的术语混淆；提出可雇佣性技能的整体方案，包括评价体系、证书、操作报告等大概框架，并且能够同时适用于教育与产业两个部门；征询大、中、小型各种不同类型企业对可雇佣性方案和报告的意见。

6.1.2.3 可雇佣性技能框架

可雇佣性技能框架的开发，是建立在调查众多企业观点之上形成的。调查访谈的企业中，既包含大型企业的企业家，也包括中小企业的管理者，既包括拥有1000名以上雇员的企业，也包括只有2—3个雇员的企业。

报告中采用系列通用的专业术语，这样以便让大家更好的理解可雇佣性技能框架以及企业的观点，下面提供了相关术语的解析。

表6-2 可雇佣性技能框架中核心术语[①]

术语	对术语的解释
个人品质	用来描述非技术或专门技能，雇主认为个人的行为和态度的术语，个人品质和可雇佣性技能以及具体工作和技术技能同样重要
技能	描述个人能力的术语，技能代替过去的能力。企业家运用技能避免和其他之前使用的能力术语相混淆
要素	技能下面具体的各个方面，在不同的工作中，各个要素运用过程中，个要素间的综合、优先都不一样。各个要素反应了雇主的期望，各个层面的复杂性和运用主要取决于工作程度和具体要求

---

① DEST. Employability Skills for the Future[R]. Canberra：Commonwealth Department of Education，Science and Training. 2002. 3.

可雇佣性技能框架的个人品质主要包括：忠诚、守信、诚实与正直、热情、可靠、职业形象、具备常识、自尊、幽默感、平衡家庭与工作、压力处理能力、积极、适应性。企业家们把这些个人品质也看作是可雇佣性技能框架中一项新的必备元素，个人品格和具体的八项技能构成了可雇佣性。

在整个可雇佣性技能框架中，关键性特点包括：可雇佣性技能框架是通过对企业的调查研究，根据雇主观点而形成，同时是建立在《梅耶报告》中关键能力的基础上；雇主认同并整合了《梅耶报告》中关键能力中的工作与技能；雇主认为个人品格非常重要，也是可雇佣性技能整体体系中的一部分，个人品格有助于可雇佣性。所有企业都认为，可雇佣性技能与个人能获得就业的技术技能一样，都非常重要；可雇佣性具有关键作用的技能包含在各个产业中，其所包含的元素在各个产业与工作场所环境中，并发挥着重要作用。

可雇佣性技能的重点（相关的元素）在各自的工作场合中，不同的企业，其侧重点也有所不同。可雇佣性技能与具体工作技能和技术技能相关。可雇佣性技能被认为是雇员入职所需要具备的技能。企业认为，员工具备的技能元素及水平，因工作类型和分类要求而异。所有人都公认终身学习对技能的发展和适应社会变化非常重要。与其他研究发现相比，企业对领导力的观点有所差异。有些企业认为，框架中的技能其实包含了雇员的领导力。顾客服务的能力并不是和技能相分离，而是整合于个体的一系列技能之中，如沟通和问题解决。在访谈中，受访者认为可雇佣性技能应该被应用于更广泛的范围，如在社区活动中，可雇佣性技能对个人能否成为积极参与者也十分重要。

个人品质和可雇佣性技能两者组成了可雇佣性技能框架，两者综合起来构成了个人的可雇佣性。而可雇佣性技能是可雇佣性框架中的核心部分，可雇佣性技能包括八项具体技能。

表6-3　可雇佣性技能中八项核心技能及作用[①]

技能	作用
沟通技能	构建员工与顾客之间高效与和谐关系
团队合作技能	形成高效工作环境与产出
问题解决技能	促进高效成果的产出
主动和创业技能	促进创新性成果的产出
计划与管理技能	用于长远和近期规划
自我管理技能	帮助员工的满意度与成长
学习技能	改进和提升雇员与公司的合作与产出
技术运用技能	促进任务的高效执行

可雇佣性技能包含的技能，即沟通技能、团队合作技能、问题解决技能、主动和创业技能、计划与管理技能、自我管理技能、学习技能、技术运用技能等八项技能，在报告中，这些每个具体技能又被划分为更为细小的元素，每个技能下面都包括各技能相对应的元素，这样使可雇佣性技能更加具体化。

表6-4　可雇佣性技能八项具体技能的各个元素[②]

技能	表现点：技能的具体方面，雇主们认为重要的具体方面，没有优先，根据不同工作重点不同
沟通技能	聆听与理解，清楚与直接的表达，根据目标对象进行写作，积极协商，独立阅读，同理心，高效运用数字，了解内部和外部顾客的需求，有效建议，建立并使用关系网，判断力，分享信息，能使用英语之外的语言进行沟通和写作
团队合作技能	能够与不同年龄、性别、种族、宗教与政治信仰的人一起工作，既可以个人独立也可以团队合作工作，知道在团队中如何定位自己的角色，在不同的情景中能运用团队工作技能，作出针对问题解决中的可能出现危机的预先规划，能识别团队成员的优势之处，辅导、监督并给出反馈
问题解决技能	采用创造性、创新性的方法；采用可操作性的办法；认定和解决问题时展示独立性与主动性；团队共同解决问题；运用一系列策略去解决问题；解决问题时能运用数学知识，包括预算和财政管理；跨领域多范围运用解决问题的策略；假设测试的时候，应该把相关数据和背景因素一起加以考虑；解决复杂问题时考虑顾客利益

① DEST. Employability Skills for the Future[R]. Canberra :Commonwealth Department of Education，Science and Training. 2012.8

② DEST. Employability Skills for the Future[R]. Canberra :Commonwealth Department of Education，Science and Training. 2012.8

续表

主动和创业技能	能适应新的环境,拥有策略性、创造性和长远的视野,拥有创造力,能发现他人没有关注、不明显的机遇,把理念付诸于行动,形成多个可选方案,提出革新性的解决办法
计划与管理技能	安排好时间与优先顺序,设定最终时限,自己与他人协同完成任务;随机应变;采取主动并做出决定;资源分配的时候要考虑突发事件;能分配人力与其他资源完成任务;计划资源的使用,需要考虑时间管理;连续不断的改进与策划和步骤;有远见、前瞻的规划;预测并考虑风险,评估选择性方案;运用评估标准;收集、分析与管理信息;了解基本的商业系统及内在联系
自我管理技能	拥有个人的远见与目标,评估并检测自我表现,对自己的想法和观点有认知并拥有自信,清晰表达自己想法和观点,承担责任
学习技能	自我学习管理;为学习型社区和工作场所而努力;运用多种媒介进行学习——包括导师,同伴之间的帮助;网络、信息技术的课程;把学习应用到"技术"的问题(如产品)以及"人"的问题(工作中的交流与文化);对继续学习抱有热情;任何情境下都主动学习——不论在职与否;对新的观点和技术持开放态度;准备好投入时间与精力去学习新的技能;需要不断学习去适应社会变化
技术运用技能	拥有基本的信息技术(Information Technology,简称为IT)技能;把IT作为管理工具;运用IT管理数据;主动学习新的IT技能;拥有职业健康与安全知识;能够运用技术;拥有健康的身体能力

在讨论可雇佣性技能的时候,除了关注可雇佣性技能的观点之外,还特别需要注意的是,不能将可雇佣性技能与澳大利亚教育与培训机构相脱离。

在普通学校领域,联邦政府、州与领地相关部委机构签订协议,要求在全国普通学校课程中扩大职业教育项目,即目标主要是让学校系统,包括学生、教师和父母等共同努力,推进可雇佣性技能的培养。同时扩大教育途径,除了普通学校之外,社区教育也被纳入其中;在职业教育领域,让具体产业参与其中。

负责职业教育与培训机构的澳大利亚职业培训局,之前负责实施《梅耶报告》在国家培训框架中把关键能力融入培训包的相关政策和方法,以及在培训包的指导方案中负责能力标准开发和相关评价。国家培训局对培训包的能力标准将继续改进,将确认在培训包当中融入可雇佣性技能,以可雇佣性技能代替关键能力。

职业教育相关研究机构也加入政策框架中,澳大利亚职业教育研究中心也参与管理,他们完成的一个可雇佣性技能相关项目,主要是关于职业教育中通用技能核心所在方面的研究。

6.1.2.4　可雇佣性技能的开发与评价方法

大中小企业都希望普通教育、职业教育、高等院校能为他们毕业生可雇佣性技能的发展做出贡献,至于发展的程度,根据特定部门和提供教育与培训机构层次而有所差异。

在小组讨论中,中小企业非常期望当地学校的课程能包含可雇佣性技能,为毕业生的就业提供支持。企业也非常期望他们能加强与当地学校的联系,能为产业相关课程的开发提供帮助。

众多的大中小型企业也认识到,职业教育近年来在方法和表现上都有巨大变化,一些中小型企业指出,当地的技术与继续教育(TAFE)越来越灵活,但是技术与继续教育还是将重心放在课堂里,他们认为技术与继续教育课堂之外的学习也需要进一步加强。参与调查的大多数企业家认为,教室与工作场所获得的技能有所不同,单纯只在教室里面接受教育,很难去培养学生的可雇佣性技能。他们建议学生应该参与工作场所的实践,让他们在真实的工作情景中去培养可雇佣性技能。

相对比较容易评价的知识和具体技术技能,学生的可雇佣性技能的水平和范围比较难界定。教育与培训提供者需要为毕业生和雇主在可雇佣性技能的发展上提供支持。

在可雇佣性技能培养方面,企业通常采用的方法包括以下方面[①]:企业内部对员工在技能、品格和责任模式等有具体要求;员工及其主管在关键领域和策略性目标上达成一致,也要求获得相关技能去达成这些目标;当员工与要求的技能差距很明显时,需要进行相关培训,并要具体实施和监督;员工与经理需要定期去评价他们在关键领域技能发展所取得的进展;开展项

---

① DEST. Employability Skills for the Future[R]. Commonwealth Department of Education, Science and Training, Canberra.2012. 52.

目工作;参与在线兴趣小组;来自不同背景的顾客与同事进行沟通和工作;在不同工种、工作领域工作,或者与其他产业部门一起工作;根据学习材料进行有组织的实习;通过注册培训机构进行培训;参加技术研讨和培训会,鼓励员工承担创新项目,在实践学习活动中拓展他们通用技能的水平;鼓励通过电话和网络向海外同事学习;自己通过可获得的多种手段(在线、CD-ROM、音频、视频等方式)进行学习;从公司的在线知识库中学习;提供辅导与指导。

可雇佣性技能的评价方法。如何对刚入职员工和在职员工的可雇佣性技能水平进行评价。企业家们强调了评价的必要性,并考虑采取何种评价手段来进行测量。无论何种类型的企业,企业管理者们都表示,当招募新员工的时候,他们都会侧重去评价应聘者的技能及应聘者的一些性格特征。另外在评价的时候,他们不仅仅只是根据应聘者的毕业证书或者资格证书,而是采取多种评价方式去评估应聘者的技能,可以采用一些策略去判断雇员在不同技能领域的表现。下表是企业常用的一些评价方法。

表6-5 可雇佣性技能评价方式

评价领域	评价的具体表现和方法
个人品格	非正式面对面沟通,正式面试,通常不止一人面试,初始的电话沟通,工作经历报告,学校和培训报告所能展示的能力和成就,之前雇主和社区其他人的评价
沟通技能与团体合作技能	参与社区活动及其他课外活动的相关证明,学校项目(工作)的代表性活动或者作品,学校管理者及前任雇主的评价,社区成员的相关证明书,正式面试表现
问题解决技能与主动和创业技能	之前工作经历,相关教育证书和学习课程,兴趣、个人经历、教育,公司的试用
计划与管理技能、自我管理技能、学习技能与技术运用技能	参与的社会活动,推荐函,之前的工作经历,专业发展经历/规划,未来目标与理想,通常的兴趣爱好

所有的大型企业和大部分中小型企业,他们对技能的测评在申请工作的时候就已经开始了。大部分企业家表明,面试是非常重要的一个环节。他们使用开放式、判断行为等面试技巧,来评判应试者的品格与技能。包含相关问题的面试技巧案例如下:

表6-6 评价采用的问题案例

需要评价的技能	可能采用的问题
帮助他人发展技能	描述你为他人提供建议的经历? 你帮助谁去发展他的技能?
团队建设技能	你是如何进行团队建设的? 你是如何处理团队困难问题的经历? 你是如何解决这些困难?

有些大型企业采用更多的方式来评价雇员的态度和其他一些品格。大型企业在评价员工的技能发展时,通常使用个人表现管理系统,各个企业间评价工具也不尽相同,主要包含以下:技能与表现评价;在线项目评价;面对面培训项目评价;日志与观察反馈;相关个人事实文件;辅导和指导者的反馈。

在中小型企业,相对大型企业表现的管理系统,可雇佣性技能的评价方法不是那么正式。主要工具包括:观察员的工日常表现,工作场所的上级、同事、指导者和在线辅导给出的反馈,自我评价,在职业教育机构和大学脱产培训中的表现,填写工作日志以及完成公司设定的任务。

6.2 《最终报告:支持可雇佣性技能认证与记录的发展策略》

6.2.1 报告的出台背景

2002年虽然提出了可雇佣性技能,但是还有以下需要解决的问题。澳大利亚企业和工人的工厂场所正面对知识经济和全球化的挑战,正如调查项目中所提及,各个不同利益群体都观察到,大量研究和观点证明,过去在工作中一些不被重视的技能和能力,现在变得越来越为重要,这些技能如沟通技能、知识创新技能、自我管理技能等等,其他大多数经济发达国家都注重这一类技能的培养。特别是在职业教育领域,如何培养可雇佣性还需要深入探讨和解决。

为了能成功地发展可雇佣性技能,广义的教育目标以及不同层次的教育部门如何去认识和标明具体可雇佣性技能,需要达成共识。过去在不同的教育层次中,通用的技能发展一直比较模糊,现在逐渐变的清晰起来。在正规的教育体系之外,对这些通用技能的认识也在不断加深,但是还是不够清晰和全面,这个项目正是去探索可雇佣性技能如何变得更加清晰,探索如何让可雇佣性技能不论对个体还是对企业都有价值,同时也不给那些教育与培训机构增加额外负担。

职业教育机构已经做了不少工作,相关机构正在采用不同办法,把可雇佣性技能融入培训包之中,这样可雇佣性技能将和其他技能一样,可以在不同层次进行教学与评估。可雇佣性技能是一组技能,不同的情境中,可雇佣性技能具体的案例各异,因此要根据具体运用场合决定,对这些技能的精确描述,在开发和运用可雇佣性技能的时候,如何在特定场景根据实际情况需要,对可雇佣性技能的各个不同具体技能进行裁剪来达到要求。这些问题都是需要解决和探讨。2002年的报告中正式提出可雇佣性技能的框架,如何把可雇佣性技能融入教育特别是职业教育的课程与教学当中是目前迫切需要解决的问题。

正是存在上述问题,在2002年3月《未来所需的可雇佣性技能》报告正式提出后,教育、就业、培训及青年事务部长委员会(The Ministerial Council on Education, Employment, Training and Youth Affairs,简称为MCEETYA)在2002年7月份通过协调努力,决定制定涵盖普通学校、职业教育和高等教育各个不同层次的可雇佣性技能,同时要求澳大利亚国家培训署(ANTA)协调各个部门,共同制定可雇佣性技能的评估与执行方法。

澳大利亚教育、就业、培训及青年事务部长委员会、澳大利亚教育、科学与培训部、澳大利亚国际培训局三个政府机构都认可了2002年由澳大利亚商业委员会和澳大利亚工商总会提出的《未来所需的可雇佣性技能报告》,政府部门进一步落实可雇佣性技能,在政治目标上达成共识。经过会议的协商讨论,澳大利亚中央政府、州领地政府教育部部长达成以下一致观点:赞同《未来所需的可雇佣性技能》报告中提出的八个技能群,可雇佣性技能中所包含的技能,有助于年轻人从学校成功过渡到工作。

2002年8月,在澳大利亚国际培训署在教育、就业、培训及青年事务部长委员会的推荐下,成立跨部门的可雇佣性技能工作小组,主要寻找可雇佣性技能如何落实,以及支持可雇佣性技能认证与记录的发展策略

2003年9月,澳大利亚教育、科学与培训部负责这个项目的管理,并进行

公开投标，招募更多的成员加入项目之中。2004年3月，澳大利亚教育、科学与培训部与艾伦咨询集团，联合澳大利亚国际职业教育研究中心（NCVER），共同承担了开发众人所能认同和认定的可雇佣性技能的方法。

可雇佣性技能工作小组对相关领域进行深入研究，考虑相关利益者的观点，开发一个大家所认可的、有价值、可运用的可雇佣性技能模式。这一模式有机会提供可操作的方法，让可雇佣性技能在各个教育层面得到应用，并贯彻于终身学习。可雇佣性技能的结果可被利用的领域包括普通学校，职业教育，高等教育，还包括广义的社区以及相关的工作场所。因此，可雇佣性技能模型可以跨越不同部门进行认可，政府部门希望通过并出台相关通用可行的办法，来掌握个人的可雇佣性技能相关记录，他们的成果形成了《支持可雇佣性技能认证与记录的发展策略》的初步报告。

教育、科学与培训部与学校到工作过渡特别工作组，以及其他利益相关者，共同开展工作，采用什么样的策略，把可雇佣性技能实施贯彻到教育教学之中，包括可雇佣性技能的可行评价与记录模式等，这份报告也符合政府部门的需求，经过澳大利亚教育、科学与培训部认可之后，《最终报告：支持可雇佣性技能认证与记录的发展策略》正式发布。

澳大利亚教育委员会把可雇佣性技能框架作为参考，确定在开发"通用与跨学科能力与理解力"的国家教学目标时，把可雇佣性技能整合其中。国家培训质量委员会研究职业教育中实施可雇佣性技能议题，寻找可雇佣性在职业教育中具体的实施策略。

6.2.2 报告的具体内容

6.2.2.1 项目的背景、方法、及意义

本项目确定了可雇佣性技能认可和记录模式的三个关键性特点，从而方便执行，也促进在更广范围内去了解可雇佣性技能的框架。这三个特点为[①]：

---

① DEST. Final Report:Development of a Strategy to Support the Universal Recognition and Recording of Employability Skills [R]. Australian Government. 2004. 1.

（1）采纳了《未来所需的可雇佣性技能报告》有关可雇佣性技能的定义，并采用可雇佣性技能的八大技能的分类。

（2）非规定性的方法去获得可雇佣性技能模型框架中技能元素。

（3）获得可雇佣性技能的途径需要便于操作，而且适用于个体。

本项目主要采用的方法中，对各个不同利益相关者的咨询至关重要，来自各个不同团体的代表都提交相关建议和评论，包括书面材料和口头记录。项目咨询团体主要来自澳大利亚中央政府和州政府的相关部门和机构、澳大利亚产业联盟、教育机构和社区。

根据澳大利亚工商总会和澳大利亚商业理事会对雇主调查研究所得出的观点，本项目采用可雇佣性技能框架中对可雇佣性技能所使用的定义，《未来所需的可雇佣性技能》报告中，可雇佣性技能定义为：可雇佣性技能是指那些不仅能获得就业的技能，同时也能让个人在岗位中不断发展、实现自身潜能、并能为企业发展做出贡献的技能。

可雇佣性技能的定义可运用而且比较简洁，但是需要注意的是，在比较广义的背景下，我们对可雇佣性技能的发展及其相关方面需要有以下认识：不管是个人在岗还是失业、自我创业、参与正规的教育和社区活动，可雇佣性技能贯穿于人一生的各个方面。越来越多的人在变换工作，这可能贯穿于他们一生所从事的职业中，可雇佣性技能不只是包括成功地在企业工作，而是与人的一生发展和成功都息息相关。不论员工的年龄和经历，可雇佣性技能与他们相连，同时包括那些还在寻找工作的人群。

可雇佣性技能和其他通用技能，都可以通过正式或非正式的多种学习渠道获得。在教育培训机构和工作场所都能习得。这些技能在其他一些情景中也可以形成，如家庭、各项社会活动，包括体育或者闲暇活动、参与义务工作等。澳大利亚教育体系中技能的形成与发展，主要通过中小学、职业教育、成人社区教育和高等教育等教育机构完成。

报告中，澳大利亚国家职业教育研究中心根据综述评论，可从以下五大部分关注可雇佣性技能：可雇佣性技能的概念界定；可雇佣性技能的培养；可雇佣性技能的展现；可雇佣性技能的评估；可雇佣性技能组合的适应与设计原则。

可雇佣技能框架可以作为个人的一个工具，帮助他们发展终生的职业道路，可雇佣技能框架能帮助个人在教育和工作中有意识的去提供自身所需的技能，特别是工作中所需要的技能。企业也能通过可雇佣性技能的框架，通过具体任务去了解潜在员工的一些通用型技能，除了雇员已有的学术表现和具体职业技能，可雇佣性技能的详细信息可以给他们提供了一个信息导航，对新员工的招聘、现有员工的培养都具有现实意义。

6.2.2.2 利益相关者的角色及职业教育的重点

不同利益相关者在可雇佣性技能的培养中都起着重要作用。在可雇佣性技能框架的认可和标识模式中，大家通常认为个人扮演这中心角色。然而，许多不同的观点认为，外部不同利益相关者都应该别加入，以便更好支持可雇佣性技能的发展。通常的观点是，首先可雇佣性技能所包含元素达成一致性共识，才能给个体提供各个方面的支持去帮助他们发展，另外政府和教育培训机构在培养八项可雇佣性技能方面需要发挥主要作用。

可雇佣性技能的发展应该贯穿于个人生命的各个阶段，个人要为自己可雇佣性技能的发展负主要责任，并寻求最适合自身发展的方式。全国论坛上达成的一致观点是，个人是自己可雇佣性技能的"自我文件夹"，文件夹需要对自己的可雇佣性技能负责并管理自我信息，知道如何展示信息以及向谁去展示。在这一方法中，个人需要获得相关的帮助，让他们自己知道技能，以及如何去培养这些技能，并对这些技能做记录。

雇主在可雇佣性技能发展中扮演重要角色。雇主在实际工作中看重可雇佣性技能，雇主对于可雇佣性技能框架的支持，对其可雇佣性技能成功实施和行动非常关键。雇主对可雇佣性技能包含的内容必须十分了解，在招聘和促进相关行动中，雇主对可雇佣性技能的理解和价值判断必须清晰。需要明确的是，雇主在招聘广告、面试和员工的后续发展中，他们都能够使用可雇佣性技能的相关术语。在提升雇主的角色关系中，一个特定问题需要注意的是，他们如何使用个人文件夹的信息来用于用人决策，这些文件夹可能包含自我评价信息和被认证过的个人信息。

　　教育与培训机构在可雇佣性技能发展中发挥重要作用。可雇佣性技能应该被融入到不同教育层次的课程之中，来自不同部门普遍反映的观点表明，这点并没有在各级教育机构普遍实施。大家都认为，当前没有什么有效的模式可以采用，应该进一步发展典型的可雇佣性技能教育模式，这样让更多的教育和培训机构能够采用，教育培训机构在可雇佣性技能的发展中起到关键性的支撑作用。另一个观点是，把可雇佣性技能的八个部分都合并到所有课程的规划中。

　　虽然大家都认同，个人对可雇佣性技能的材料的收集、组织和提供证明负主要责任，但这些方法对学生来说都需要通过培训获得相关支持，同时课程中也需要包含可雇佣性技能的内容。教学工作人员是否能够承担这些额外的责任，或是重新考虑教学的优先性。可雇佣性技能文件夹的有效性也是一个问题。对于何种证据会被就业所采用，或者是学习安排都存在很多问题。对于技能的评估标准也被视为是可能为教育者增加额外负担的一个问题。

　　对于教育工作者来说，能够把可雇佣性技能明确运用到教学以及正式评估中，这对他们职业的发展也很重要。另外的观点是一个优秀的教师应该能够结合可雇佣性技能进行评价。

　　职业咨询从业者在可雇佣性技能发展中也扮演重要角色。职业咨询从业者在提高个人对于可雇佣性技能重要性的认识上，以及帮助个人对于可雇佣性技能的反思和展示，都起着非常重要的作用。在学校，职业咨询服务帮助学生进行思考及提供咨询，为毕业生的性格发展和可雇佣性技能的发展提供帮助。学校的职业教育人员承担着全方位的教育活动，协助学生职业生涯管理技能的发展。大家普遍认为，职业生涯咨询些活动，可以起很好的协调作用，但他们还需要来自政府的支持和相关机构帮助来实现。

　　社区服务人员与机构在可雇佣性技能发展也有重要作用。社区服务人员在协助开发可雇佣性技能方面，帮助社区成员去了解可雇佣性技能模式，以及帮助受助者熟悉及使用这种技能模式。可雇佣性技能文件夹对于脱离正规的教育或培训人士、以及正处于就业的人来说十分有用。社区服务人员促进了可雇佣性技能组合的使用，把可雇佣性技能培训作为一种工具提供给需要的人。一些社区组织为自我发展提供了结构化的活动机会。由这些组织提供的活动通常关注开发通用的可雇佣性技能。社区组织能明确他们的活动与可雇佣性技能之间的联系，同时鼓励活动参与者在发展及维护可雇佣性技能组合的过程中反思这种联系。

政府在可雇佣性技能发展中起关键性作用。政府的第一个任务是在不同的利益相关者中，达成可雇佣性技能重要性的共识，并为可雇佣性技能的8个具体技能确定统一的术语；另外政府需要扮演的角色，是在各个利益相关者当中提升可雇佣性技能重要性的认识。其次，准备和提供可雇佣性技能具体实践的支持材料也是政府的功能之一。

在职业教育领域，更多关注的是如何去落实企业认定的可雇佣性技能，在雇主作为导向性的体系里面，这点也很正常。但是这个领域当前的很多活动、都主要集中在《梅耶报告》中提出的核心能力的培养，以及与国家培训包的合作。培训包主要是针对产业里面各个不同工种及它们每个层次的工种活动，并且包含这些工作的国家能力标准、评价指南以及澳大利亚资格框架的不同层次的资格证书。

能力标准中包含了不同单元的能力、各个能力范围的描述和评价的指导，这些能力可以适应于各个产业，也能具体适应特定的企业。[①]在指导手册中，培训包开发者在各个单元的能力表现水平中，需要把《梅耶报告》中七大关键能力相结合。最近的研究表明，培训包中通常都与关键能力相结合，但是他们不是建立在相联系的基础之上，而且关于每个关键能力在各个层面的表现如何，也没有很好的进行表述。而可雇佣性技能的提出，是在关键能力基础上的进一步拓展，可雇佣性技能八项具体技能涵盖了关键能力的七大部分。另外，可雇佣性技能比关键能力更具体，更便于在培训包中与行业要求的能力标准相结合，下一步需要考虑与实施的是如何把可雇佣性技能融入到培训包中。

---

① Clayton B, Blom K, Meyers D, et al. Assessing and certifying generic skills:what is happening in vocational education and training?[J]. Administrator Attitudes, 2003:157-172.

研究发现,沟通技能是培训包中体现最为全面的通用技能,其他体现比较好的技能领域包括规划和组织、技术以及团队合作。然而有些技能没有很好的被表述,如创新性解决问题的能力,以同理心去沟通的能力,以及一些新的技能领域如学习和管理能力。总体上看,采取积极态度去让这些技能具体化、同时可教并能进行评估,但是与实际需求仍有一定的距离。

6.3 政策实施:可雇佣性技能融入培训包

6.3.1 可雇佣性技能:从政策框架到实践

2002年由澳大利亚商业理事会、澳大利亚工商总会牵头负责,由澳大利亚教育、科学与培训部与澳大利亚国际培训局资助,发布了《未来所需的可雇佣性技能报告》。这份报告在政府支持下,向众多澳大利亚有名企业的雇主咨询而得出。报告对"关键能力"中所包含的知识与技能进行修订和进一步扩展,以便反映工作场所的变化,以及雇主目前所需员工具备的一系列广泛的技能。

2005年,政府和企业之间达成协议,可雇佣性技能开始整合到培训包之中,成为职业培训项目中的重要组成部分,可雇佣性技能作为非技术技能,被认为是有效参与工作场所的重要组成部分。

可雇佣性技能不是一个全新概念,他们主要是用来描述非技术技能和能力。之前培训包体系中包含一系列如何去发展工作场所所需的可迁移性技能、态度和行为。可雇佣性技能的全新之处,表现为雇主增加对可雇佣性技能的需求,学习者和相关评估者需要知道各个具体技能以及如何去展示这些技能。

可雇佣性技能继承了培训包所包括的元素及能力单元的部分内容,在培训包能力单元中融入可雇佣性技能,强调在某一特定工作中特别需要关注的那些可雇佣性技能,同时把所需技能通过国家培训系统展现出来。

6.3.1.1 可雇佣性技能解包(unpack)

解包是用在培训包当中的术语,在职业教育中用来描述在特定场景和背景下,培训包的能力单元是如何进行传授与评价的过程。在使用培训包能力单元所包含的信息时,好的解包会提供相关背景和情景细节,主要包括:技能(知识)的类型,它们在工作活动中如何运用;相关人员在某一行为表现的指标体系;企业和员工列出的工作所需能力大纲;能力评价的标准。[①]

开发有效、可靠的可雇佣性技能学习和评价方法,要求培训者和评价者了解可雇佣性技能解包之后每个能力单元的概念。这些概念为:可雇佣性技能是如何融入每个单元之中,可雇佣性技能和能力维度之间的关系,可雇佣性技能内在技能之间的关系。

可雇佣性技能是在能力单元中,在工作成果的情况中进行针对性的描述,可以具体表现为可雇佣性技能的元素、操作标准、范围陈述和事实引导,教师和评价者需要分析能力单元的每一个具体因素,从而来设计和构建学习和评价方法。

可雇佣性技能在融入能力单元之中,必须非常清晰,在可雇佣性技能融入的时候需要注意的是:可雇佣性技能包含的部分,与其他操作所要求的部分一起包括在单元之中,构成单元能力整体;各个单元清晰描述,有利于培训包的使用者完全确认可雇佣性技能在各个单元的操作要求。

6.3.1.2 可雇佣性技能的标准陈述

培训包的每个能力单元,都应该包含了可雇佣性技能的标准陈述,用来引导教学者和评价者。可雇佣性技能没有专门的培训包,可雇佣性技能获得的途径主要可以包括以下方式:

可雇佣性技能可以作为一部分整合到各个特定的技术能力培训包当中。能力标准说明应该指导如何去操作某一功能。如在具体能力操作中,例如当机器出现故障有能力去处理,在截止日期快要到的时候,知道保持冷静,知道如何让新入职的成员融入等。

可雇佣性技能可以在具体的工作实践任务中获得。具体的技能与工作中各个任务相连接,如时间管理、多项任务、有能力跨越文本与实际操作技

---

① Consultancy P. Employability skills: from framework to practice-an introductory guide for trainers and assessors[R]. DEST. 2006. 32.

能等等。技能的运用是不同工作任务连接，如下面一些技能：团队工作、时间管理、承担多个任务、有能力在不同情景中迁移等，这些核心技能几乎在任何工作中都需要使用到，而不只是在完成某项工作时需要。如果只是把技能表述在单个的能力标准中，有时会忽视其他相关技能。而把可雇佣性技能表述在各个能力单元中又会降低本身价值，因此在技能融入的时候，需要根据具体的情景，不同能力标准进行差异化处理。

可雇佣性技能是个人工作生活中所必备的要素。品格是否可教仍然存在争议。很多建议指出，人们在工作环境中，特别是年轻人需要指导如何采取合适的行为，这点在目前很多培训项目中都不是很清晰，这些也是可雇佣性的构成部分。在工作和工作之外，每个人都需要技能去管理自己，去确定他们所需要学习的内容，以及去获得他们所需要的学习资源。

在全球商业环境竞争中，可雇佣性技能也是管理机构和个人所需要的新技能。雇员需要学习认知性技能和人际交往技能，对每个人来讲，学会如何思考也非常重要。要终身学习去获取技能，增加适应性，从而能面对不同的人和复杂的市场。

6.3.2 可雇佣性技能融入培训包的整体要求

可雇佣性技能需要表述清晰，这样能更好地融入培训包中的每个能力单元。在融入每个单元的能力之中，可雇佣性技能作为能力标准要求的一个部分，和其他具体的行业能力要求一起构成整个能力体系。每个单元清晰的描述，让培训包使用者能正确判断可雇佣性技能在每个单元的表现要求。

可雇佣性技能的各个小点细节和运用，因不同产业的不同工作，需求也有所不同。开发培训包的时候，需要咨询各利益相关者，来确认适合可雇佣性技能的小点，根据不同的构成要求来融入，从而构成各个单元的能力需求。

相关研究由教育、科学和培训部负责，由国家培训质量保障委员会审议。研究者概述了先确定的方法，将可雇佣性技能纳入培训包的资格框架中。这种做法是有系统地和明确地将适用的可雇佣性技能各个小点，融入到各个独立单元的能力资格框架中。通过一系列工具和相关步骤来帮助研发者对培训包进行开发。下面是可雇佣性技能融入培训包当中所需要关注的问题:界定某一行业具体资格证书所需要的可雇佣性技能框架(如各个小点);确认或者安排可雇佣性技能的相关点融入各个独立的单元,这样可以放入资格证书的要求当中;评估点融入资格证书各个单元能力,是否清晰地反映可雇佣性技能框架中的要求;向雇主、培训机构、学生和其他利益相关者提供相关报告:可雇佣性技能框架应用于具体资格证书的报告,可雇佣性技能框架中每个小点是如何运用于具体资格证书所涉及相关职业工作情境之中。

6.3.2.1 可雇佣性技能清晰的融入能力单元的步骤与要求

如何清晰的把可雇佣性技能融入培训包的能力单元,这是一个系统的过程,需要考虑之处包括:分析工作场所需求,建立可雇佣性技能的表述;开发可雇佣性技能框架;描述资格证书各个单元可雇佣性技能的每个小点;注重质量保障过程;把可雇佣性技能融入资格证书的构成部分;为每个资格证书发布可雇佣性技能方面概要。

可雇佣性技能融入培训包各个步骤具体操作如下:

(1)培训包能力分析中需要聚焦可雇佣性技能。分析可雇佣性技能与工作能力之间的内在联系,特别是聚焦在资格证书的培训包之中。这个可以在开发可雇佣性技能的时候进行说明,就现有材料来讲,开发培训包时,现有培训包的能力分析中,需要包括可雇佣性技能的说明。

(2)规划和开发资格证书能力标准时,把可雇佣性技能框架考虑其中,主要包含可雇佣性技能各个具体方面的概述,每个方面都应该与各能力单元相结合,这样可雇佣性技能的具体方面才能在资格证书中得以体现。

(3)全面检查已经出台的能力单元,确保可雇佣性技能的各个方面都清晰地覆盖到各个单元,如果不够清晰明白或者不够全面,确认并记录好,做出改动,对缺乏的方面进行补充,使可雇佣性技能有具体实施表述。

(4)在开发任何资格证书新的能力单元时,确保可雇佣性技能能整合到各个单元之中,并且清晰明白。

(5)具体产业要确认在资格证书和能力标准中的可雇佣性技能,能反应工作场所和职业的需求。

（6）每个资格证书都需要有一个具体的可雇佣性技能使用指南,开发过程中需要有企业代表参与。

这六个步骤的流程如下图所示：

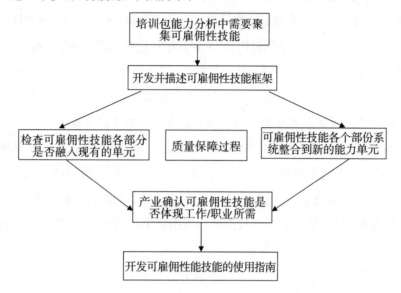

图6-1　可雇佣性技能融入培训包过程示意图①

在可雇佣性技能融入培训包的过程中,需要注意以下方面：

第一,培训包开发要求的方面,培训包开发和检查程序中都应该包含质量监控,质量监控过程由独立机构或个体承担。

第二,特定的资格证书在职业中各有差异,所以任务分析需要根据各个资格证书和职业的制定,开发可雇佣性技能融入资格单元时候,也要根据具体的情景变动。

第三,提供可雇佣性技能检查列表,可雇佣性技能培养时提供检查列表,可以用于职业的任务中,与职业相关的培训包资格证书建立联系,确保可雇佣性技能框架融入到具体职业之中。

第四,可雇佣性技能的融入具体任务中,应该向各个具体产业的专家们

---

① National Training Quality Council. Training package development handbook[M]. Canberra : DEST. 2006. 181.

进行咨询。开发培训包的时候,在面临不同能力单元标准时,也需要向具体专家咨询。

第五,使用核对列表,确保可雇佣性技能是否运用在相关的工作分析和提供工作文档之中。可雇佣性技能案例中可能会涉及到一系列关注的问题,对问题的分析和理解,可以了解可雇佣性可能牵涉到相关的具体点和面。

6.3.2.2　可雇佣性技能融入资格证书的通用案例

2006年版的《国家培训包手册》中,给出了一份可雇佣性技能融入培训包的具体案例。案例按照可雇佣性技能的八个具体技能,就这八项具体技能如何融入培训包中做了详细说明。这份案例可以适用于各个不同级别不同类型资格证书的培训包的能力单元之中。下面选出沟通技能和团体合作技能两项具体技能,这两项技能相关案例中给出了一系列可能需要考虑的问题,具体见下表:

表6-7　沟通技能①

可雇佣性技能	可雇佣性技能的沟通技能中相关点一览表具体举例	可雇佣性技能的沟通技能在具体情境中的变量一览表举例
沟通技能	工作中要使用哪些通用的沟通技能? ● 口头表达——说、听、陈述、协商、讲解、口头讲解等 ● 文件写作——回信准备、报告书写、表格填写、制作表格等 ● 阅读与解释文件——步骤书写、回信、报告、条例、制造商说明、发货单等 ● 理解图表——阅读并理解符号、信号和标志等,如观察并解释图片、绘画和艺术等 ● 把数据导入电脑——能使用键盘、激光扫描仪、图像扫描仪等 ● 从电脑网站上下载信息 ● 使用电子邮件 ● 与他人建立网络联系 ● 其他——如读懂肢体语言等	● 具体和谁进行沟通? ● 沟通的目的是什么? ● 沟通中运用到什么技术? ● 沟通发生在何时何地? ● 沟通中对文字与数字水平有何要求? ● 沟通中使用什么语言? ● 沟通中是否有非英语为母语背景的人在当中? ● 沟通中是否要考虑文化问题? ● 沟通的复杂程度如何?

① National Training Quality Council. Training package development handbook[M]. Canberra : DEST. 2006. 200.

表6-8 团体合作技能①

可雇佣性技能	可雇佣性技能的团队合作技能中相关点一览表具体举例	可雇佣性技能的团队合作在具体情境中的变量一览表举例
团队合作	工作中要使用哪些通用的团体合作技能? ● 能把团队合作技能应用于各个情景 ● 起草团队承诺书 ● 团队中能辅导、指导他人并给出反馈意见 ● 促进团队的活力 ● 获得团队中其他成员的信任 ● 认同团队的目标、任务、角色以及责任 ● 识别团队中其他成员的优势 ● 知道自己在团队中扮演的角色 ● 管理与其他成员的冲突 ● 检测并评价团队及其成员的表现 ● 团队中能扮演领导角色 ● 为其他成员提供帮助 ● 设定团体目标 ● 能以个人身份也能作为团队中一员工作 ●能够与不同年龄、性别、种族、宗教信仰与政治信念等背景的人一起工作	● 具体可能牵涉哪些类型的团队?(如自动形成工作小组、工作场所的某一部门、项目小组等) ● 团队牵涉哪类工作?(如营运部、规划部、建设部、生产部、顾客服务部、市场部、设计部等) ● 团队的责任和功能是如何决定与分配? ● 个人与团队的表现是如何监测与评价? ● 如何给成员的表现提供反馈? ● 谁负责团队的领导? ● 团队工作中需要运用什么技术?技术运用中个人的角色? ● 团队工作中个体应该具备怎么样的语言、读写和数学技能? ● 团队中有什么样的培训、辅导与学习机会?这些机会如何管理?谁来促进这些机会? ● 团队中是否有来自不同文化和背景的成员? ● 团队沟通中是否需要运用除英语之外的其他语言?

6.3.3 可雇佣性技能实施具体案例

物流业在全球已形成一个巨大的产业。物流作为一种经济活动,产生于专业化和分工。②物流业是经济发展方式转变而产生的一个新兴产业,从事物流业的工作人员工作流动性比较强。物流相关的快递行业已成为中国

---

① National Training Quality Council. Training package development handbook[M]. Canberra : DEST. 2006. 201.

② 王国文. 国际物流与制度因素[M]. 北京:中国物资出版社.2010.2.

发展最为迅速的行业之一。2014年,中国快递业务量达140亿件,同比增长52%,跃居世界第一。最多的一天,有超过1亿件快件在寄递途中。[①]物流业是新兴服务业的一个典型代表,而且对可雇佣性技能的需求也更能反应出时代的特征。本章以货运操作员第三级资格证书的培训包为案例,在培训包在具体实施过程中,如何把可雇佣性技能去融入到货运操作员能力标准之中。表6-9到表6-16提供可雇佣性技能的八项具体技能融入培训包的操作案例:

表6-9 沟通技能[②]

类别	内容
聆听与理解	● 能够在装船类高动态的环境下使用电话进行沟通 ● 顾客通常都不在现场,所以仔细聆听并了解顾客的货运要求非常重要 ● 能与顾客在电话中就本地空运进行沟通
清楚与直接的表达	● 货运操作过程中,对顾客或其他人的咨询能准确的进行说明,确保差错为最小 ● 与顾客通话时,告诉他们货运的范围与说明 ● 向顾客解释运送安排,向承运者说明运输要求
独立阅读	● 需要经常性获得新的不同类型的信息,了解产业动态,最新的系统、技术和管理要求 ● 阅读工作相关的特定文件
根据目标对象进行写作	● 需要理解并领会顾客或者监管机构的要求(如澳大利亚卫生监督检验局的相关要求) ● 能完成订单和发货单等文件,并达到顾客的特定需求
积极协商	● 协商订单提取、即期价格、存储要求等 ● 与顾客协商汇率、价格和结转 ● 与承运者协商运输价格
有效说服	● 运输中有特定要求的时候,能有效告知送货者

---

① 澎湃新闻.中国快递最多一天超1亿件[EB/OL]. http://www.thepaper.cn/newsDetail_for-ward_1384888. 2015-9-8.

② National Training Quality Council. Training package development handbook[M]. Canberra : DEST. 2006.247-248.

续表

类别	内容
了解内部和外部顾客的需求	● 必须明白并理解代理商的要求、转换速率、货物到达日期、存储的特定要求 ● 一定要了解并满足内部顾客的需求 ● 了解外部顾客的需求 ● 理解内部/外部顾客的需求是货运公司的工作中的核心要素
高效运用数字	● 测量平方尺寸、称重、货币转换、关税计算、托运时间估算等 ● 完成账目 ● 为每笔海运准备好精确的账单——包含货物体积、每公斤单价等 ● 计算运输费用 ● 判断货到交款的数额
建立并使用关系网	● 通过电子方式——电话,电子邮件等方式与他人进行联系(如80%采用电子方式,20%面对面沟通) ● 运用集装箱码头操作管理系统,对到港货物的丢失货物,预定,短卸等问题进行沟通,有可能要用到传真、电话、电子邮件 ● 能与顾客、货运公司、航空公司、船运公司、铁路运输部门、海关、保金操作员等机构或个人建立联系
分享信息	● 有效的进行货运操作——如航空注册,档案等(包括部门内和部位外其他机构) ● 和团队中的其他成员分析信息,包括分享质疑、顾客需要、规章的改变等,共同分析问题和提出解决方案 ● 和部门中其他人分享某一特定工作的信息
判断力	● 确认运输货物当中没有危险物品(有判断力的至关重要之处就是最佳的工作表现要符合规章制度) ● 与顾客就管理要求和确定价格的时候有自己的判断 ● 告知承运人员具体工作需求
同理心	● 理解顾客的需求与问题所在,帮助他们达到货运的需求 ● 当顾客邮寄一些敏感物品时候(如运输留下遗物),对此保持机敏 ● 运输途中丢失的货物时,需要具备同情心 ● 理解顾客的需求,必要情况下储存货物也作为工作的一部分

表6-10　团队合作技能①

类别	内容
既可以个人独立也可以团队合作工作	● 在服务顾客团队中工作——协同努力 ● 作为个人，自己做出决定并采取主动 ● 与团队中其他成员分享信息 ● 与团队中其他成员讨论问题 ● 帮助团队中其他成员 ● 工作主要部分是处理本地的货运，在需要的时候，也作为团队一员去处理国际货运
能够与不同年龄、性别、种族、宗教与政治信仰人士一起工作	● 货运工作涉及全球的产品，工作人员能够适应与有来自不同文化和背景的人一起工作 ● 与不同年龄、不同性别的人一起工作 ● 工作中所接触的同事与顾客来自不同年龄，不同性别与不同的宗教背景
知道在团队中如何定位自己的角色	● 参与顾客服务团队 ● 能够承担多项任务的角色，如顾客服务、货运预定、处理货物和解决问题等 ● 作为本地航空货运操作员，也能够承担其他队友的角色，如能承担货车运输、运输安排、运输计价和海运等任务
在不同的情景中运用团队工作技能	● 参与货运的顾客服务团队 ● 货运取消后共同参与货运的重新安排
能识别团队成员的优势之处	● 有问题或疑问时，寻找团队中最合适的人去咨询 ● 知道成员中各个人的优点，有些人比较擅长为顾客服务，有些人比较擅长货物预定等 ● 能共同与某领域的"专家"去解决问题或者处理一些特殊工作
辅导、监督并给出反馈	● 帮助团队其他成员去获得货运产业所需要的技能 ● 展示和告知他人货运团队中不同的角色分工 ● 展示不同类型货物的预定安排 ● 成员之间互相提供反馈来改进工作

---

① National Training Quality Council. Training package development handbook[M]. Canberra : DEST. 2006.249.

表6-11 问题解决技能①

类别	内容
采用可操作性的办法	● 货运操作员核心工作就是帮助顾客找到可行的解决方案 ● 减少空运的情况下,重新分配货物运输,优先考虑重要客户,并分配没有运走的货物 ● 组织司机负责特定的送货工作
采用创新性的方法	● 比如要把龙虾从澳大利亚佩斯海运到美国纽约,在国内运输到悉尼港,发往国外之前重新给每个集装箱充氧
认定和解决问题时展示独立性与主动性	● 在一个团队中工作时,每一位货运运输员能为顾客设计独特的货运方案,所以个体一定要能够独立工作 ● 客户空运货物在约定的日期没有来取件,拟定其他解决方案
团队共同解决问题	● 有些货运方案需要团队共同努力,特别是货运牵涉多项选择模式和分散的地点 ● 与航空公司人员共同卸货 ● 客户空运货物在约定的日期没有来取件,与团队中其他成员共同拟定解决方案
运用一系列策略去解决问题	● 许多货运方案中包括多样运输工作,要确定货运的路线,应把应急规划作为风险管理的一部分
运用各种策略去解决问题	● 正如上面提及,问题解决时牵涉不同的运输工具,国内和国际运输,不同类型货物的运输等 ● 问题解决时牵涉陆运、海运、空运和铁路运输等
运用数学知识解决问题	● 货物体积测量,货物称重,货币转换,关税计算,货运时间判断 ● 计算工作开支与运货单
考虑数据和环境因素	● 完成货运的方案之前,和顾客、货运经纪人、监管者和承运公司确认货运具体信息 ● 确认顾客的最终时间,货物运输时间和地址
解决复杂问题时考虑顾客利益	● 管理交易的总开销 ● 满足特殊运输要求 ● 安排叉式装卸机

---

① National Training Quality Council. Training package development handbook[M]. Canberra : DEST. 2006.250.

表6-12　创新技能①

类别	内容
能适应新的环境	● 许多货运运输需要一些独特的解决办法——如邮寄龙虾到东京或者把花邮寄到纽约 ● 采用新的步骤或者规则 ● 与新顾客建立商业联系
拥有创造力	● 如果已有的方案不适合,操作员可能需要创造一个可行性货物运输方案
能发现不明显的机遇	● 在团队中大家互相帮助提升创造力,如航空公司取消航班情况下如何重新分配货物的运输
形成多个可选方案	● 在最终决定运输方案前,操作员需要考虑各个不同方案,从风险、价格、时间等方面去考虑各方案的优缺点 ● 顾客提供一些支付选择,如电子资金转移支付、支票、现金等,付款方式可以当场付款或者账户付款等
把理念付诸于行动	● 所有的货运方案都需要把它们付诸行动
革新性的解决办法	● 操作员思考问题的时候不需要墨守成规,这样能获得适合的货物运输方案

表6-13　计划与管理技能②

类别	内容
收集、分析与管理信息	● 集中于货运业务的开展 ● 专注于工作角色,如收集顾客的需求信息,收集与分析航班信息,管理预定模式等 ● 获得并处理运输手册和顾客详情
随机应变	● 货运是一个动态领域,满足顾客的需求通常需要创新性解决办法 ● 做好安排,使时间安排最优化,浪费最小化
了解基本的商业系统及内在联系	● 操作员应该懂得商业运行模式,何时开展和停止货运合同 ● 能运用国际航空电信(SITA)预定系统、顾客预定系统、航空公司有效载荷容量系统、财务消费系统、代运费率系统 ● 了解并能运用本公司电脑系统、货运查询系统、库存系统,电子数据交换(EDI)、发货单系统等

① National Training Quality Council. Training package development handbook[M]. Canberra : DEST. 2006.251.

② National Training Quality Council. Training package development handbook[M]. Canberra : DEST. 2006. 252-253.

续表

类别	内容
设定清晰目标和产品交付	● 设定可行的货运方案,包括与客户共同确认和设定目标,并提出可行性运输方案 ● 计划运载的最大化和装载的最优化 ● 设定时间目标 ● 致力并组织好货物准时到达
安排好时间与优先顺序	● 货运取决于有效的时间管理,另外既定方案也需要各个部门的共同协作才能去完成 ● 确定定点时间,确保准时到达
采取主动并做出决定	● 因为每个客户的货物运输的方案都不一样,操作员能够采取合适的创新办法去解决 ● 提前设定航班取消后的安排 ● 做好安排,使时间安排最优化,浪费最小化
参与连续不断的改进与策划	● 货运行业是一个动态产业和不断运转的环境,货运公司与工作人员需要对变化作出反应,并不断改进 ● 如果运输成本太高的话,找出具体原因,采取行动去降低成本
规划资源的使用,考虑时间管理	● 货运的核心所在,就是规划现有资源来满足顾客运输要求 ● 做好安排,使时间安排最优化,浪费最小化 ● 确保所有工作在关键时间点之前完成,如下午2点
能分配人力与其他资源完成任务	● 许多货运方案中,通常需要来自公司其他部门和不同地点的员工共同来完成,可能也需要其他公司和监管单位的协助
资源分配的时候要考虑突发事件	● 货运操作员需要面对一个动态的环境,会碰到没有经历过的问题,应对顾客不同的要求,因此资源使用的时候需要具有创造性 ● 如果送货员生病了,他/她的送货任务需要重新安排
有远见、前瞻的规划	● 制定规划,运用独特的方法去处理货运中碰到的困难,包括突发事件如伊拉克战争、"非典"爆发
预测——考虑风险,评估选择性方案	● 货运中非常重要的一点是,操作员能预测可能出现的问题,并且能有合适的办法去解决。具体案例如:爆仓、货物超重等 ● 计划和分配货物运送的时候,把各种因素和可能会出现的问题纳入考虑的范畴之中

表6-14　自我管理技能[①]

类别	内容
清晰表达观点	● 为顾客提供服务的时候，需要向他们详细阐述清楚问题、选择及解决方案 ● 能够有效地向顾客和他人表达自己观点
拥有个人的远见与目标	● 货运操作是对个人素质要求较高的职业，需要在团队工作中开展，同时高度依靠个人技能 ● 从工作之外获得满足感 ● 找到家庭生活与工作生活两者间合适的平衡点——能可持续发展 ● 为自己生涯设计安排好合理的培训，保持进步
对自己的想法和观点有认知并拥有自信	● 因为工作量和工作效率的要求，操作员有能力和自信，能采取合适的方案去解决顾客的需求 ● 对工作细节和流程都抱有信心，最重要的是让顾客能感觉到你的自信 ● 对自己工作具有自信——特别和送货员打交道的时候
评估并监测自我表现	● 评估和监测自我表现，这个也是团队需要重视的关键点，也是促进货运操作不断改进的一个重要手段 ● 根据正在使用的关键表现指标去核对自己的表现 ● 连同主管去检查自我表现
承担责任	● 因为货运是与顾客一对一的服务，货运员需具备高度个人责任感 ● 你需要为你承担的航运负全部责任 ● 公司对货运"责无旁贷"，如果因为个人出现问题，个人要主动承担责任

表6-15　学习技能[②]

类别	内容
对新观点和技术持开放态度	● 货运行业是一个动态产业，会经常引进新的系统和技术 ● 关注新的方案和技术非常重要，如检验检疫局对把狗航运到新西兰提出新的管理条例 ● 能适应和接受公司的变化，如公司引进企业关键业绩指标

---

① National Training Quality Council. Training package development handbook[M]. Canberra : DEST. 2006.254.

② National Training Quality Council. Training package development handbook[M]. Canberra : DEST. 2006.255-256.

续表

类别	内容
任何情境下都主动学习	● 接受公司的培训,接受其他有经验的员工有关IT设备或新的海关系统的辅导 ● 有时公司会对新系统进行内部培训,有时需要自学
不断学习去适应改变	● 货运行业的动态性 ● 产业变化很快,学习如何去面对变化非常重要
对继续学习抱有热情	● 货运是变化很快的行业,员工需要主动去学习工作所需的新技能 ● 看到培训的益处与价值,并以此作为你继续学习的动力 ● 知道为什么去做,比他人更加了解你的工作,让你更加适应工作
投入时间与精力学习新技能	● 学习行业新"术语"与技术,使用短信服务平台系统 ● 努力学习新的技能,这样帮助你获得工作成就感,同时也能不断提升工作效率 ●如果不花时间和精力去学习将会被社会淘汰
自我学习管理	● 货运产业变化较快,初始的培训后还需要进一步学习 ● 把个人从工作实践中的经验与内部培训相结合 ● 学习如何处理订单程序
为建设学习型社区和工作场所努力	● 货运是一个合作性比较强的行业,操作员需要去帮助其他人运用新的系统、技术和解决各种问题 ● 帮助团队中的其他人,如问题解决,或者帮助他们执行工作所需 ● 帮助他人去学习如何处理订单程序
运用多种媒介进行学习	● 因为需要继续学习才能适应产业的发展,操作员能够采用多种方式去不断学习 ● 和他人建立联系活动最新信息 ● 活动、阅读并理解手册流程 ● 学习公司课程,与他人沟通等
把学习应用到"技术"与"人"的问题	● 技术和人是货运的关键问题,而且问题也有所不同并发生改变,因此,普通员工和经理都需要去学习如何面对和解决这些问题 ● 学习工作的流程,学习如何处理与顾客关系的问题

表6-16 技术运用技能①

类别	内容
运用通信技术	● 能够使用固定电话、手机、电子邮件和公司其他通信系统，与顾客、公路铁路等运输部门、航空公司、船运公司、海关、澳大利亚检验检疫局等进行沟通，这也是货运操作员每天的工作之一
把 IT 作为管理工具	● 能够管理货运所需的数据 ● 使用相关的 IT 系统来组织货物分发、记账、安排计划等 ● 运用公司系统来预定和开清单
运用 IT 管理数据	● 货运操作中 IT 用来定位货物和判断一些事情来解决问题
拥有基本的 IT 技能	● 电脑上进行与货运相关的邮件、数据转移、网络获取数据等操作 ● 能使用货运行业内部 IT 系统，如国际航空电信预定系统、顾客预定系统、航空公司有效载荷容量系统、财务消费系统、代运费率系统 ● 能够操作智能终端
主动学习新的 IT 技能	● 货运行业是一个变化比较快的产业，IT 系统变化的比较频繁，操作员需要学会使用新的系统 ● 最新的发展需要操作员学会如何使用新的电脑系统来监测货运操作的核心操作指标
拥有职业健康与安全知识	● 货运工作人员大部分时间都在工作场所，所以有必要了解并实践人体工程学预防措施，如保持正确姿势，运动，伸展等 ● 保持工作场所的整洁，不要让集装箱或者纸盒挡路（这个是货运行业的一个通病）

可雇佣性技能的八项具体技能并不是单独孤立存在，它们通常都互相交叉在一起。比如，团队合作中沟通技能非常重要，当产生问题时，如果没有良好的沟通，一个团队可能很难进行团队工作，也就不能去解决问题。另外可雇佣性技能融入在培训包的资格框架中，可雇佣性技能评价的时候，可以与培训包具体行业的能力标准一起评价。

① National Training Quality Council. Training package development handbook[M]. Canberra：DEST. 2006.257.

6.4　小结

可雇佣性技能是在关键能力的基础上提出来的，可雇佣性技能涵盖了关键能力，但是这两者还是有差异的。关键能力出台是由政府主导，调研的时候更具有广阔范围的代表性，梅耶委员会的代表来自产业、政府部门、社会团体、教师与培训者等各个领域，同时对社区进行了咨询。而《未来所需的可雇佣性技能报告》主要是来自产业部门的代表。可雇佣性技能虽然是在《梅耶报告》中的关键能力基础上提出来的，但是在咨询的广度比不上《梅耶报告》。但是可雇佣性技能比关键能力更加细化，可雇佣性技能更符合产业的需求，同时也更容易在工作场合中实施。另外可雇佣性技能在关键能力的基础上，增加了自我管理技能、学习技能，主动和创业技能，更加强调个人在工作中所发挥的作用和责任，关键能力和可雇佣性技能异同见下图6-2。

可雇佣性技能是在之前由政府教育部门为主提出的通用技能、关键能力等所包含技能的基础上，以雇主为代表的产业界把自身的教育意愿，上升到国家政策。澳大利亚产业集团在1999年就开始调研，发布相关报告并提出雇主的需求。

为了更好地了解企业所需，把企业所需要的那些通用和可迁移技能具体化，在澳大利亚教育、科学与培训部的资助下，澳大利亚工商总会与澳大利亚商业理事会联合调查项目，根据调查结果得出了《未来所需的可雇佣性技能报告》，澳大利亚教育、科技与培训部于2002年正式发布。

2004年，澳大利亚教育、科学与培训部和澳大利亚国际培训局等机构共同合作，通过教育、科学与培训部发布《最终报告》，把可雇佣性技能政策进一步落实，把可雇佣性技能确定为国家教育发展政策，并确定在职业教育中实施。同时确定了个人、企业、教育培训机构、职业咨询人员、社区工作者、政府等利益相关群体在可雇佣性技能发展中所承担的责任。

可雇佣性技能在融入培训包的时候需要非常清晰的表述，实践证明，可雇佣性技能是可以融入培训包的每个能力单元之中，为此《培训包手册》

专门针对可雇佣性技能如何融入培训包提供了示范模块。物流业是发展最为迅速的服务业之一,而今物流业的岗位也在不断增多,本书选取物流业作为案例,说明可雇佣性技能是如何融入物流业(资格证书三)的培训包之中。

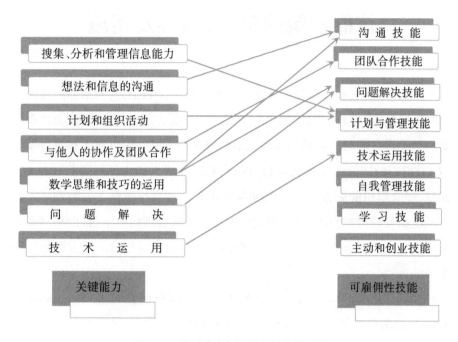

图6-2 关键能力与可雇佣性技能对比

第七章 可雇佣性技能拓展:基础技能政策的形成、内容及实施

2006年,澳大利亚参与了加拿大及经合组织(OECD)共同举办的成人读写与生活技能(ALLS)测试,澳大利亚在读写方面表现不佳,读写能力严重影响到劳动者在劳动力市场的表现和他们未来的发展。同时澳大利亚也参与OCED组织的国际学生评估项目(PISA)和国际成人能力评估项目(PIAAC)测试,经合组织的调查结果与2006年的类似。读写技能低下影响到澳大利亚经济的发展和社会的进步,为此政府需要采取合理的政策,帮助那些低水平的成年人提升读写技能,并提高全国成年人的读写与数学等方面的技能水平。

因而,语言、读写和数学(LLN)技能,与可雇佣性技能(Employability Skills),这两种技能在澳大利亚合称为基础技能。语言、读写和数学技能包括听、说、读、写、数字读写和数学思维能力;可雇佣性技能,指能融入现代工作场所和当代生活所需的技能,这些技能包括如合作、问题解决、自我管理、学习与信息获取以及信息技术运用等。在澳大利亚,语言、读写和数学技能与可雇佣性技能共同构成基础技能。

基础技能在职业教育政策话语中还是一个比较新的术语,在语言、读写和数学技能和可雇佣性技能基础上,相关部门出台了澳大利核心技能(Australian Core Skill Framework,简称 ACSF)和核心工作技能发展框架(Core Skills for Work Developmental Framework,简称 CSfW)。语言、读写和数学技能主要用澳大利亚核心技能进行描述和测评,澳大利亚核心技能框架主要是从五个层次对核心技能进行描述。可雇佣性技能在2006年《培训包手册》版本中出现,为可雇佣性技能融入培训包提供了使用指南。可雇佣性技能融入培训包过程有点复杂,有时候比较难于操作,为此澳大利亚在可雇佣性

技能八个技能群的基础上，又开发了核心工作技能发展框架（CSfW）。

基础技能是在什么背景下提出的，另外基础技能与澳大利亚核心技能框架（ACSF）、核心工作技能发展框架（CSfW）有什么关联。澳大利亚是如何构建成技能体系。澳大利亚创新与行业技能委员会和澳大利亚产业、创新、科学研究与第三级教育部共同发布的《基础技能培训包实施手册》包含了什么内容，基础技能培训包是如何运用在具体教学之中，这些都是本章所要探讨的内容。

7.1 《国家成人基础技能策略》形成过程及政策内容

7.1.1 《国家成人基础技能策略》出台背景

问题一：

职业教育技能政策制定所面临的问题，首先是澳大利亚成人、学生的读写能力存在不足。澳大利亚近年来参加了成人读写与生活技能调查（Adult Literacy and Life skills Survey，简称 ALLS）、国际成人能力评估项目（Program for the International Assessment of Adult Competencies，简称 PIAAC）与国际学生评估项目（Program for International Student Assessment，简称 PISA））等国际大型测试，在这些测试中澳大利亚的测试结果表现得不尽如人意。

成人读写与生活技能调查（ALLS）是由加拿大统计局和经合组织合作发起，这是在 2003 年至 2008 年期间实施的一项调查项目，主要是了解成人技能信息，调查成人的读写技能和数学技能。澳大利亚教育、科学与技术部，澳大利亚就业与劳动关系部、澳大利亚统计局共同承担，于 2006 年进行调查，调查样本年龄段在 15—74 岁之间的成年人。

读写技能水平分为五个层次，最低层次为水平 1，最高层次为水平 5。水平 3 这个层次被认为是"在知识经济时代个人读写能力可以满足日常生活与工作的最低要求"。2006 年，成人读写与生活技能调查中，大概一半左右的澳大利亚成人缺乏足够阅读及数学技能。

根据澳大利亚产业委员会的 2011 年的调查报告，依照成人读写与生活技能的标准，2010年澳大利亚工作年龄段总人口中，其中就业人口总数为11 418 110人，失业人口总数为618 800人，通过图7-1可以看出，就业人口约40%处于水平1—2之间，失业人口总数约60%处于水平1—2之间，失业人口的读写技能水平问题更为严重，具体可见下图：

就业人口读写技能水平

水平1—2之间 　　　　　　　　　　　　水平3之上（包括3）

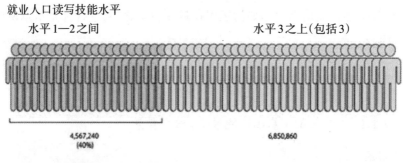

4,567,240　　　　　　　　　　　6,850,860
(40%)

失业人口读写技能水平

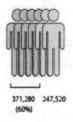

371,280　247,520
(60%)

图7-1　澳大利亚2010年工作年龄段人口读写技能水平分布情况[①]

国际成人能力评估项目（PIAAC）的研究结果显示，澳大利亚15—19岁之间的女性，读写技能、数学技能整体水平比15—19岁男性低。澳大利亚教育研究委员会透露，澳大利亚在国际成人能力评估项目研究结果中，大概有700万澳大利亚人没有足够的读写技能来完成日常生活和工作任务；在16—64岁这个工作年龄段，超过200万的澳大利亚人读写技能非常差；大概800万澳大利亚人没有达到最低的数学水平和基本数学技能；大概300万澳大利亚人数学方面得分很低。

---

① SCOTESE. National foundation skills strategy for adults[R]. Canberra:Standing Council on Tertiary Education,Skills and Employment,Skills and Employment(SCOTESE). 2012. 5.

国际学生评估项目(PISA)项目测试研究主要是针对15岁学生,测试他们个人在工作和社会生活中,运用所学的知识和已具备的技能态度去解决问题的能力。国际学生评估项目测试领域主要包括阅读、数学和科学三个部分,测试学生的阅读素养、数学素养和科学素养,并分别界定它们的内涵。然后,再确定每一个领域的测试框架,每个领域的测试框架都包含"定义与特征""内容维度""认知能力维度"和"情境维度"。[①]

从2000年起澳大利亚就开始参与了经合组织(OECD)开展的国际学生评估项目测试,从历年学生在国际学生评估项目测试中的表现来看,其结果都不尽如人意,阅读、数学和科学三大领域测评排名均呈下降趋势,近5次国际学生评估项目(PISA)具体排名情况如表7-1所示:

表7-1　澳大利亚PISA测试历年排名情况

年份 科目	PISA 2000年	PISA 2003年	PISA 2003年	PISA 2009年	PISA 2012年
阅读	4	4	7	9	14
数学	5	12	13	15	19
科学	6	5	8	10	16

注:根据OECD历年PISA结果统计数据综合。

2000年开始澳大利亚参与国际学生评估项目(PISA)测试结果,到最近2012年的测试结果,澳大利亚阅读、数学和科学三个方面的排名都呈下降趋势。2009年和2012年的国际学生评估项目(PISA)成绩进一步表明,澳大利亚15岁学生的数学和阅读水平呈现下降趋势,也就是说,这些即将步入劳动力市场的劳动者读写技能和数学技能水平令人担忧。也让澳大利亚政府更加意识到培养这些劳动者基础技能的重要性。

澳大利亚教育研究委员(ACER)会也指出:在数学教学领域,职业教育机构如技术与继续教育(TAFE),缺乏有资格和有经验的数学老师,无法有效地把数学技能传授给学习者。职业教育领域的师资如果没有足够的技能训练,职业教育培养出来的劳动者更不可能达到澳大利亚劳动场所对语言、读

---

① 张民选等. 专业视野中的PISA[J]. 教育研究,2011(06):3-10.

写和数学技能的要求①。

2010年，澳大利亚产业联盟（Australian Industry Group）发布了《国家劳动力读写项目》（*National Workforce Literacy Project*）这份报告，这一研究由澳大利亚政府资助，由澳大利亚企业联盟对工作场所工人的阅读与数学素养进行调查，这一研究横跨澳大利亚338家公司，调查人数超过56 000人。

调查结果显示，超过75%的企业认为，员工阅读与数学水平较低影响了他们公司业务发展；因为语言、读写和数学技能的缺乏，使很多时间都浪费在重复的工作，以及不能完成工作场所的相关文本上；45%的雇主认为，体力劳动者和生产流水线的工人是受到低水平的阅读与数学技能影响的最大群体；仅有8%的调查者认为他们有足够的能力来帮助工人改进他们的语言、读写和数学技能；小企业最没有能力帮助员工提高他们的语言、读写和数学技能，28%的企业认为他们没有能力来帮助员工发展语言、读写和数学技能；调查者认为，政府、雇主、教育机构、个人等所有的利益相关者都应该在改进工作场所的语言、读写和数学技能方面发挥作用。②

问题二：

随着近年来的不断努力，基础技能（包括可雇佣性技能和语言、阅读与数学技能）都包含在最新的培训包中。然而这并不意味着基础技能总能有效地得以传授个，国家质量委员会（National Quality Council，简称NQC）设立了"21世纪职业教育产出"这一项目，主要就基础技能在职业教育实施瓶颈进行调查和研究，并出台了《21世纪职业教育中的基础技能》（*Foundation Skills in VET Products for the 21 st Century*）报告，项目提到下面五大瓶颈可能会影响到基础技能在培训包中有效传授，这五大瓶颈为：产业界对基础技能的认识有限，培训包开发过程中所含基础技能的不延续性，基础技能培养方面没有系统设计，培训包中对基础技能该如何解析和传授缺乏连续性，语

---

① ACER. LLN Resourse for Teaching and Learning.[EB/OL].http://www.acer.edu.au/cspa/lln-resources-for-teaching-and-learning. 2015-6-9.

② Australian Industry Group. Workforce Literacy Project Report[EB/OL]. http://www.vocation-alliteracy.com.au/8783_Workforce_Literacy_Project_Report.pdf. 2015-6-10.

言、读写与数学技能的传授方式有限。①

　　产业联合体和雇主联盟也发表了一系列报告，表明需要增加劳动力的基础技能，基础技能对劳动力发展起着至关重要的作用。

　　2010年3月份，澳大利亚技能署发布了国家劳动力发展策略的报告。具体报告为：《未来澳大利亚劳动力：国家劳动力发展策略》(*Australian Work-force Futures：A National Workforce Development Strategy*)。在该报告中，建议澳大利亚需要采取紧急和快速行动，提升澳大利亚成人的基础技能，报告指出澳大利亚雇主对员工技能提升也非常关注，现有劳动者能否有效运用技能至关重要。

　　2010年澳大利亚政府同意与不同利益相关者共同合作，特别是与产业界，主要以政府机构和产业行业协会等为主，来开发成人国家基础技能策略，各个不同层次的政府部门共同合作，政府成立基础技能工作小组。当时直接在第三级教育和就业部长委员会的领导下，2011年3月到5月份之间，工作小组向各个不同利益相关者成员咨询。不同的利益相关者参与到报告草拟当中，主要包括大型产业团体、雇主、教学人员、研究机构、服务机构和其他利益相关者和对改进成人基础技能热心人士。小组还咨询了语言、读写和数学技能较低的人员、土著居民等来自不同文化和背景的人员。利益相关者可以对基础技能国家策略的发展提供书面或者口头意见书。

　　咨询过程当中，工作小组为了确保国家策略能真正有效，具有可参考性，以事实为基础，把各个不同利益相关者的观点都应该纳入当中，报告过程中，提供了口头和书面上的超过70次的意见草稿，调研领域覆盖全国，调查400多名来自各个不同利益相关者的人员。根据调查与建议，总结并提出了以下政策建议：

　　(1)建立全国统一的基础技能单元和国家框架。为了保障基础技能在职业教育系统中能有效进行教学，需要开发能够在全国范围使用的，并具有

---

① Council N Q. Foundation skills in VET products for the 21st century[M]. Melbourne：TVET Australia. 2010. 5-11.

延续性的基础技能单元包和相关资格证书。报告提出开发基础技能培训包和建立全国基础技能框架两个政策建议。

（2）拓宽基础技能资格路径。在澳大利亚现有资格框架体系中，增加设置基础技能资格框架，提供职业发展路径，提供基础技能资格证书认证，可以让那些青年人、没有相关证书的成人和那些长久没有接受过正规教育的人员，都可以通过资格证书这个途径获得学习机会。

（3）减少和其他类似技能的重复。建立基础技能的国家单元标准将减少简单重复，让能力更加有效的在产业中被使用。目前在培训包当中有许多低层次的单元，主要用来描述在某一特定工作场景下，强调沟通技能或者基础技能中某一方面。

（4）为基础技能提供特定的目标和准备工作。培训包使用者应该清楚培训包单元和资格证书的基础技能，这些相关要求可以放在每个单元之前，清晰地说明基础技能所需要达到的水平。

（5）开发基础技能的实施建议。为了让基础技能有效通过培训包进行教学，培训包使用者应该获得更多细节的建议，告诉他们该如何实施基础技能教学。

（6）作为基础技能的两个组成部分，可雇佣性技能和语言、读写和数学需要建立清晰和紧密的联系。

（7）增强职业教育项目开发者的基础技能知识与能力。为了确保基础技能有效包括在培训包之中，在职业教育项目的各个环节，相关人员都需要必备能力。特别是培训包开发人员、行业委员会人员、国家质量监控的质量小组成员，在他们涉及领域中，要有资格证书，对基础技能要求也应该有非常清晰的理解。

（8）建具有基础技能意识的职业教育体系。基础技能的认定及建立基础技能培训包相关建议，把注册培训机构和相关部门在职业教育的教学与评价中把基础技能考虑其中。另外要把基础技能的相关信息贯穿到职业教育活动的各个环节。

政府研究团体、产业联合体、其他部分研究机构等不同利益相关者的代表提出基础技能存在问题并给出政策建议,同时基础技能的议题得到吉拉德政府(The Gillard Government)高度重视,联邦政府和州(领地)政府采取重大改革措施,确保在工作年龄阶段的成年人(15—64岁),需要拥有必要的基础技能去参与工作,从而能够为国家的繁荣做出贡献。

澳大利亚政府委员会中,负责职业教育的第三级教育、技能和就业常务委员会(SCOTESE)于2012年9月正式发布《国家成人基础技能策略》。各个政府层面都签署了这一策略,作为接下来10年的共同目标和优先关注领域。政府通过全国培训系统,让那些在职工作人员接受培训。这份策略指导国家各个部门协调合作,从而提升澳大利亚劳动力的基础技能水平,保障澳大利亚经济继续发展。同年以产业集团为代表的创新与行业技能委员会(Innovation and Business Industry Skills Council,简称IBISC)和澳大利亚产业、创新、科学研究与第三级教育部(Department of Industry, Innovation, Science, Research and Tertiary Education ,简称DIISRTE)共同开发基础技能培训包。

7.1.2 《国家成人基础技能策略》内容

7.1.2.1 基础技能内涵、特征与意义

基础技能是指能确保顺利工作和生活所需要的核心和必备技能,基础技能这个术语包含澳大利亚核心技能框架中所界定的核心技能,也包含雇主认为在工作场所关键和必要的可雇佣性技能。澳大利亚核心技能框架(ACSF)中包括阅读、写作、口头表达、数字与学习等核心技能,目前核心工作技能发展框架(CSfW)涵盖了可雇佣性技能,主要包括问题解决、团体合作、数字阅读等能力。

虽然基础技能被认为可以促进个人职业与技能的发展,但是不能简单被认为是低层次或者单一技能,越来越多的观点认为基础技能包含基础、入门级和专业的高级技能,在人们的生活和工作中,在沟通与信息的获取中,这一技能贯穿于个人工作与生活。①

---

① Australian core skills framework. [EB/OL]. http://www.acer.edu.au/cspa/australian-core-skills-framework.2015-10-8.

基础技能包含可雇佣性技能与语言、读写和数学技能。

可雇佣性技能——融入当今工作场所和参与现代社会，如合作、问题解决、自我管理、学习、信息与通信技术技能。英语语言、读写、数学（LLN）——包括听、说、读、写、电子读写和数学运用。

基础技能主要的特征为①：

语言、读写和数学（LLN）已经使用很多年，指运用英语进行听说读写的能力，同时还有使用数学概念的能力。

澳大利亚核心技能框架中的核心技能这一术语，指学习、阅读、写作、口头表达和数学五个技能方面的水平。

基础技能在政府和教育部门政策报告中出现，包括五项核心技能，另外加上可雇佣性技能。

基础技能培训包含有澳大利亚核心技能框架中的具体五项核心技能，同时还加了数字读写和可雇佣性技能。

培训包的新标准指工作中所需的语言、阅读和数学及可雇佣性技能。

基础技能的发展包括技能的获得，以及在不同环境和不同目的中运用这些技能，基础技能是个人融入工作场所、参与社区活动和成人教育与培训的基础。改进成人的基础技能让个人、雇主和国家这三个层面都受益匪浅。在个人方面，通过技能发展和增进自信，让自身获得成长，更好融入社会，增加职业生涯发展的机会。企业方面，能够提高生产效率，更加规范化，更高质量的产出。国家方面，有助于提供更高效的劳动力，达到新兴技能需求，促进经济发展。

为了能够成功融入日常工作和生活，人们需要一系列"基础"或者"核心"技能，这些技能通常包括：有效和他人沟通的能力；成功去解决不同问题的能力，包括一些挑战性的情境；根据工作、职业和日常生活需要，能够运用数学技能；各个场合之中，具有使用电子技术技能。在我们工作与生活当

① SCOTESE. National foundation skills strategy for adults[R]. Canberra: Standing Council on Tertiary Education, Skills and Employment, Skills and Employment(SCOTESE). 2012. 2.

中,通常需要不同程度地去运用阅读、写作、口头交流、数学和学习等技能。

7.1.2.2 基础技能政策预期目标和重点

澳大利亚技能署报告《国家劳动力发展策略》中国家的政策将重点关注和支持处于弱势群体的教育与培训,提升全国的语言、读写和数学能力,是促进澳大利亚劳动力参与社会的组成部分。国家战略重点聚焦在澳大利亚工作年龄段(15—64岁)人群,目的是让更多的人提升基础技能水平,特别是那些基础技能处在较低水平的人群。

《国家劳动力发展策略》由各个政府部门联合实施,共同开发成人基础技能国家战略,制定未来10年的基础技能发展策略,让成人发展和保持基础技能,能够自信地参与到当地社会经济,满足现代生活的各种复杂需求。

澳大利亚政府设立了一个宏伟的目标,根据国家战略,到2022年,在阅读和数学方面,工作年龄段(15—64岁)人口的三分之二最少达到层次水平3,也就是说,在2022年目标中,阅读没有达到层次水平3的人口中,人口总数由当前的44.4%降为33%,数学则需要从当前的54.6%降为33%。相关技能水平评价标准,主要根据国际成人能力评估项目(PIAAC)标准计算。[①]

澳大利亚政策文本中,基础技能广泛运用于教育与培训等领域,用来描述成功生活与工作所需要的核心技能。基础技能通常被认为存在于职业学习和技能发展之中,但是基础技能不应该被解读为只是低层次技能或者单一层次技能,越来越多认可基础技能包括了从基本、刚入门的技能到负责和高水平技能。

人们能够适应这个数字时代是需要具备相关技能的,除了信息与通信技术方面的知识,还需要掌握熟练的读写与数学技能。具备哪种程度的读写与数学技能,直接影响到人们信息处理的速度。如果读写技能存在障碍会影响到人们基本信息的获取,即使人们掌握了计算机运用技能,也很难在

---

① WHAT ARE THE LATEST STATISTICS ABOUT LLN SKILLS IN AUSTRALIA[EB/OL]. https://www.rapidlln.com.au/articles/latest-statistics-lln-skills-australia/. 2015-10-8.

复杂环境中去处理信息任务和管理相关信息。[①]

掌握读写技能的水平与成人所接受的教育有非常密切的关系，现实情况是，读写水平技能高的成年人，因为他们从已有的高技能中获益，反而更愿意参与技能方面的学习，从而进一步提升他们的技能。那些处在低技能水平的成年人，他们从相关的教育培训中获益不多，而且随着时间的推移，他们的技能水平会持续降低，这样他们反而更不愿意参加提升技能的学习与培训。

7.1.2.3　基础技能四个领域的行动计划

策略确定以下四个关键优先领域：提升意识、付诸行动；成人学习者获得高质量学习机会并达成较好的学习结果；强化工作场所的基础技能；进一步加强教育与培训系统的师资建设，促进基础技能教学。

（1）提升意识和行动实施。工作场所和社区需要增加对基础技能的认识，进一步减少基础技能较低水平人群占比，让个人有机会获得发展，构建他们的技能。

表7-2　增强意识并承诺行动的国家行动计划[②]

国家联合行动	司法行动	系统行动
2012年起，澳大利亚政府将联合行动以： ——扩大公众对基础技能这个意义更加广泛的概念理解 ——增强基础技能受益之意识 ——形成一种人人皆渴望去提高技能，社会倡导提高技能的文化氛围 2012年起，澳大利亚将同意政府联合行动以： ——支持成年学习者、授信中介、研究人员和雇主获取基础技能方面的建议和信息 ——确保从业人员和其他教育及培训人士能及时获得由政府投入的资源和信息	在每一个司法管辖区，澳大利亚政府将致力于： ——扩大公众对基础技能概念之理解； ——提高基础技能受益之意识 ——形成一种人人皆渴望去提高技能，社会倡导提高技能的文化氛围	

---

① 李盛聪，余婧，饶雨. 国际成人能力评估项目的述评-基于OECD首次成人技能调查结果的分析[J]. 现代远程教育研究，2014(6):12-25.

② SCOTESE. National foundation skills strategy for adults[R]. Canberra：Standing Council on Tertiary Education，Skills and Employment，Skills and Employment(SCOTESE). 2012. 22.

（2）让成人学习者拥有高质量的学习机会。提供多元的基础技能提升渠道，满足不同个体需求，让学习者在他们所在环境中能容易地获得基础技能学习机会。

表7-3　成年学习者拥有高质量学习机会的国家行动计划[1]

国家联合行动	司法行动	系统行动
从2012年起，澳大利亚政府同意将澳大利亚核心技能框架用作测量LLN的标准框架，并支持使用基于澳大利亚核心技能框架的工具 从2013年起，澳大利亚政府将同意使潜在的学习者更加便捷地获取资格和教育路径信息 澳大利亚政府将拓宽渠道，倾听成年学习者好的规划和教学法方面的建议。 从2012—2014年起，澳大利亚政府将协同社区、教育部门和雇主支持设计和开发在线学习资源和信息通讯技术，以补充、强化和拓展基础技能的培训和开发 从2012—2015年，澳大利亚政府将支持达成以下研究： ——针对特定客户群，尤其是澳大利亚本地人的最大化成人基础技能培训和教育成果的方法 ——成人学习者动机、毅力、进度以及有效教学的方法途径 ——政府出资方式对实施高质量、灵活性的影响 ——基础技能介入国家生产率和国民经济的影响 澳大利亚政府将考虑一项新的成人能力调查的可行性，该调查在2017年国家战略中期阶段进行	从2012年起，澳大利亚政府将参与并促进基础技能培训一揽子计划 在2014年举行的两年一度的国家战略审议会上，澳大利亚政府将考虑如何更好地在司法辖区使用基础技能培训一揽子计划。使学习者的成果最大化 2012—2022年，澳大利亚政府将继续为成人基础技能培训提供资金支持 2012—2022年，澳大利亚政府将确保委托机构和培训提供商有机会获取他们需要的信息、产品和工具以帮助每一个学习者对于如何满足自己的基础技能发展需要做出明智的决定 到2012年底，澳大利亚政府将和产业部门合作以确保基础技能在每一个司法辖区成为劳动力发展战略的优先领域	

（3）强化工作场所基础技能。在政府、产业、雇主和工会之间建立强有

---

① SCOTESE. National foundation skills strategy for adults[R]. Canberra：Standing Council on Tertiary Education，Skills and Employment，Skills and Employment（SCOTESE）. 2012. 23.

力和持久的合作关系,基础技能培训能满足雇主和产业的需求,相关产业强化劳动力市场劳动者基础技能的要求。

表7-4　强化工作场所基础技能的国家行动计划[①]

国家联合行动	司法行动	系统行动
从2012年起,澳大利亚政府将与产业部门和工会协作,探究建立支持网络,以支持工作场所的倡导者确立其基础技能学习大使的身份从2012年起,澳大利亚政府将联合行动以确保企业有机会获得关于如何炼就基础技能能力的建议	从2012年起,澳大利亚政府将与产业部门、雇主和工会建立伙伴关系,以最大可能开发工作场所基础技能到2012年底,澳大利亚政府将和产业部门和合作以确保基础技能在每一个司法辖区成为劳动力发展战略的优先领域	2012年7月1日,澳大利亚政府将建立劳动力和生产力部门,以管理国家劳动力开发基金,从而使产业部门、已注册的培训机构和和政府协同工作实施培训,达成技能标准,这其中也包括通过正式培训达成基础技能

(4)改进教育与培训机构基础技能教学能力。成立语言、读写和数学专家教学团队,培训教学人员,让他们能有效进行可雇佣性技能的教学,支持职业培训者把基础技能整合到职业培训之中,更有效地对基础技能进行教学。

---

① SCOTESE. National foundation skills strategy for adults[R]. Canberra：Standing Council on Tertiary Education,Skills and Employment,Skills and Employment(SCOTESE). 2012. 24.

表7-5　加强教育与培训系统师资建设的国家行动计划[1]

国家联合行动	司法行动	系统行动
2012年到2015年，澳大利亚政府将为基础技能从业者的职业发展、资源和培训提供资金支持。该资金支持将全国协调以避免同质发展，同时确保该资金支持基于达成共识的优先发展战略目标 从2012年起，澳大利亚政府通过正式培训和专业发展，在VET从业人员中逐渐强化基础技能意识和专业知识水平 从2012年起，澳大利亚政府将联合行动以： ——强化并扩大基础技能领域特征的范围 ——支持基础技能实施的专业知识，包括为从业人员开发专业标准的新方法 到2014年底，澳大利亚政府将为专家型成人基础技能从业人员资格建立国家性的框架体系，从而确定资格标准 从2012年起，澳大利亚政府将联合行动以支持优秀的基础技能培训提供机构的认定 从2012年起，澳大利亚政府将支持现行报道和管理程序的研究，以确保他们对成人基础技能从业人员提供最大的支持	从2012年起，澳大利亚政府将致力于： ——提高每个司法辖区专家型基础技能从业人员培养目标 ——强化基础技能的可见价值，并将其作为毕业后教育和培训的一部分 澳大利亚政府将与VET和高等教育部门协作建立激励机制，并扫除进入基础技能从业人员这一行业的障碍 从2012年起，澳大利亚政府将认定优秀的基础技能培训提供机构	到2014年底，澳大利亚政府决议所有新的VET从业人员必须完成成人LLN单元学习，该单元学习将成为培训和教育证书4的一部分 从2015年起，澳大利亚政府议定所有现存的VET从业人员必须完成成人LLN单元学习（TAELLN401A－旨在解决成人LLN技能问题） 澳大利亚政府议定从2014年7月起，所有着手获取职业教育及培训证书（TAE50111）的VET从业人员必须完成成人LLN单元学习，包括TAELLN401A和AELLN501B。前者旨在解决成人LLN技能问题，后者旨在支持成人语言、读写及运算能力的发展

---

[1] Ibid.

7.2 以基础技能为架构,构建综合技能体系

7.2.1 读写、语言和数学技能

1997年,Fitzpatrick 和 Roberts 提出在培训包中需要加入语言、阅读和数学方面的培养,自此后相关的论述就更为常见了。[①]在《培训包培养手册》的最初版本中就包含：培训包中的工作任务对语言、阅读与数学方面的要求必须给出详细的认定与描述；培训包中语言、阅读与数学技能的要求,不应该高于实际工作场所对这些技能的要求。

过去10来年,相关机构采取了一系列的措施来确保培训包中培养学员的语言、阅读与数学技能,具体措施包括：为产业培训咨询机构(Industry Training Advisory Bodies,简称为ITABs)提供启动基金,在入门培训包中整合语言、阅读与数学技能；为培训包开发人员提供资源与建议；为产业实体机构提高认识举办的活动；安排相关专业领域的咨询参考团。

近年来,相对最初版本的培训包手册,培训包变得越来越复杂,语言、阅读与数学技能的整合也得以提升,因语言、阅读与数学技能与可雇佣性技能有重复之处,所以在最新的培训包中,着重强调可雇佣性技能中语言、阅读与数学的地位。

7.2.1.1 什么是语言、读写、和数学技能

我们不仅在学校中学习数学和英语,语言、读写和数学技能也是我们日常生活中运用最多的技能。每天的工作场所中,一个人说、写都与语言相关,运用数学技能去交流也很常见。当教育机构在设计工作场所学习和评估时,教学者需要认识到语言、读写和计算技能之间的内在连接。然而,通常情况是,一些教学训练中只关注到这三项技能中的一项。[②]在很多场合,

---

① Fitzpatrick L,Roberts A. Workplace communication in national training packages:a practical guide[EB/OL]. http://www.voced.edu.au/content/ngv%3A25347. 2015-10-9.

② What language literacy and numeracy[EB/OL]. http://www.takingthelead.com.au/lln-tips-in-dustry/1-what-language-literacy-and-numeracy. 2015-9-8.

"语言、读写、计算"这三个术语经常在一起使用,他们不可互换或者说紧密相连。

语言是我们人类理解事物意义的主要途径。当我们谈论语言时,听、说、读、写和看共同作用。在广泛意义中,语言包括我们传达意义的词语、动词结构、手势。我们讨论使用的词语,语法结构和其他意义支撑系统,来表达自己的意思或者理解他人的意思。

语言也指个体语言,比如英语、普通话等。我们工作场所中经常涉及到混杂的语言。有时候工人能够拥有技术能力然而却没有英语语言能力。语言不仅仅是知道单词和正确使用语法。在工作或者普通交流中,知道在不同情形下为了不同目的去使用语言,能够给让我们接近事物的意义,能够完成我们的个人工作和实现目标。

语言是随着时间和背景的改变而改变。工作场所里与工作相关的词汇,包括行业术语,技术术语和工人们必须知道的首字母缩写词。有效的跨文化交流需要一系列的技能,包括欣赏能力,在不同语言中所重视的语言交流形式各有不同。例如,在英语中,书写的语言形式被高度重视,然而,在土著语言中则更重视口头和视觉交流形式。

读写技能是在家、工作和社区中去阅读和使用的书面资料,并能够恰当书写的一种能力。读写技能还包括说话、倾听以及在阅读写作时,能运用批判性思维进行整合。

阅读是有目的性的,随着社会和文化变化而不断改变。读写技能使我们能够与他人交流从而实现特定的目的:解释,争论,获得和提供信息,探索问题,娱乐和创造。

读写技能不只是基本的读和写(有时候称为基本读写技能),如能理解说明指示,填写表格,阅读公车时间表,写个便条给家庭成员等等。它也是一种更高级的阅读思考能力,从看到文字内容中质疑思考的能力(有时候称为关键读写技能)。读写技能也是我们语言在社会中的应用,例如在家庭、社区、学校和工作场所中。读写实践随着时间和背景的变化而变化。随着多媒体和信息技术和多元文化社会的出现,过去的10年我们已经见证了这个变化。个人阅读技能的要求是变化的,新的情景要求我们提升读写技能。

计算是在工作和社会条件中使用数学概念并起到有效作用的能力。它涉及数学技能的实际运用,吸收、使用和批判地评估数字或者图表形式的信息。

数学技能可以包括基本的数字能力、空间和图形的概念、测量的运用和问题解决。计算也可能涉及读写,例如当从文字资料中提炼出数字信息。在工作场所中,用来实现一定计算任务的方法。对很多人来说,数学技能并不是在多年学校学习后就能自动获得的结果,因此,经常需要在工作场所中专门学习。

为职业教育学生提供语言、读写和数学的帮助,这个在澳大利亚技术与继续教育(TAFE)30年前的教学中在就开始存在。[①]然而把语言、读写和数学作为一个项目单独进行教学,并且提出发展并整合语言、读写和数学教学这个概念,澳大利亚在全球走在前列,把语言、读写和数学整合到教学之中,受到联邦政府的支持,不仅仅在职业院校的学生,同时也包括工作场所中成年人语言、读写和数学技能的培训。

7.2.1.2　工作场合的读写技能

工作场所语言、读写和数学(WLLN)技能项目。把语言、读写和数学整合到职业教育之中在20世纪90年代中期讨论的比较多,Courtenay 和 Mawer 认为开发语言、读写和数学技能与职业能力整合,两者应该是密不可分的同一过程。换句话说,语言、读写和数学不是单独分开或者分离的技能,而是伴随在职业技能的学习过程中。职业教育在提升语言、读写和数学技能当中,主要还是集中于培养学生的职业技能。[②]

如今,为职业教育学生提供语言、读写和数学教育方式多样,包括在学

---

① Wickert, R, Searle, J, Marr, B. and Johnston. Opportunities, transitions, and risks: Perspectives on adult literacy and numeracy development in Australia. Review of Adult Learning and Literacy. 2007(7):245-284.

② Courtenay M, Mawer G. Integrating English language, literacy and numeracy into vocational education and training:a framework[J]. Nsw Technical & Further Education Commission, 1995:3-5.

习中心提供个人或者团体的辅导,单独的语言、读写和数学课程,团队教学,团队教学更多是整合教学,职业专业教师与语言、读写和数学教师通常一起工作,对学生进行理论和实践方面整合教学。[①]

工作场合中,人们需要阅读、写作、聆听、数字技能等去完成工作,这些技能的需求也会随特定的工作任务发生改变。

读写也是社会和文化的实践,个人运用读写技能的时候会根据以下条件做出改变:如在哪里完成任务(特定环境),为什么需要做(目的)。因此工作场所的读写需要根据环境、目的和特定需求作出反应。

工作场所四类主要沟通的模式:广泛阅读材料;能写各个类型的材料;与不同类型的人讨论工作;计算和分析各类数据。

7.2.1.3 澳大利亚国家职业教育研究中心相关研究

在众多的研究中,澳大利亚国家职业教育研究中心(National Centre for Vocational Education Research ,简称为 NCVER)研究得出,较低的语言、读写和数学技能会引发许多社会问题,包括阻碍工作参与度,影响生产效率、个人的社会参与度、经济地位、社区的健康与和谐。

澳大利亚国家职业教育研究中心寻找培养语言、读写和数学技能方法,在职业教育的师资队伍当中,缺乏这方面有效评价的人才,导致学习者出现语言、读写和数学能力的水平较低,报告指出职业教育队伍缺乏对澳大利亚核心技能框架的深层次理解。根据报告,教师在开发语言、读写和数学技能的时候,需要把澳大利亚核心技能框架融入培训与评估中;开发有效的、可靠的和公正的评价,预测学习者达到工作所需的要求;进一步缩小学习者的语言、读写和数学技能方面差距。

澳大利亚国家职业教育研究中心发现提高数学技能是最大的一个难题,研究发现,现有数学技能的学习,与职业教育机构的师资所需要的技能存在巨大差距,数学老师所需要达到的要求方面,他们没有获得应有的资格

---

① what's workplace literacy[EB/OL]. http://www.takingthelead.com.au/lln-tips-industry/2-what's-workplace-literacy. 2015-9-8.

证书,缺乏足够的技能、经历和理解能力。

7.2.2 澳大利亚核心技能框架

7.2.2.1 澳大利亚核心技能框架提出的背景

澳大利亚核心技能框架最早是基于国家报告体系(National Reporting System (NRS)),目的是为成人英语语言、阅读和数学(语言、读写和数学)报告提供机制。当时的国家报告体系设计的时候仅仅作为一种报告工具,而澳大利亚核心技能框架被设计为一个通用的框架,可以运用于一系列更加广阔的领域。

澳大利亚核心技能框架最初的版本于2008年12月出版,主要是用来调查不同背景的学习者,包括社区与工作场所的培训,高级中学、职业教育、高等教育。不论是澳大利亚核心技能框架的初稿还是最终稿,都得到来自项目团队的理论和知识及帮助,专家团队汲取了国内和国际在评价、认证、课程和专业发展等方面的经验。

7.2.2.2 澳大利亚核心技能框架的内容

澳大利亚核心技能框架是一个评价工具,用来帮助专业和非专业的语言、读写和数学从业者去描述个人在学习、阅读、写作、口头沟通和数学五个核心技能的表现。[1]

框架用于个人与社会、工作场所与就业、教育与培训三个不同情境中,提供一个全国性方法去确认和发展上述五项核心技能。框架提供了一套可以分享的概念和语言去认定、描述和讨论五项核心技能,为个人核心技能的表现提供了评价的基准点;是澳大利亚政府对教育和就业的技能项目采取的一项关键措施。[2]

澳大利亚核心技能框架(ACSF)包括我们日常生活中需要常用的五项核

---

① Australian core skills framework[EB/OL]. http://www.education.gov.au/australian-core-skills-framework. 2015-9-15.

② Australian Core SkillsFrame work[EB/OL]. http://www.industry.gov.au/skills/ForTrainingProviders/AustralianCoreSkillsFramework/Pages/default.aspx. 2015-9-15.

心技能，框架提供了五项技能在日常表现中细致的描述，这五项核心技能分别为：学习、阅读、写作、口头表达、数字。

这五项技能是个体在社会中最基本的技能，他们和我们生活息息相关，这些技能直接或者间接与个体身体健康、社会与经济上的表现、工作效率与工作安全、社区的互动与建设有关，更进一步，最终会影响澳大利亚经济与社会发展。

澳大利亚核心技能框架的开发，是用来形成全国统一的评价方法，帮助个体、社区、教育及培训机构等去促进核心技能的发展。这一框架主要用概念和相关术语来去确认、描述、讨论核心技能，用系统的方法对核心技能的表现进行标准设定、检测和记录。

核心技能的开发是一个终身过程，因为我们可能需要新的核心技能或者进一步强化的核心技能，只有这样才能适应未来可能的某种角色和环境，尤其是新技术的更新。因此，任何聚焦核心技能改进方面，不应该只局限在有限技能范围之内，而应该让所有的人尝试，在生活和工作中不同角色中去理解新的信息和沟通方式。

澳大利亚核心技能框架中，在描述具体表现时候，每个技能分为五个层次，并构成联系的统一体。每个层次不论是核心技能本身还是不同的核心技能，都不是静止不变，而是受到一系列变量的影响而改变，包括技能在具体情境中的运用。

7.2.2.3 澳大利亚核心技能框架用途

在全国范围内，提供一个方法用来确认和发展核心技能，这个框架可以应用于不同环境中，包括个人和社区、工作场所与就业、教育与培训机构。框架提供了在描述和讨论核心技能上一个共通的概念和确认方法，同时有一套完整方法体系去确立标准、进行监测和记录核心能力的表现。

澳大利亚核心技能框架可以应用到以下领域：个人核心技能表现的评估和参照；描述工作场所与就业相关的核心技能；制定课程大纲；设置教与学的方法；财政资助和评价的决策信息来源。

个人核心技能表现的参照基准。澳大利亚核心技能框架可以在任何时候来确认和描述个人的核心能力水平，框架可以了解个人在不同领域的优势，可以做出精确的测定，所以在学校培训的过程中，可以对个人的进步随时进行监测。澳大利亚核心技能框架也可以用来评价一群人核心技能状况。

教育与培训中绘制核心技能的需求。澳大利亚核心技能框架可以用于绘制课程和单元中核心技能的需求，这样可以清晰准确地说明核心技能的培养目标、重点所在和存在的差距，这样在不同的课程、学科和领域中，可以帮助促进确认核心技能要求与核心技能操作期望之间的异同。澳大利亚核心技能框架绘制了广义范围内的成人英语语言、读写和数学课程。另外在国家资格证书培训包中可以用澳大利亚核心技能框架确认、澄清和描述核心技能的要求。

裁剪教与学的方法。在绘制课程需求和材料的时候，确认学习者的优势和缺点，澳大利亚核心技能框架可以用于——为学习者所需裁剪课程、材料和方法；设计和认定核心技能评估方法；在确认澳大利亚核心技能框架水平和表现特点的时候，评估一些潜在有效评估任务；开发自我评价，让学习者增加参与度和自主性；帮助教师提供有针对性的操作表现反馈。

对与工作场所和就业相关的核心技能进行描述。澳大利亚核心技能框架可以让那些语言、读写和数学教学人员和其他人去探讨和确认工作场所核心技能，澳大利亚核心技能框架信息可以为人力资源管理部门提供帮助，同时也可以帮助语言、读写和数学领域专家去确定工作所需的核心技能，能为个人提供更加合适的培训项目。澳大利亚核心技能框架可以在培训项目中，连续性地观察和描述学习者五大核心技能在工作中的表现。培训包开发人员可以使用澳大利亚核心技能框架，把核心技能同能力标准要求相连接，在各个能力单元中，核心技能可以进行更加清晰的设计和描述，这样让教师更加容易把核心技能作为培训的一部分进行整合。

在政府拨款时作为有效参考。政府在对核心技能投资预算时，语言、读写和数学教学人员可以用澳大利亚核心技能框架表现水平，来支持他们去获得政府部门的资助，可以报告学习者的进步以及评价项目的有效性。使用澳大利亚核心技能框架能有效促进公平与公正,为政府支持项目提供科学的反馈数据。

澳大利亚核心技能框架提供了较为详尽而且比较细致的框架,用来描述成人的学习以及他们的英语语言、读写和数学技能。这一框架结合了当年的理论,并且吸收了这个领域众多专家的观点。

澳大利亚核心技能框架可以用于不同的人群与社区、不同的工作与教育培训中,框架提供一个有连续性,可以在全国范围内对语言、读写和数学技能的要求进行认证的方法;同时提供了五个核心技能领域的描述和操作的通用参考,包含五个方面六个层次的表现。

7.2.2.4 澳大利亚核心技能框架的描述

澳大利亚核心技能框架从下面三个维度来描述五个具体技能:

第一,技能的表现划分为五个层次,从最低水平第一层到最高水平第五层。核心技能的每一个层次都从细节之处进行描述,在个人的任何时间任何地点都能对个人的表现作出一个连续性的判断,五个层次中每个层次都是一个重要阶段,整个五层次表现是一个相互联系的统一体。

第二,四个变量可能会影响到个人技能的表现:①相关支持,②内容,③文本的程度,④任务的复杂程度。

第三,沟通主要发生的三个领域,从广义的背景来看,核心技能主要在以下三个领域运用:个人与社区生活、工作与就业场所、教育与培训。

表7-6 澳大利亚核心技能框架表现变量表[①]

表现	支持	内容	文本复杂度	任务复杂度
第一层次	与专家(导师)一起工作,他们可以给予相关的提示与建议	非常熟悉领域,具体、即时的内容,限定很小的范围之内	短而简单,目的相对清晰,有限的、相当熟悉的词汇	具体任务,1—2个步骤;认定、识别

---

① DIISRT.Australian Core Skills Framework[M]. Commonwealth of Australia. 2012.7–8.

续表

表现	支持	内容	文本复杂度	任务复杂度
第二层次	可能与专家(导师)一起工作,在自己要求的情况下获得他们支持	熟悉并能预测的领域,限定范围之内	简单熟悉文本,并且目标清晰,熟悉的词汇	任务清晰,有限并熟悉的步骤;认定、简单解析、简单排列
第三层次	独立工作,利用自己熟悉的资源来获得支持	所有熟悉范围,小部分陌生,熟悉领域的部分说明	常规文本,信息和摘要中可能包含一些不熟悉内容,一些专业术语	多个步骤,排列、整合、解析、简单推测、假设和摘要
第四层次	能独立自主工作,建立一系列资源来支持工作	较广情境,部分未知或不可预测,不熟悉领域的部分说明	复杂文本,信息中包括专业词汇,包括抽象和象征性词汇	复杂任务管理,多个步骤,摘取、推测、假设、反思和摘要
第五层次	主动学习者,能从全方位获得支持,并能进行评估	各种情境,跨领域的适应性,掌握一个或多个内容	高度复杂文本,包含各种信息,较多专业术语与象征性语言	复杂任务,概念化、管理和分析,合成、批评性反思、评价、建议

各个层次的表现描述采用：

——指标,即对每个层次的表现进行总体上的陈述。

——聚焦领域,即表现特征中各项指标的组合。

——表现特征,即个人在每个层次的具体描述。

——样本活动,即在特定沟通领域,个人在某一水平的具体表现案例。

指标是对五项核心技能在每个层次表现中的概要描述,指标共划分为11项,其中学习、阅读、写作、口头表达4项技能,而每项技能又包括2个指标点,数字中包含3个指标点。

表7-7　澳大利亚核心技能框架表现指标[1]

核心技能	指标符号	描述
学习	.01	自己有自主学习意识,能计划和管理学习
	.02	获取并运用具体策略来促进学习

[1] DIISRT. Australian Core Skills Framework[M]. Commonwealth of Australia. 2012.20.

续表

核心技能	指标符号	描述
阅读	.03	对象、目标和意义
	.04	阅读策略
写作	.05	对象、目标和意义
	.06	写作机制
口头表达	.07	说
	.08	听
数字	.09	活动及文本中能认定数字信息及其包含意义
	.10	能使用数学知识,并能运用于问题解决过程之中
	.11	能用数学进行沟通与陈述

在具体的实践当中,对不同指标之间相互影响的辨别非常重要。具体指标根据核心技能进行小数点编号,和澳大利亚核心技能框架表现变量表中 5 个层次结合起来进行描述。如了解某个人的在第 1 层次学习的表现,用数字标明即为 1.01 和 1.02;如果是个人在第 4 层次学习的表现,则为 4.01 和 4.02。

7.2.3 核心工作技能发展框架

7.2.3.1 核心工作技能发展框架(CSfW)提出背景

2011 年,教育、就业和劳工关系部(the Department of Education, Employment and Workplace Relations)资助了一个项目来对可雇佣性进行评价,在此基础上出台了核心工作技能发展框架(Core Skill for Work Developmental Framework,简称 CSfW),核心工作技能发展框架测试技能领域的表现,主要分为三大技能群。核心工作技能发展框架建立在可雇佣性技能框架之上,为雇主所需,可操作性的技能,通过教育场景实践促进技能转换,让技能可教、可学、可看、可测。

7.2.3.2 核心工作技能发展框架的功用

可雇佣性技能框架由企业雇主提出,当时设定的主要目标是针对企业雇员,而核心工作技能发展框架包括的范围更为广泛,不仅仅针对雇员,而且针对雇主,同时对自主就业者、义务工作者、参加教育培训学习人员等都适用。核心工作技能发展框架特别提供给教育者、培训者、相关从业人员、培训包开发者、为教育机构提供支持的人员。

核心工作技能发展框架可以被用于广泛领域，比如学校教师、培训机构培训师，他们可以运用于培训教材的开发，课程设计和标准设定，提供学习与评价资源，另外也可以运用于与就业相关人员，这个框架去为他们提供了一个大家都可以通用和理解、并为雇主所需的知识与技能。另外这个框架可以帮助就业者清楚了解他们的优势所在，告诉他们有待于提高领域。学校教师、培训机构培训师、以及相关人员，他们可以使用这个框架去开发资源和项目，帮助人们去发展企业所需的智商与技能。[①]

核心工作技能发展框架的目的是说明那些非具体技术技能与知识，这些知识与技能可以有效帮助大家成功融入工作，为了能让这些技能更加清晰与明确，核心工作技能发展框架基于此而设计，框架提供一个统一的参考点和语言表述方式。

对那开发课程标准的人来说，在准备项目材料、学习材料和评价材料，把核心工作技能清晰地融入相关材料之中，帮助他们在某一职业，或者职业发展的特定时期去发展核心工作技能。培训者、教育者以及就业指导者向那些学习者更加清晰的阐述了技能的发展，帮助学习者更加清晰的整合知识并转换成他们能获取的技能，让那些想发展技能的人去确认这些技能。

核心工作技能发展框架不是一套标准，也不是一套评价工具，而是一个框架，让工作表现的技能、知识和理解力概念化和清晰化，并指导技能的进一步发展。框架并不是去替代已经存在的技能开发的方法，而只是提供一个跨部门的共同基础架构。

7.2.3.3 核心工作技能发展框架内涵

核心工作技能发展框架主要是为了确认与工作相关的行为和技能，这些行为和技能已经被澳大利亚雇主认可，对个人成功地参与工作非常重要。在工作操作中应该具备知识、技能和理解力，如需要了解工作场所的规章制

[①] Core Skills Work Developmental Framework [EB/OL]. https://education.gov.au/core-skills-work-developmental-framework. 2015-9-20.

度,有助于适应新情景需要的重点知识和技能,这些都在核心工作技能发展框架中做了详细说明。

核心工作技能发展框架主要是用来描述支持成功参与工作的一系列非技术技能、知识和理解力(工作这一术语在工作发展核心技能中是一个广义的概念,表示某一特定目标所进行的活动,包括体力劳动也包含脑力劳动。)参与工作的人员可以是雇员,也可以是自己独立创业人员,或者是志愿者等。

在具体工作场合运用技能的时候,工作的表现受到一系列因素影响,一系列的非技术技能,我们通常称之为通用技能和可雇佣性技能,这些非技术技能与技术技能(特定学科技能)以及核心语言、阅读与数字技能,共同构成工作中的工作表现,具体见下图。

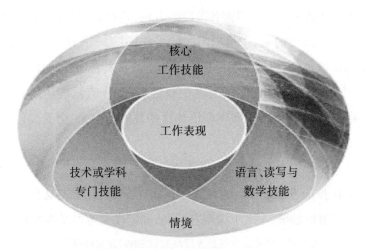

图7-2 情景中的核心工作技能(CSfW in context)[1]

核心工作技能发展框架具体操作描述时分为十个技能领域,十个技能领域划分在三大技能群之下。[2]

技能群一:掌控工作方向

---

① Core Skills Work Developmental Framework [EB/OL]. https://education.gov.au/core-skills-work-developmental-framework. 2015-9-20.

② DEEWR, DIICSRT. Core Skills for Work Developmental Framework[M]. Commonwealth of Australia. 2013. 1-2.

①管理职业与工作生活。②了解工作中的角色、权力与规章制度。

技能群二:与他人互动

③工作中的沟通。④与他人联系以及合作。⑤认同并能采纳不同观点。

技能群三:完成工作:

⑥计划与组织。⑦做出决定。⑧确认和解决问题。⑨创造与革新。⑩能在数字时代工作。

每组技能领域都是知识、技能与理解力的组合,以及在工作中的运用,核心工作技能发展框架认为这些技能领域覆盖所有工作领域,不仅仅是刚踏入工作所需要具备的技能,也是一个人在一生的工作中都需要继续发展的技能。核心工作技能发展框架根据各阶段的表现,共划分为五个技能等级。

同时还需要认可的是:①根据不同的工作场景,个人所需的技能不同,技能的不同阶段也各异;②并不是所有个体都需要具备所有的技能,或者让他们去学习精通某一阶段的技能;③工作的时候,个人可能使用到不同阶段、不同领域的技能;④个人展现和培养这些技能的能力,会受到他们工作环境的影响。

7.2.3.4 核心工作技能发展框架聚焦领域与影响因素

核心工作技能发展框架(CSfW)聚焦领域(Focus Areas):从各个技能领域到确认一组聚焦领域,个人根据现有资料,确定优先考虑哪些方面。

表7-8　核心工作技能发展框架(CSfW)聚焦领域[①]

技能群	技能领域	聚焦领域
掌控工作方向	1a.管理职业与工作生活	确认工作的选择,工作活动,发展相关的知识与技能
	1b.工作中的角色、权力与规章制度	工作中的角色与责任,在法律规定权力与责任范围内工作,了解并对规章制度做出反应
与他人互动	2a.工作中的沟通	对沟通系统,时间和规章制度能做出反应;说与听;理解、阐述和行动;让信息被理解

---

① DEEWR, DIICSRT. Core Skills for Work Developmental Framework[M]. Commonwealth of Australia. 2013. 9–10.

续表

技能群	技能领域	聚焦领域
	2b. 与他人联系以及合作	了解自我，建立友好关系，协同与合作
	2c. 不同角度的辨别及运用	不同视角看待问题，不同视角去回应和运用，管理冲突
完成工作	3a. 计划与组织	规划和组织工作量和承担义务，规划和完成任务。
	3b. 做出决定	宏观把握，做出决定；采用问题解决过程；评价的影响
	3c. 确认和解决问题	确认问题，采用问题解决过程，评论的结果
	3d. 创造与革新	寻找机会去发展和采用新想法，产生新的观点，选择实施方案
	3e. 能在电子时代工作	使用电子类的技术与系统，与他人联系，获取、管理并提供信息，风险管理

核心工作技能发展框架（CSfW）的表现特征（Performance Features）：由聚焦领域组织而成，表现特征是用来描述个人知道的事情，理解并能在某一层次进行操作。表现特征尽管不被认为是一系列有限的能力，但确实是区分一个层次表现和另外一个层次表现的关键特征所在。表现特征采用各个分开核心工作技能发展框架——框架文本进行描述。

在任何时间的一个节点上，个人的表现可能会受到一个或者一系列相关因素的影响，包括个人的关注及他们所处环境的背景等。

个人在工作情景中的表现，不仅仅只牵涉到知识和技能，个人本身因素也是重要因素，多种因素有可能影响到他们能多大程度去完成不同任务，周围环境因素也会影响个人能力及其某些技能的表现。这些影响因素主要包括：现有知识和技能、外在因素等，具体的影响因素如下表所示：

表7-9　影响因素列表①

序号	影响因素内容
1	现有的技能和知识（Existing skills and knowledge）
2	文本熟悉程度（Familiarity with the context）
3	工作复杂性（Complexity of tasks）
4	支持的类型与程度（Nature and degree of support）
5	自主水准（Level of autonomy）
6	激励程度（Degree of motivation）
7	自信与适应力（Self-belief and resilience）
8	文化和价值观念影响（Cultural and value-based factors）
9	外在影响（External factors）

7.2.3.5　核心工作技能发展框架的阶段划分

核心工作技能发展框架开发的时候，分级的方法受到德雷福斯技能获取模型（Dreyfus' Novice to Expert Model of Skills Acquisition）②中技能分类方法的启示，核心工作技能发展框架技能也分为入门、新手高级、胜任级、熟练级、专家级五个级别。

当个人进入一个新的情景时（如扮演新的角色，在新的组织、企业或某一领域，从学校过度到工作等），这个时候他们不会失去已有技能，他们有能力去运用技能直到他们能理解新情景。

---

① DEEWR, DIICSRT. Core Skills for Work Developmental Framework[M]. Commonwealth of Australia. 2013.11-12.

② Dreyfus, H. and Dreyfus, S. Mind over machine：the power of human intuition and expertise in the era of the computer. New York：Free Press . 1985.

表7-10　核心工作技能发展框架各个阶段表现的通用描述①

阶段1 入门级	阶段2 新手高级	阶段3 胜任级	阶段4 熟练级	阶段5 专家级
基本动作操作时，技能领域没有或者只有很少的实践经验；高度依靠清晰的"条例规则"（如说明书、手册、过程说明、模型等），需要他人引导、帮助和作出决定，参与有导向性的活动	技能领域有一些实践经验，开始能识别一些模式（如常规、规律性反应，内在联系等），这些帮助理解并影响他们实践；仍旧依靠清晰的"条例规则"，或者在之前已确认优先情况，但是在熟悉、常规情况下，能更加自主的采取行动	技能领域有足够的实践经验，能确认模式和管理原则，行动前能设定先后顺序 在熟悉的领域，能舒适的应用清晰的、或者没有直接言明的"条例规则" 任务中能采用系统的、分析的方法，特别是在不熟悉环境的情况之下	各个情景中有大量的实践经验，从依靠外在给出的条例逐步过渡到能识别规则来指导行动 组织知识、实践经验成为模式、概念和规则，这样能够增加直觉和灵活的方式对不同情境评估并作出反应；做重要决定时，能重新分析并寻求帮助	技能领域有非常丰富的实践经验，既有宏观视野，也能关注到细节的关联 在复杂情况下能流畅、直觉和灵活的去操作，把知识、实践经验总结成为高度精炼的模式、概念和规则 不同情境中运用已有直觉和分析去处理，知道"视情况而定" 能经常重新定义方法和实践，得到有效的结果，能知道那些条例和规则比较适用

7.2.3.6　核心工作技能发展框架与可雇佣性技能关系

近20年，雇主们都在探讨雇员所需要的通用技能和可雇佣性技能，以及雇员所需个人具备品质等，自2002年提出可雇佣性技能框架以来，到目前内容一直都没有变化，然而雇主们在一直关注年轻人和求职者，雇主认为这些人没有达到为工作做好准备的标准，另外，在培训包教学中，教学者也比较

---

① Core Skills Work Developmental Framework [EB/OL]. https://education.gov.au/core-skills-work-developmental-framework. 2015-9-20.

难定位可雇佣性技能,从而在教学与评价中难以达到雇主需求的技能。

核心工作技能发展框架建立在可雇佣性技能框架的基础上,构建具有可操作性的技能定义,提供雇主所需的,促进技能转化为可操作的教育环境,让技能可以教学、学习、观察和测量。

核心工作技能发展框架提供了一套通用的语言,用来描述和讨论与工作相关的通用技能,可用于教育和学习机构中,促进与工作相关的非技术技能的发展。可雇佣性技能与核心工作技能的关系中,核心工作技能发展框架并不是为了去否定可雇佣性技能框架。

需要指出的是,核心工作技能发展框架这一框架体系中,技能、知识和理解力,随着时间和环境的改变而发生改变,三者共同作用于工作表现。而可雇佣性技能框架当中,没有指出个人的技能、知识和理解力会随着时间和环境改变而改变。核心工作技能发展框架这一框架体系更加考虑工作变化这个因素。当人们进入工作领域的时候,他们可能会经历各种挑战和沟通压力,他们需要学会面对且适应不断变化的工作场所、技术、环境。

7.3 基础技能政策的实施

7.3.1 基础技能政策实施概况

2012年,澳大利亚政府各部门将共同致力于:进一步强化和扩大基础技能专门人才的范围,支持专业人才参与基础技能的传授,为基础技能传授人才设置专业标准;推动澳大利亚核心技能框架包含的已经经过认可的语言、读写和数学标准,并把这个框架标准融入培训包之中;州和领地管理机构,需要增加学习者的语言、读写和数学水平的评估,也需要提供资助与资源来提升学习者语言、读写和数学水平。①

2013年澳大利亚政府委员会(Council of Australian Governments)中的第三级教育、技能与就业常务理事会启动劳动力基础技能培养(The Foundation

---

① Australian Gov.. Foundation Skills [EB/OL]. http://governmentskills.com.au/foundation-skills. 2015.9—15.

Skills Workforce Development，简称为FSWD）项目，目标是建立高效的管理机构来发展基础技能，实施《国家成人基础技能策略》。

职业教育体系在基础技能行动项目中主要包括：国家成人基础技能策略、澳大利亚核心技能框架、核心工作技能框架、基础技能培训包、澳大利亚核心技能框架、澳大利亚核心技能框架能力绘图、语言、读写和数学指标体系、基础技能培训包支持资源。

职业教育对人力资源部门也提出了能力要求。职业教育相关从业人员的能力直接关系到能否在培训中有效整合基础技能，因此需要相关领域从业者去开发基础技能。具体为：①需要更多的语言、读写和数学专家，这些专家需要了解语言、读写和数学在多个不同的工作环境中的运用，并与其他职业培训机构建立合作关系；②职业培训提供者需要对基础技能拥有较强认识，同时提升支持和开发基础技能的能力；③职业教育培训机构的管理者和政策制定者需要意识到基础技能是其他技能发展的核心所在，另外了解基础技能的有效教学方法。

7.3.2 基础技能培训包

基础技能资格证书的设计，是为那些进入职业培训的人们提供所需的基础技能。针对的学习者既包括还没有参加工作的人员，也包括正在工作人员，可以为他们的职业进一步发展提供必备的核心技能。

表7-11 基础技能培训包的三个资格证书

证书代号	证书级别	资格证书具体名称
FSK10113	资格证书一	步入职业的路径（Access to Vocational Pathways）
FSK10213	资格证书一	职业路径的技能（Skills for Vocational Pathways）
FSK20113	资格证书二	职业路径和工作的技能（Skills for Work and Vocational Pathways）

每一个资格框架的培训包，在具体能力单元标准中，包括了学习、数学、阅读、写作、口头表达和信息技术等核心技能，以及经过甄选的能力标准。每个单元所提供技能水平的方法，可以结合澳大利亚核心技能框架进行检测。

　　基础技能单元的选择主要考虑学习者所需,以及他们的职业规划。技能单元设计为培训包使用,具有较大灵活性,可以在各个不同场景中使用。

　　学习者、教学者和雇主为了获得更好的教学效果,需要重点聚焦在提升学习者职业能力所需的核心技能,促进他们的发展;鼓励更多的职业教育教学人员和职业教育教学机构,创建基础技能整合与教学的新项目;优先考虑学习者的职业目标,以及雇主和产业所需的技能。①

7.3.2.1　基础技能培训包具体内容

　　2012年澳大利亚创新与行业技能委员会(IBISC)和澳大利亚产业、创新、科学研究与第三级教育部(DIISRTE)联合着手开发培训包,共同发布了《基础技能培训包实施手册》(*Foundation Skills Training Package Implementation Guide*)。2013年3月14发布基础技能培训包第一稿,同年5月16日,对基础技能培训包进行修改升级,并正式在全国使用。下面各表是基础技能培训包中各个技能培训包的代码与主题,教学者和学习者可用根据自身的需求,选择不同类型的培训包进行教学和学习。

表7-12　电子信息技能能力单元②

代码	主题
FSKDIG01	运用电子技术完成基本工作任务
FSKDIG02	运用电子技术完成简单工作任务
FSKDIG03	运用电子技术完成常规工作任务

表7-13　学习技能能力单元③

代码	主题
FSKLRG01	准备融入学习环境
FSKLRG02	确认策略应对基本工作问题
FSKLRG03	运用基本策略进行职业规划

---

　　① Innovation and Business Skills Australia. Building strong foundations for training and work FSK Foundation Skills Training Package brochure[EB/OL]. https://www.ibsa.org.au/foundation-skills-fsk. 2015-11-18.

　　② Innovation and Business Industry Skills Council. Foundation Skills Training Package. https://www.ibsa.org.au/volume/introduction.2015-10-18.

　　③ Innovation and Business Industry Skills Council. Foundation Skills Training Package. https://www.ibsa.org.au/volume/introduction.2015-10-18.

续表

代码	主题
FSKLRG04	运用基本策略进行与工作相关的学习
FSKLRG05	规划简单工作任务
FSKLRG06	参与工作安排
FSKLRG07	运作策略来确认工作机会
FSKLRG08	运用简单策略进行与工作相关的学习
FSKLRG09	确认策略应对日常工作问题
FSKLRG10	运用常规策略进行职业规划
FSKLRG11	运用常规策略进行与工作相关的学习
FSKLRG12	运用策略来规划和管理复杂工作任务
FSKLRG13	运用策略来应对复杂工作问题
FSKLRG14	运用策略管理来促进职业发展
FSKLRG15	管理与自己工作相关的学习

表7-14　数学技能单元①

代码	主题
FSKNUM01	工作中运用简单的一百之内数字和货币计算
FSKNUM02	工作中运用简单时间和二维形体
FSKNUM03	工作中运用一千之内数字和货币计算
FSKNUM04	工作中确定、比较和运用比较熟悉的测量
FSKNUM05	工作中确认和运用一些常见的二维形体
FSKNUM06	工作中运用数学的地图和表格
FSKNUM07	在熟悉的曲线、表格、图表中确定具体信息
FSKNUM08	确定与应用数字、小数点、分数、百分比
FSKNUM09	确认、评价和估算数量
FSKNUM10	确认和描述常见二维形体
FSKNUM11	阅读和使用熟悉的地图、规划与图表
FSKNUM12	确认并阐释熟悉的曲线、表格、图表
FSKNUM13	构建简单图表和运用熟悉数据
FSKNUM14	熟悉的分数、小数点和百分比计算
FSKNUM15	运用常规公有制度进行评估、测量和计算
FSKNUM16	阐释、绘制和建构二维、三维图形
FSKNUM17	运用常规地图和规划
FSKNUM18	收集数据、建构常规图表

---

① Innovation and Business Industry Skills Council. Foundation Skills Training Package. https://www.ibsa.org.au/volume/introduction.2015-10-20

续表

FSKNUM19	阐释工作中常规曲线、表格、图表
FSKNUM20	运用计算器的基本功能
FSKNUM21	工作中广泛应用数学计算
FSKNUM22	工作中运用比例、比重、大小
FSKNUM23	评估、评测和计算尺寸
FSKNUM24	运用几何绘制二维图和建构三维图
FSKNUM25	运用详细地图来规划旅行线路
FSKNUM26	阅读、阐释和运用详细计划、绘图、表格
FSKNUM27	收集、管理和阐释工作所需的统计数据
FSKNUM28	工作中运用常规方程式和代数进行表述
FSKNUM29	运用基本图解技巧
FSKNUM30	工作中运用科学技术的普通功能
FSKNUM31	工作中广泛运用计算
FSKNUM32	运用和计算工作中复杂的测量
FSKNUM33	收集、管理和分析工作统计数据
FSKNUM34	运用概率概念于工作中
FSKNUM35	运用代数和图表技巧分析工作中的数学问题
FSKNUM36	运用三角法
FSKNUM37	运用基础矩阵
FSKNUM38	运用基础向量
FSKNUM39	运用基础微积分

表7-15　口头交流技能单元[①]

代码	主题
FSKOCM01	参与比较熟悉的口头交流
FSKOCM02	参与工作基本口头交流
FSKOCM03	参与工作简单口语互动
FSKOCM04	工作会议中运用口头交流技巧
FSKOCM05	工作陈述中有效运用口头沟通技巧
FSKOCM06	工作团队中运用口头沟通技巧
FSKOCM07	工作中有效与人互动
FSKOCM08	运用口头沟通技巧促进工作谈判

---

① Innovation and Business Industry Skills Council. Foundation Skills Training Package. https://www.ibsa.org.au/volume/introduction.2015-10-21

续表

代码	主题
FSKOCM09	运用口头沟通技巧促进工作会议
FSKOCM10	运用口头沟通技巧进行复杂工作陈述
FSKOCM11	运用口头沟通技巧促工作团队

表7-16 阅读技能单元①

代码	主题
FSKRDG01	识别相当熟悉的工作符号与标志
FSKRDG02	阅读并回应基本工作符号和标志
FSKRDG03	阅读并回应基本工作指示
FSKRDG04	阅读并回应基本工作信息
FSKRDG05	阅读并回应基本工作流程
FSKRDG06	阅读并回应简单非正规工作文本
FSKRDG07	阅读并回应简单工作信息
FSKRDG08	阅读并回应常规图像和图表文本
FSKRDG09	阅读并回应常规标志操作流程
FSKRDG10	阅读并回应常规工作信息
FSKRDG11	阅读并回应复杂工作信息
FSKRDG12	阅读并回应高度负责的工作信息

表7-17 写作技能单元②

代码	主题
FSKWTG01	书写工作表格中的个人细节
FSKWTG02	书写基础工作格式文本
FSKWTG03	书写基础工作信息
FSKWTG04	书写简单非正规工作文本
FSKWTG05	完成简单常规工作格式文本
FSKWTG06	书写简单工作信息
FSKWTG07	书写常规正式工作文本
FSKWTG08	完成常规工作格式文本
FSKWTG09	书写常规工作文本

---

① Innovation and Business Industry Skills Council. Foundation Skills Training Package. https://www.ibsa.org.au/volume/introduction.2015-10-21.

② Innovation and Business Industry Skills Council. Foundation Skills Training Package. https://www.ibsa.org.au/volume/introduction.2015-10-21.

续表

代码	主题
FSKWTG10	书写与工作相关复杂的文本
FSKWTG11	书写与工作相关的比较复杂的文本

7.3.2.2　基础技能培训包在农业职业教育中的实践

自《国家成人基础技能策略》的颁布以及基础技能培训包出台以来，澳大利亚11个不同的行业委员会根据本行业的特点，以及根据基础技能培训包的相关内容，结合本行业的实际情况，出台了基础技能培训包在本行业如何具体操作的示范性材料，将基础技能培训包，与本行业的专业培训包相结合，从而实现在所有行业的职业教育中，国家成人基础技能策略都能够得到落实和执行，下图正好可以说明行业资格培训包与基础技能培训包是如何相结合的。

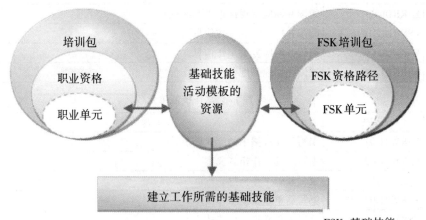

FSK=基础技能

图7-3　建立工作所需基础技能①

在农业职业教育中，农产品行业技能委员会也出台了与本行业相结合的基础技能培训包使用手册。农业食品技能培训包资格证书与基础技能培训包结合。不同类型的农业资格证书为ACM10-动物护理和管理；AGF07-

---

① AgriFood Skills Australia. Overview Guide for Foundation Skills in AgriFood Skills Australia Qualifications [M]. Barton：AgriFood Skills Australia Ltd. 2013.3.

农产品；AHC10-农业、园艺学、资源保护、土地管理；FDF10-食品加工；MTM11-澳大利亚肉类产业；RGR08-赛马业；SFI11-海产品产业。这些农业资格证书中，不同行业培训包都可以与基础技能培训包相结合，在具体的教学实践中共同进行教学。

7.4 小结

澳大利亚参加了由加拿大和经合组织（OECD）举办的成人读写与生活技能调查（ALLS），以及经合组织主导的国际学生评估项目（PISA）与国际成人能力评估项目（PIAAC）等大型测试，澳大利亚测试表现一般，特别是澳大利亚成人的语言、读写、数学能力亟待提高，这些技能已经严重影响了劳动力在经济表现和未来的发展。因此在可雇佣性技能基础上，澳大利亚教育部门和产业部门联合推出基础技能，基础技能包含语言、读写和数学技能和可雇佣性技能，基础技能和职业技能共同决定个人在工作场所的表现。

根据基础技能框架，澳大利亚逐步建立起一个国家技能体系，依据基础技能的构成，澳大利亚教育部门和产业部门先后出台了澳大利亚核心技能框架和核心工作技能发展框架。澳大利亚核心技能框架（ACSF）是一个评价工具，用来帮助专业和非专业的语言、读写和数学从业者去描述个人在学习、阅读、写作、口头沟通和数学五个核心技能的表现。由澳大利亚政府资助，由教育部和工业部联合开发新的核心工作技能发展框架（CSfW）用来描述非技术技能领域的技能、知识和认知，这些技能保障个人能成功完成工作。

为了确保基础技能的落实，澳大利亚创新与行业技能委员会和工业、创新、科学、研究与第三级教育部门联合出台了《基础技能培训包实施手册》。澳大利亚创新与行业技能委员会于2013年3月14发布基础技能培训初稿，澳大利亚11个具体的行业技能委员会把基础技能培训包与各行业的行业培训包相结合，共同进行传授。

第八章　澳大利亚职业教育技能政策对我国的启示

拉尔森在其《政治学理论与方法》中指出:"任何政策都是社会发展到一定阶段的产物,技术、经济以及社会会对其产生重大的影响。当工业化成为推动世界发展的重要力量时,社会内部的其他相关关系都明显受制于工业化的进程,政治控制和决策的合理性和合法性都依据这个逻辑。"[1]现今,以澳大利亚为代表的发达国家,其后工业化已经初见雏形。职业教育也必定受到后工业化进程的影响,相对于工业社会职业教育发展的传统旧模式,适应后工业发展的职业教育新模式的发展迫在眉睫(见下表8-1)。

表8-1　职业教育发展模式转变[2]

旧　模　式	新　模　式
在岗培训	终身学习
以教师为中心的培训	以学员为中心的自我学习
一次性培训	持续的、可回归的终身学习
教育与培训分离	教育和培训结合(扎实的普通教育和宽口径的入门培训是终身培训必备的基础)
专攻一种技能	发展多元技能
能力的认定根据培训期限和考试	能力认定根据实有能力,包括以往的学习所获
固定的、死板的入、出制度	灵活的、可多次进出的制度
以正规教育、培训部门为主	正规教育、培训与非正规教育、培训部门并重
培训目的是为了工作就业	培训目的是为了工作就业和自主就业
集权体制	分散体制,要求既有强大中央又有分散的机构

---

① [挪威]斯坦因·U.拉尔森.政治学理论与方法[M].上海:上海世纪出版集团.2006:434.

② ILO. The Changing Role of Government and Other Stakeholders in Vocational Education and Training[EB/OL]. http://www.unesco.org/education/educprog/tve/nseoul/docse/rcrolgve.html. 2015-9-12.

续表

旧 模 式	新 模 式
国家统管政策和实施	政策制定与实施分开,市场驱动
国家管理	多方参与的管理,承认多方作用、社会对话
供给驱动	需求驱动
为就业而培训	为提高可雇佣性技能而学习

正是在后工业化背景下,澳大利亚职业教育技能政策做出相应的调整,采用多元技能培养方式,为学习者提供可雇佣性技能培训。澳大利亚职业教育领域出台可雇佣性技能等一系列技能政策,从国家政策领域进行改革以适应经济社会的发展。

我国与澳大利亚面临类似的国际环境,也正在大力推进职业教育的发展,迫切需要培养劳动力市场所需的技能型人才,为构建人力资源大国与强国而努力。澳大利亚的职业教育技能政策能给我国带来什么启示与借鉴,这是本章主要探讨的问题。

8.1 我国职业教育技能政策的相关表述

在我国职业教育中,职业技能这一概念与澳大利亚的技术技能或者学科专门技能类似。在非技术技能领域,在研究和政策文本中与可雇佣性技能类似的术语有:关键技能、软技能、跨学科素养、职业核心能力、通用技能等,是指那些具体和技术技能或专门技能之外,可以应用于多学科领域的通用技能,如团队合作、自我批评、问题解决和终身学习等技能,拥有这些技能,可以让个人在学习与工作过程中不断得到发展,而且这这些技能具有可迁移性,适用在职业领域和非职业领域。

近年来,我国采取了一系列措施开始重视学习者的非技术技能或单一的学科专门技能,并已取得一定成效。针对非技术技能构成的研究,既有政府部门主导的研究,也有由不同的学者关注通用技能的培养并提出了自己的看法,这些研究对非技术技能的培养具有一定的积极影响,但总的来说比较零散,不成体系。

8.1.1　我国职业教育技能政策文本中的技能观

在我国职业教育管理国家层面上，中共中央和国务院负责整个国家职业教育发展的大政方针。政府部门中主要由教育部和人力资源与社会保障部两大部委负责职业教育管理。

近年来，我国出台了众多与职业教育技能相关的政策文件。1999年《中共中央国务院关于深化教育改革全面推进素质教育的决定》，提出制定国家职业（技能）标准。此时国家已经开始提出职业教育要培养学生适应职业变化的能力。2002年国务院颁发《关于大力推进职业教育改革与发展的决定》，强调提高受教育者的职业能力，同时也强调职业道德。报告指出要培养学生的实践能力、专业技能、敬业精神和严谨求实作风。2005年国务院颁发《关于大力发展职业教育的决定》，明确提出除了职业技能外，还要提高就业技能、工作能力、职业转换能力和创业能力，特别是职业转换能力。职业转换能力和可迁移技能含义相似。2010年国务院颁布《国家中长期教育改革和发展规划纲要（2010—2020年）》，纲要提出职业教育要培训职业技能、职业道德和就业创业能力人才，强调了终身教育理念，培养经济发展需求技能型人才。2014年中共中央、国务院颁布《关于加快发展现代职业教育的决定》，指出开展全国职业技能竞赛，在学生技能培养方面，提出技术技能、并强调文化基础，同时指出在高中阶段有条件学校可以增加职业教育内容。

在政府部委方面，2000年教育部发布的《关于加强高职高专教育人才培养工作的意见》，强调了学习专业技术应用能力与专业技能的培养，同时提出创新精神、职业道德和健全体魄。2006年教育部发布《关于全面提高高等职业教育教学质量的若干意见》，强调了培养学生的职业能力，高职院校都需要开展职业技能鉴定，以强化学生职业能力。2014年教育部等六部委联合发布的《现代职业教育体系建设规划（2014—2020年）》，这份由的文件为我国职业教育体系构建了一个清晰的发展框架，值得一提的是教育体系改革，教育体系布局按照终身教育的理念，形成服务需求、开放融合、纵向流动、双向沟通的现代职业教育的体系框架和总体布局。在技能培养方面指出"以学习者的职业道德、技术技能水平和就业质量为核心,建立职业教育质量评价体系"①。

1993年,劳动部颁布《职业技能鉴定规定》,标志着我国开始实施职业技能鉴定,职业技能鉴定主要由劳动部所属职业技能鉴定指导中心负责。2002年劳动和社会保障部发布《加强职业培训提高就业能力计划》,提出强化高级技能,高级技能主要还是指某一职业或者行业熟练的技术技能,另外也提出复合型技术技能人才培养。2011年,中央组织部、人力资源和社会保障部发布《高技能人才队伍建设中长期规划(2010—2020年)》,这是中国第一个高技能人才队伍建设中长期规划。高技能人才是指具有高超技艺和精湛技能,能够进行创造性劳动并对社会作出贡献的人,提高劳动者就业能力和工作能力为核心,进一步加强各类就业技能培训、岗位技能提升培训和创业培训。

另外,2006年中共中央办公厅、国务院办公厅联合发布的《关于进一步加强高技能人才工作的意见》,指出要培养技术技能型、复合技能型和知识技能型高技能人才。

从上述各个政策文本中可以看出,1993年我国正式出台职业技能鉴定证书制度,主要针对职业技能或技术技能的鉴定做出规定,之后颁发有关职业教育技能政策文本中,都强调职业教育体系中要注重培养职业技能或者技术技能。1999年的政策文本中提出要培养学生适应职业变化的能力,这是正式提出的非技术技能的概念,但是未具体化。2005年提出了"就业能力、工作能力、职业转换能力以及创业能力"等一系列综合能力,后面继续颁布的政策文本都提出培养学生多元技能的理念。

2005年政策文本提出"就业能力"这个术语,这个术语和澳大利亚可雇佣性技能有类似之处,也有差异,可雇佣性是产业利益集团提出,希望雇员应该具备且拥有被雇佣的技能,澳大利亚政府也意识到这点,2013年把可雇

① 中华人民共和国教育部等六部委. 现代职业教育体系建设规划(2014-2020年)[Z]. 2014.

佣性技能更新为"核心工作技能"，更具有普遍的适用性。

我国虽然提出了多元的技能政策观，但是在非技术技能的培养方面，特别是可迁移技能或者通用技能的培养方面，全国仍未形成统一的技能培养体系或者培养模式。

8.1.2 我国职业教育中的职业能力与职业技能

我国职业教育经常提及以能力为本位。能力本位中所指的能力，是由知识、技能以及根据标准有效地从事某项工作或职业的能力，可视为完成一项工作任务可以观察到的、可度量的活动或行为，常被称作专项能力（task 或 skill）。我国能力包括技能，能力有时候与澳大利亚职业教育中技能概念类似，而技能更加强调实际工作场所中的操作。

"职业能力"首次出现于1999年7月教育部颁发的《关于申报"面向21世纪职业教育课程改革和教材建设规划"研究与开发项目的通知》中。2000年3月颁发的教育部《关于全面推进素质育深化中等职业教育教学改革的意见》，明确指出，中等职业教育要"培养与社会主义现代化建设要求相适应，德、智、体、美等方面全面发展，具有综合职业能力。"提出了综合职业能力术语。

后面的政策文件中，更多的是使用职业能力这个概念，2002年颁发的《国务院关于大力推进职业教育改革与发展的决定》，要求在深化教育教学改革时，强调"加强实践教学，提高受教育者的职业能力"。2005年颁发的《国务院关于大力发展职业教育的决定》明确要求"职业教育要为提高劳动者素质特别是职业能力服务"，强调"把学生的职业道德、职业能力和就业率作为考核职业院校教育教学工作的重要指标"。报告中提出职业转换能力的概念，这一概念和澳大利亚可雇佣性技能有相似之处，这些都表明在劳动力市场中劳动者应该具备可迁移的技能。

而在劳动部有关职业教育话语中，更多是使用"职业技能"这个术语。20世纪90年代是我国改革开放深入发展的时期，劳动力市场开始活跃，工人考核开始由企业内部向社会化考核过渡，从1993年7月劳动部颁布的《职业技能鉴定规定》等一系列政策和法规至1999年5月《中华人民共和国职业分类大典》的出版,基本建立了国家技能鉴定的法规、组织、技术支持体系,国家职业资格证书制度也初步确立。

1994年,《中华人民共和国劳动法》确立了我国职业资格制度的法律地位,在第八章的第60条规定:国家确定职业分类,对规定的职业制定职业技能标准,实行职业资格制度。我国技能型人才的国家职业资格证书制度的等级设置为五个级别。国家职业资格证书以职业活动为导向,以职业技能为核心,作为衡量劳动者职业能力水平的尺度之一,在职业教育中发挥着重要作用。

在劳动部颁发的《首批进行职业技能鉴定社会化管理工种目录》中收集了51个工种的职业技能标准(工人技术等级标准),编成了这本《职业技能标准选编》。这51个标准是劳动部分别与商业、农业、机械工业、交通、技术监督、电子工业、兵器等行业部门共同颁发的,是中华人民共和国职业技能标准(中华人民共和国工人技术等级标准)。[①] 这些标准可以满足当前技工学校、职业学校、就业训练中心及社会上各种培训班培训教学的需要,满足企业进行职业技能考核、劳动部门进行职业技能鉴定的需要。[②]

澳大利亚的技能分类中的技术或学科专门技能、联合国教科文组织的职业技能以及世界银行的技术技能,其包含的内容与我国的职业技能类似。[③]职业技能鉴定包括职业资格一级(高级技师)、职业资格二级(技师)、职业资格三级(高级)、职业资格四级(中级)和职业资格五级(初级)的资格考评。

结合我国的具体情况,可以将职业技能鉴定定义为"是按照国家规定的职业标准,通过政府授权的考核鉴定机构,对员工的专业知识和技能水平进

---

① 劳动部教材办公室选编. 职业技能标准选编[M]. 北京:中国劳动出版社,1995. 1.

② 庞世俊. 职业教育视域中的职业能力研究[D]. 天津大学,2010. 45-46.

③ 职业核心能力. 什么是职业核心能力[EB/OL]. http://www.hxnl.cn/a/hudong/peixunzhinan/2011/1029/345.html. 2015-11-9.

行客观、公正、科学、规范地评价与认证的活动。"①

曾秋香等认为职业技能教育"是指职业院校通过教学、实验、实习、综合技能训练、设计、实践等环节,有效培养学生职业能力的内容、手段、活动的总和。通过实施和加强职业技能教育,不但能使学生全面、系统地掌握本专业的基本技能,培养操作能力,而且能使理论与实践达到有机结合。"②

1998年,职业技能鉴定中心在"国家技能振兴战略"研究课题中把职业核心能力分为八项,称为"八项核心能力",这八大类职业核心能力只是面向职场的能力要求,不能被直接移植到高职院校的教育环境中。另外这项课题只是一个调研报告,并非正式出台的政策文本。在这个研究基础上,2007年职业技能鉴定中心制订颁布的《职业核心能力培训测评标准》(试行),其中共有七个能力模块,分别是:与人交流能力单元、与人合作能力单元、解决问题能力单元、自我学习能力单元、信息处理能力单元、数字应用能力单元、创新革新能力单元、外语应用能力培训。这些能力单元是职业技能鉴定中心在非技术技能方面进行的积极探索。

职业技能鉴定中心是人力资源与社会保障部下属事业单位,职业教育主体职业院校主要还是由教育部进行管理,资格证书体系和毕业证书体系是不同的体系。另外,职业资格证书中的资格能力标准体系和职业院校中的课程没有直接联系,职业教育行政管理部门条块分割情况明显。

8.2 澳大利亚职业教育技能政策的启示

8.2.1 政策分析框架视角的启示

因经济社会发展、产业结构变迁、生产关系变化而形成的社会问题,直接影响职业教育技能政策的产生。我国劳动力市场劳动者技术技能以及其他非技术技能的短缺,导致劳动者就业受限,及再就业的实现困难,结构性

---

① 职业技能鉴定中心组织编写. 国家职业技能鉴定教程[M]. 北京:北京广播学院出版社,2003. 7.

② 曾秋香,黄湖滨. 职业技能教育新论[J]. 岳阳职业技术学院学报,2011(5):1–5.

失业情况比较严重,刚毕业大学生就业难和失业及下岗问题突出,劳动力技能不足是这些问题是一个重要原因,同时也导致企业技术技能型人力资本存量不足,给企业的发展带来了挑战,如果不给予重视,从长远看将影响到我国的经济竞争力。

另外,我国将逐步进入老龄化社会。2015年12世界银行发布报告《长寿与繁荣:东亚和太平洋地区的老龄化》,预警中国需要关注未富先老的问题。该报告指出东亚地区老龄化日趋严重。世界65岁及以上的人口,有约36%(约1.85亿人,2010年数据)生活在东亚地区,其中绝大多数在中国,数量为1.14亿人。这一地区的老龄人口比其他任何地区都多。报告预测,从2010年到2040年,中国劳动人口将减少逾10%。世行估计在未来25年或更短的时间里,包括中国在内,将有至少12个东亚国家的65岁或以上的人口比例从7%增长至14%。[①]

在经济增长方式上,我国不能延续以前的发展方式,经济发展依靠人口红利,重点关注资本和劳动力数量方面的投入,劳动力密集型的产业将受到越来越多的挑战。随着我国人口红利的逐步消失,以及刘易斯转折点的到来,要获得经济的持续增长,我国经济增长的方式需要依靠技术进步和生产力的提高。[②]在生产力要素中,劳动者的技能起关键性因素,因而提高劳动者的技能至关重要。从长远发展来看,对劳动力技能的教育和培养,是经济发展的根本所在,具有不可替代的作用。然而我国因为财政资源不足,长期对教育投入不足,影响和制约了教育的供给。[③]

未来我国经济能否持续增长,在很大程度上,需要依靠增强劳动力素质,来提高劳动力生产率。根据其他国家发展经验和经济理论,一国制造业的比较优势,不但决定于与之成负相关关系的工资水平,更决定于与之成正

---

① World Bank. Live long and prosper: aging in East Asia and Pacific[EB/OL]. http://dx.doi.org/10.1596/978-1-4648-0469-4. 2015-11-9.

② 蔡昉. 人口转变、人口红利与刘易斯转折点[J]. 经济研究, 2010(4):4-13.

③ 蔡昉. 人口红利与中国经济可持续增长[J]. 甘肃社会科学, 2013(1):1-4.

相关关系的劳动生产率,而后者是教育和培训的直接结果。[1]

对教育的投入,或者说通过教育来进行人力资本的积累,这一措施不是投入之后立刻就能见到效果的,需要一段时间才能显现教育对经济的贡献。都阳、曲玥的研究结果表明,企业职工受教育年限每增加一年,劳动生产率就会上升百分之十七。[2]另外,不仅仅入职前的教育对企业效率增长有用,澳大利亚的相关研究和政策也表明,对在职工人的技能培养,能够有效提升企业效率,同时对员工个人的发展和社会满意度。

职业教育技能政策的所有影响因素中,经济因素最为根本。从技能本身的维度看,不同经济发展模式对人力资本的不同需求,会产生不同技能观。我国大部分职业院校都把注意力集中到职业技能或技术技能的培养,这与我国经济社会发展水平有关。但是我国经济发展不平衡,不同地区需要不同的技能型人才,在职业教育政策制定的时候应该根据不同地区经济水平,去培养劳动力市场所需的人才。另外,一些经济发达城市已经出现后工业的端倪,所以我国职业教育的"技能"应该有更为丰富的内涵。

我们知道,技能投资对社会来说具有双重效益。技能熟练的人在社会上往往有更多的选择余地,事业发展也会更好。他们赚得更多,能从工作中得到更大的成就感,同时其创造的财富又能推动并创造出更多的就业机会。拥有技能的人才是成功企业特别是那些从事综合服务或复杂生产过程企业的基石。经过培训的员工的比例每增长一个百分点,生产力就会相应提高零点六个百分点。[3]

为了实现职业教育的多元技能培养目标,我国需要建立职业教育技能政策体系,没有国家宏观政策的支持,培养劳动力的多元技能政策难于在全国范围内展开,因此对我国来说,根据我国实际情况,借鉴政府部门、教育研

---

① 蔡昉,王广州,王美艳.依靠深化教育缓解就业压力[J].理论视野,2009(05):30-33.

② 都阳,曲玥.劳动报酬、劳动生产率与劳动力成本优势-对2000-2007年中国制造业企业的经验研究[J].中国工业经济,2009(5):25-35.

③ Dearden L, Reed H, Reenen J V. The Impact of Training on Productivity and Wages: Evidence from British Panel Data[J]. Oxford Bulletin of Economics & Statistics, 2006(4):397-421.

究机构,企业团体、专家学者等不同的观点,制定符合我国实际情况的技能政策。职业教育技能政策需要符合我国的职业教育发展实际,需要与我国劳动力当前情况相结合,考虑到不同地区、不同领域的经济发展水平不同,劳动力存在的问题各异,可以根据不同地区的实际情况出台不同的职业教育技能发展政策,让职业教育能够培养适应当地经济发展和劳动力市场需求的劳动者,满足企业不同技能类型的需求。

目前我们国家在职业教育技能政策形成过程中,企业的意见不强,产业的参与度较低。所以政策制定中,可以采取一定的激励政策来引导企业参与职业教育学习者技能的培养。我国是人口大国,我们很长时间以来劳动力供大于求。如果劳动力供求平衡,企业界将更加积极参与到职业教育政策决策过程当中。

由多源流形成职业教育技能政策,往往是渐进的。当前,我国经济社会的发展变化是渐进的,所以职业教育技能政策制定需要一个渐进的过程。政策制定部门要考虑之前已有的政策,不能凭空出台某个职业教育技能政策。

职业教育技能政策可以直接改变职业教育的课程、评价体系等,但并不等于同样地改变各个院校的教育实践和学生的学习活动。要把职业教育技能政策,转化为有效的职业教育实践,形成期望的能力,除了职业教育的制度、组织、内容(课程、评价体系)之外,还受职业教育的文化、习惯等一系列因素的动态影响。

长期以来,我国职业教育领域,都存在复制普通教育的课程与教学模式,职业教育学生培养模式方向不明确,职业教育缺乏完整体系的问题。教学中,一些职业院校特别是中等职业院校照搬普通高中的课程与教学模式,三年制高等职业教育的课程为压缩版四年本科教育的课程。在职业教育的课程与教学中重知识轻技能,重理论而轻实践,职业教育培养出的人才不能适应现实劳动力市场的需求,学生毕业后达不到一线生产需求。目前职业教育对学生和在职工人的技能开发,满足不了产业发展对人才的迫切需求,这已经成为我国人力资源开发中薄弱的一环。

总而言之,我国经济正处在关键的转型期,近年来我国职业教育也发生了很大的变化,职业教育技能政策也必须改革,改革需要融入到我国整个经济与社会改革的大环境中。职业教育需要转向促进为生产力发展的轨道,为生产发展培养适合劳动力市场的技能型人才,这样才能确定好基本的方向,技能政策要从我国职业教育国情现状和未来需要出发,才能找到适合自己发展的道路,而培养综合、多元、可迁移、通用型技能型人才也是我国职业教育发展的趋势之一。

8.2.2　澳大利亚职业教育技能政策特点的启示

澳大利职业教育技能政策,具有以下三个鲜明的特点:首先,技能政策从重点关注技术技能到关注多元技能,政策体现了多元技能的特点;其次,技能政策制定的出台咨询多方意见,不同行业部门深度参与;其次,职业教育正逐步构建为终身学习体系。这三个方面对我国职业教育技能政策制定也具有参考意义。

8.2.2.1　职业教育中职业技能与基础技能并重

在澳大利亚职业教育技能政策中,技能政策开始从关注技术技能,到逐步发展为多元的技能,职业教育在注重技术技能的同时,逐步关注非技术技能的培养。澳大利亚把工作中个人技能分为技术技能或学科专门技能、可雇佣性技能和语言、读写与数学技能三个部分。具体教学中,不只是单纯教授某一技能的教学,而是重视多元技能的培养。这对我国职业教育教学中非常具有启发意义。

目前,我国中等和高等职业学习所培养出来的劳动力,较为普遍地存在着学的知识较死板、较零碎、较陈旧以及操作能力、应用技术能力、创造能力、科学研究能力和情报资料收集处理能力等也不太理想的问题。[1]究其原因,主要是因为教育结构内部的学科门类结构、课程结构不甚合理。也就是说,技能传授的时候,可能只注重技术技能的培养,或者只重视语言、读写与数学技能的培训,而不是全方位的去提升学生的多元技能。例如,一些职业院校,基础理

---

① 靳希斌. 教育经济学(第4版)[M]. 北京:人民教育出版社,2009. 202.

论课和技术实践课、社会实践课安排的比例不协调,时而重理论轻实践,时而又重实践轻理论,波动太大。同时,在学科设置和课程内容安排上,反映新的科学研究成就的速度也比较缓慢,不能保证学生及时掌握新的科学知识和生产技术,以及在具体教学过程中过多地重视知识的传授,忽视对学生能力的训练和培养等。①这样有些学生毕业参加工作后,对新的生产原理和生产技术的运用适应能力就不够,有的甚至需要重新在职培训。这样的教育是不能完全满足劳动力结构性就业要求的,所以必须进行教育结构的调整和改革,技术技能的教育必须满足当前和未来劳动力市场的需求。

另外,职业教育要以劳动力市场需求为导向,以特色求发展,同时积极引入"创业教育"。对劳动力就业结构中产业结构变化趋势和所有制结构的变化趋势的分析表明,第三产业、中小企业及私营企业将成为吸纳劳动力增长较快的领域。这要求职业教育要把"引导学生的就业观念"这一教育思想贯穿始终,密切联系本地区劳动力市场的具体要求,来引导职业教育的教学方向,结合地方及学校自身特色进而能以特色求发展,创业教育也是澳大利亚提供工作发展技能框架中的一种技能模式,除了拥有被雇佣的技能之外,也要拥有自我雇佣的能力。

另外,我国大多数企业提供的培训也是针对特定岗位的技术培训,这说明职业教育部门与企业之间联系不够,职业院校没有培养出企业需要的足够的技术技能。我国只有部分企业提供非技术技能方面的培训。澳大利亚研究与实践表明,基础技能不仅有利于个人积极参与社会,获得工作满足感,也能提升工作效率,增强企业的竞争力。因而企业在对职工进行技术技能培养的同时,也应该重视员工基础技能的培养。

职业教育是各国政府常用的缓解技能短缺问题的措施之一。建立多元技能培养的职业教育系统是一个国家要取得经济和社会成功的基本保证。我国也意识到职业教育的重要性,并采取了一系列措施。与一些发达国家相比,我国对技能人才在经济发展中和企业中的地位、作用存在着认识上的差距。

---

① 张大凯编. 职业教育与社会主义新农村建设[M]. 成都:四川大学出版社,200. 238.

要想从根本上保证我国技能人才的充足供应,务必从职业教育体系着手。在学习者能获得技术技能的同时,也要培养他们的可迁移技能,以便能够在迅速变化的劳动力市场中,拥有职业转换能力。

8.2.2.2　发挥不同利益相关者的作用

职业教育所包含的利益相关者中,李名梁等从两个方面划分职业教育利益相关者(见图8-1),职业教育内部主要为学习者、教师、教育管理人员;职业教育的外围,包括政府、企业、媒体等众多部门。在职业不同教育利益相关者当中,最为主要的是学习者、职业院校(或培训机构)和教师、政府部门、企业或行业机构。

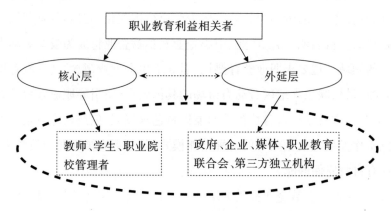

图8-1　职业教育利益相关者示意图[①]

一、政府部门

政府部门及其代理机构对可雇佣性技能等非技术技能的培养不仅有着监管的作用,更有着直接开发的责任。政府从公共资源中获得经济利益,进而提高整个国家的效率和效益。那么在职业教育技能政策领域,政府部门及其代理机构就能综合整个社会团体的相关需求,代表职业教育各个不同利益相关者提出需求,制定符合社会发展需求的技能相关的政策和文件,引导和监督个人、家庭、学校和企业等各个群体为提升可迁移技能。另外,对

---

① 李名梁,谢勇旗. 职业教育利益相关者:利益诉求及其管理策略[J]. 职教通讯,2011 (21):5-9.

于那些处在社会底层的弱势群体,政府应该出台相关政策并给予财政支持,提升这些人的整体技能。

当前管理我国职业教育教育部和人力资源与社会部有时各自为政,从而割裂了职业教育与职业培训这个统一的整体。从澳大利亚的管理经验来看,职业教育要么是在教育部的大部委模式下统一管理的模式,或者职业教育单独由一个部委进行管理,这样的话不会政出多门,可以保持政策的统一性和可延续性,同时也更加便于管理。

新形势下,政府不可能什么都包办,成为唯一的管理者。在职业教育政策上,政府应该和同不同利益相关者合作,与不同利益相关者进行对话,共同参与技能政策的制定。

二、学校(培训机构)与教师

在20世纪70年代,综合高中是澳大利亚主要的教育形式。综合高中重点关注在普通文化课教学,这种教育形式对那些高中毕业后直接进入大学学习的学生显然有好处。20世纪90年代以来,政策制定者更为关注到高中毕业生。对于没有进入大学的人群,可以在普通中学增加职业教育课程,并鼓励他们在高中毕业后参与职业教育与培训。因而在澳大利亚,当前大部分普通中学课程中都包含职业教育课程或项目,中学毕业与大学之间还有很多短期的职业教育项目和课程,这样为那些高中毕业生,不论他们是继续进入职业教育学习体系、步入工作职场、还是成为全日制学徒等提供了更多学习的选择,获得就业所需的技能,也更有助于他们更好地融入工作场所。

目前我国普通中学阶段也有一些职业教育的课程,但是课程的种类与数量很少,课程与真实工作场所联系也不是很紧密。因此我们也可以考虑为普通中学提供部分职业教育项目或者课程,可以让学生接触技术技能,让他们对职业有初步的体验与理解。同时,可以让学生在一些课程或者课外项目中获得参与实际工作场所的体验,毕竟实际工作场所是获取可雇佣性技能的最佳途径之一。中学也是学习者获得语言、读写和数学技能的最为重要的阶段,中学教育应该重点提升学习者的语言、读写和数学技能。

职业院校的课程设置，很大程度上受到普通教育课程和大学学术课程的影响，缺乏自己特色的专业课程，很多中职学校直接复制普通高中的课程，职业中学使用普通高中教材，采用高中的教学方法。高职院校复制大学本科的课程，采用大学本科的教材，教学重视纯粹的理论传授。传统的职业教育中，有些职业院校过分强调知识的传授而忽视技术或专业技能的培养，注重普通文化课程，加大理论深度，课程内容难度较大，许多课程与现实的生产实际联系脱节，理论知识根本不能运用到工作实践当中。在课时安排上，增加专业课的课时，而减少或者忽视实践课程。

在国家强调重视职业技能培养的背景下，一些院校又走入了另外一种极端，不断加大实践课程，忽视基本知识和基本理论的课程，学习者大部分时间都在实践场所或者直接参与到企业的实际生产过程中。学习者可以获得一些特定的与生产相关的技术技能，但是他们语言、读写和数学等技能却得不到改进，可雇佣性技能也很难获得提升。

职业院校在专业设置上，要突出职业特点；在教学安排上，应突破按学科体系组织教学的传统模式；在教学内容中，应重视对学生能力的培养，注重与真实工作场所结合。另外职业院校要重视学生语言、读写和数学能力的培养。

职业教育的发展应从适应劳动力市场的需要出发，坚持为企业和社会培养高级技能人才的方向。职业院校应该以学生的就业为导向，可迁移技能的关键目的就是获得持久的就业技能，在加强技术技能的同时，还需要考虑学生就业以及今后的职业发展，为学习者的职业生涯奠定良好的基础。

教师直接承担着教育教学任务，其重要性不言而喻。国家政策层面，确保入职教师自身需要有较高的素质和技能水平，有职业教师准入标准，当前我国职业教育机构的教师水平相对较为薄弱；同时，推进我国职业教育教师的培训体系，建立职前与职后的国家培养体系，培训体系中工学结合，校企合作。其次，根据澳大利亚的经验，承担语言、读写和数学等课程的教师对学生其非常重大作用，我国职业院校主要是承担基础课程的教师，相关部门要重视这一教师群体素质的提升，而不只是关注行业专业教师的引进与培养。

三、企业

企业层面,应大力拓展企业参与职业教育,为从业人员提供继续教育和培训的机会,以提高他们的技能水平,适应社会的发展,同时也能提升企业在市场上的竞争力。澳大利亚产业界在澳大利亚职业教育发展中起到关键性作用。在技能培养方面,特别是从80年代开始,澳大利亚产业界积极参与国家技能政策的研讨和制定,可雇佣性技能就是产业团体提出并上升为国家政策。澳大利亚有11个不同产业类型的行业技能委员会,这些行业技能委员会参与起草各个行业培训包能力标准的制定。相对澳大利亚,我国企业对职业教育参与度和主动性不是特别高,而企业对职业教育发展起着至关重要的作用。因而在技能培养方面,政策应该调动企业参与职业教育技能培养的积极性,这对企业长远发展也能提供人力资源保障。

(1)企业应主动与职业院校建立合作关系,将企业(行业)对学生就业所需技能需求传递给学校和学生,并且共同参与人才培养。

从当前我国就业供求关系上看,需求方的企业对岗位技能需求及其人才培养现状缺乏调研,整个行业也缺乏必要的行业技能标准,企业的人才要求不清晰,相关信息没有传递到职业院校,因而职业院校在课程与专业设置方面缺乏来自企业方面的信息,人才培养方案和企业需求脱节,培养出来的技术技能与企业需求不吻合,一方面学生毕业找不到工作,另一方面企业招聘不到合适的雇员,导致结构性就业问题突出。企业可以主动和职业院校的合作,联合或共同培养企业所需人才,明确传递企业技能需求,实现校企共赢。国家需要鼓励建立起职业院校与用人单位的双向沟通和合作培养的长效机制,提高职业教育响应用人单位市场需求信号的能力和速度。

(2)企业主动参与职业院校的专业设置、课程开发、实习实训、师资队伍建设、学生就业指导等职业人才培养的环节。学生在学校掌握技术技能和相关理论知识,并在实际工作场所将其转换为实践能力,这很重要,实践证明可雇佣性技能更容易在实践场所获得。企业组织相关活动,或者深入到院校,有针对性地加强与学生的交流与沟通,让学生尽早了解企业的技能需要和要求,树立职业意识和责任意识。

（3）国家和地方相关政策制定和职业教育体系构建方面，应该确保有来自企业人员的参与，加强职业教育质量控制，另外在职业能力标准和评价标准制定、职业教育提供方、职业教育的教师队伍、职业教育的课程设置等各个环节中，确保有来自企业方面的参考与建议。

（4）企业应该组织员工在职继续教育与培训，也鼓励员工参与职业教育学习，企业不仅要注重自身所需技术技能的培养，同时也需要关注员工基础技能的培养和提升，这可以全方位提升企业的竞争力，也有利于员工的发展。

四、学习者

在各个因素中，政府部门、企业、职业院校等因素是培养和促进学习者技能的外部因素，学习者是提升技能的内在因素，是提升技能的根本动力所在。

作为接受职业教育的个体，可迁移技能和读写、语言与数学技能，影响到他们当前与未来能否在劳动力市场获得就业与成功，学习者应该意识到这些技能的重要性，并对自身技能的培养负主要责任，主动规划好自己的职业生涯，主动学习劳动力市场所需要的技能。职业院校的学生在刚进入校园的时候，就应该对自己未来的学习有所计划，对未来的职业有所规划，结合自身的特长、兴趣和所处环境等各个方面因素，充分利用学校的学习机会，积极参与社会实践，有意识地去增加自身可迁移技能。对那些全职或者兼职接受职业教育的学习者来说，他们在工作中更能理解可雇佣性技能对他们工作的作用，因而更应该珍惜学习机会，把自身工作实践需求和学习相结合，充分利用学习的机会，提升技能。

不论学习者参加哪种类型的职业教育，他们都应该去积极了解劳动力市场目前和未来发展的需求，在获得技术技能的同时，注重可迁移技能或者基础技能的提升，掌握多元技能，让自我能适应劳动力市场变化，为个人职业生涯的可持续性发展奠定坚实的基础。

8.2.2.3 建立终身学习体系

发达国家已经步入后工业社会，信息技术和知识经济成为其典型特征，为了适应社会发展，终身学习的思想逐步深入人心。自1972年"终身学习"

作为一个术语与"终身教育""学习型社会"并列正式出现在联合国教科文组织的著名报告《学会生存》中以来,终身学习不仅作为一种教育思想影响了世界范围内的诸多国家和地区的教育改革,而且作为一个政策术语正式进入了国际教育政策的前台。2015年世界教育论坛提出"教育2030行动框架",通过了《仁川宣言》,宣言提出到2030年,拥有相关技能的人数大幅增加,并获得多元的技能,强调通过正规和非正规途径,让大家任何时候有机会接收到教育。[①]宣言其实就是强调通过终身学习让大家都有机会去接受教育,特别在工作中能接受继续教育与培训。终身学习理念的提出使职业生涯的可持续性发展、个性化发展、全面发展成为可能。建立终身教育体系,有利于个人技能的终身发展。

现代终身学习理念归纳为五个方面:①学习是一个人终身循环式的,不同情况中有不同的学习需要;②终身学习包括正规学习和非正规学习;③每个人都应该有条件、有动力,并主动进行终身学习;④终身学习不仅是为适应工作中的变化,而且是要满足整个人类发展过程的要求;⑤终身学习将实现经济发展目标,保持可就业性/雇佣性与满足个人愿望和促进社会发展紧密结合在一起。[②]

澳大利亚教育哲学体现终身学习思想和德洛尔报告的精神。所有的澳大利亚人都可以接受终身教育,对终身学习需求的认识奠定了澳大利亚职业教育和培训体系的基础。职业教育和培训(VET)必须使我们的人们、劳动力市场、社会与经济获益。[③]终身学习对所有的澳大利亚人开放,特别是对那些以前没有获得教育的人。澳大利亚所采取的职业教育策略,也反映了德洛尔报告的精神——终身学习能够成为我们每个人建立学习与工作平

① Unesco.ect. Education –2030 Incheon Declaration and Framework for Action Towards inclusive and equitable quality education and lifelong learning for all[R]. 2015.

② P.Kearns, et al. VET in the Learning Age:The Challenge of Lifelong Learning for all[R]. ANTA. 1999:6.

③ 刘来泉选译. 世界技术与职业教育纵览:来自联合国教科文组织的报告[M]. 北京:高等教育出版社,2002. 137.

衡、继续适应多元职业、适应实际的公民生活的手段。

回应终身教育理念,我国应该致力于建立完整的适合终身学习的职业教育体系。职业教育体系的终身性要求职业教育从关注经济的发展转向为关注个人生涯发展的全过程,从关注围绕岗位的职业能力转向关注支持个人自我发展、可持续发展的综合能力。职业教育体系的终身性还要求职业教育内容的多元化、形式的灵活化从而满足个体不同发展阶段的各种需求。除了澳大利亚之外,其他发达国家如美国职业生涯教育的发展,"学校到工作"(School to Work,简称STW)到"学校到职业"(School to Career,简称STC)的战略改变,英国继续扩展高等教育和继续教育的规模并丰富此类教育对象的组成等。①这些行动都体现了终身学习的理念。

随着我国经济发展和社会结构的逐步转型,科技进步,新的技术和知识不断出现并应用于我国各个领域的生产生活当中,新增岗位需要与新的技术人员进行不断的重组,一劳永逸、一个职位从事终身的就业已经变得越来越不现实。职业岗位变化更要求我国把职前与职后职业教育相结合,构成一个终身学习的教育体系,打破职前教育终结性的藩篱,为职业终身教育奠定必要的基础。因而我国有必要拥有各种与成人教育互相渗透、联系、合作的职业继续教育机构,使职业教育与人的整个职业发展过程相伴随,并被纳入到一体化的终身学习体系当中,从而促进个人技能的终身发展。

8.3 小结

近年来,我国政府在职业教育领域出台了一系列发展政策,在注重培养学习者技术技能同时,也开始逐步关注非技术技能的培养,并取得了一定成效。目前我国的职业教育领域,依旧缺乏适用于所有职业院校与培训机构,促进不同类型学习者非技术技能发展的国家发展规划和国家课程标准等一套完整的技能体系。我国针对职业教育领域的非技术技能研究,既有政府

---

① 刘来泉选译. 世界技术与职业教育纵览:来自联合国教科文组织的报告[M]. 北京:高等教育出版社,2002. 151.

部门主导的研究,也有由不同的学者关注非技术技能政策,并提出了自己的看法而形成的研究,这些研究对职业教育领域非技术技能的培养具有的积极影响。

可雇佣性技能等一系列非技术技能政策在澳大利亚职业教育中的政策与实践,为我们提供了有益的启示。从技能政策意义来看,制定国家技能政策是必要的,这对职业教育的发展具有指导性、引领性和基础性作用;从政策出台的是多源流和渐进的过程来看,我国职业教育技能政策出台要综合考虑各个方面因素,结合我国实际情况,和已有的相关技能政策,为我国劳动力市场提供所需的技能型人才。

另外,澳大利职业教育技能政策几大特点讨论对我国的启示有:首先,在大力发展职业教育政策环境中,我们更需要注重培养什么样的人,职业教育不只是培养学习者从事某项工作的技术技能,也需注重学习者的可迁移技能和语言、读写和数学等基础技能的培养。由于可迁移技能更容易在工作中获得,因此可以加强职业教育的实践课程的比重,注重校企合作、联合办学,同时职业院校的课程设置和教学中,语文、数学等基础课程不是削弱而应该加强。其次,技能政策需要调动政府、学校、教师、企业、学生等各个利益相关者的积极性,全方位各领域参与到类似可迁移技能的非技术技能培养当中。最后,个人技能特别是可迁移技能等非技术技能,这些技能本身也是一个不断变化发展的过程,个人要掌握和获得多元技能,更需要终身学习,因此有必要在全国范围内建立终身学习的教育体系,让大家都有机会在任何时间、任何地点,以各种不同的方式主动学习。作为个体,每个人都应该有终身学习的意识并付诸于实践。

结　语

　　澳大利亚可雇佣性技能政策的出台,背后有其深刻的原因。从国际范围来看,首先,各个国家之间的联系日趋紧密,全球化进程不断加深,国际贸易与交流密切,全球化的影响也会反映到澳大利亚职业教育技能政策当中;其次,知识经济成为各个国家特别是发达国家新的发展动力,澳大利亚也不例外;再次,从全球劳动力市场的发展趋势来看,劳动力在国际市场上流动频繁,对澳大利亚劳动者技能也提出了新的要求;另外,国际组织和发达国家职业教育理念,特别是类似可雇佣性技能的技能观,直接影响了澳大利亚职业教育技能政策。

　　除了国际影响因素之外,对职业教育技能政策产生直接影响的国内因素,因澳大利亚本国经济社会发展、产业结构变迁,生产关系变化而产生的一系列问题。这些问题主要表现为:技能型人才的缺乏满足不了澳大利亚"新经济"的发展;当前劳动者缺乏足够的灵活性和变通性,适应不了劳动力市场的不断变化的需求;由于人口的老龄化,更需要注重劳动者技能素质的提升;雇主对劳动力市场劳动者的技能水平不满,直接干预职业教育政策制定等一系列因素。正是这些原因的存在,形成了职业教育技能政策改革的问题源流。当然还存在其他一些因素影响着澳大利亚职业教育技能政策的变革,而最为根本的原因则是生产方式的变革。

　　为了应对上述问题,澳大利亚政府部门、产业集团代表、研究机构等各个不同利益相关者,从自身立场出发提出各种解决问题的政策建议。因而在职业教育技能政策领域,根据主要利益相关者在澳大利亚职业教育技能政策中发挥的作用,本书把非技术技能政策划分三个阶段,第一个阶段为政府主导出台的通用技能和关键能力的政策,这个阶段是可雇佣性技能的探索阶段;第二个阶段是产业主导的可雇佣性技能,产业通过自身利益集团的力量,把可雇佣性技能上升为公共教育政策;第三个阶段,由政府与产业共同主导,在可雇佣性技能的基础上出台了基础技能政策。

由多源流形成职业教育技能政策,往往是渐进的,并保持延续性。在澳大利亚国家技能政策中,技能本身的概念和内涵也会随着时代和经济发展的变化而不断变化。职业教育最初主要关注技术技能或学科专门技能。但是随着经济与社会结构发生改变,澳大利亚职业教育领域从1985年提出了通用、可迁移性技能这一概念,到1991年、1992年出台的关键能力政策,再到2002年提出的可雇佣性技能,以及2012年发布基础技能实施策略等一系列技能政策。这些不同阶段的技能政策,都是在已有政策基础上做出来适当调整的结果,体现了渐进决策理论的思想。

作为澳大利亚职业教育最有特色的培训包,已成为政府技能政策具体操作和实施的抓手。从可雇佣性技能融入到培训包,再到开发出基础技能培训包,这本身就是一个实践层面的飞跃。澳大利亚通过技能政策的出台与落实,逐步形成了一个国家技能培养体系。

在澳大利亚,除了职业院校和职业培训机构提供职业教育,普通中学和高等教育中的大学也提供职业教育课程或项目,而且企业界积极参与到整个职业教育体系之中。[①]澳大利亚建立起了灵活的资格框架体系,这样的体系安排具有很强的自主性和创新性。另外,澳大利亚的职业教育体系是以需求为导向(demand-driven),强调学习者技能的培养,技能是理解澳大利亚职业教育的关键之处。

澳大利亚职业教育是在吸收国际组织提出的先进理念,借鉴其他国家的发展经验和成功实践,同时充分结合本国的实际,而形成其独特的职业教育体系。在澳大利亚,技能贯穿着整个职业教育过程,技能是职业教育的核心所在。20世纪80年代以来,澳大利亚政府一直期望通过职业教育把澳大

---

① Pont B, Figueroa D T, Zapata J, et al. Education policy outlook: Australia[M]. Paris: OECD Publishing. 2013. 8.

利亚变成一个技能强国,因此技能政策是澳大利亚职业教育政策的重点。澳大利亚对技能的重视体现了新人力资本理论的观点,新人力资本理论基于对技能的分类以及对不同类型技能的探讨,能够更加深入细致地研究教育所培养的不同技能的经济社会价值。新人力资本理论指出一个国家如果不能发展人们的知识和技能,就不能发展其他任何东西。提升劳动者的技能,可以大大提高他们的工作效率。

我国与澳大利亚面临着类似的国际坏境,两国经济发展都面临着压力和挑战。当前我国面临传统产业的升级换代,人口红利逐步消失,经济下行压力加大,国际经济形势严峻,外需低迷。2015年我国出口数据走弱、工业品出厂价格指数(PPI)同比下降逾5%,制造业增速放缓,凸显了经济扩张步伐的乏力。①面对这些挑战,如何实现"中国制造2025"目标,如何确保我国经济能平稳快速的增长,如何破解结构性就业等等难题,职业教育对这一系列问题与挑战应该更有所作为,在我国经济正在面临转型的情况下,为了能够满足产业发展需要,职业教育应该培养何种的劳动者,具备多元技能的实用性和应用型的人才显得尤为重要。

虽然我国大学培养了数量庞大的学生,每年有众多的高校毕业生,在各种招聘会上,存在着"本科生满操场,硕士生满礼堂,博士生满走廊"的真实写照。另一方面,相比于以培养理论人才为主的大学,以培养技术工人为主的职业院校就显得格外冷清,有的职业院校招生和生存都存在问题。不同类型学校招生时候的门庭若市与门可罗雀,众多大学毕业生就业难与企业面临的技工荒,两者形成了鲜明的对比。另外,在北京、上海、广州、深圳等经济比较发达的城市,第三产业比重已经超百分之六十,这些城市已经呈现发达国家所面临的后工业化一系列相似的特征,第三产业的从业人员大幅增加,雇佣方式也在逐步改变。虽然"北上广深"是全国人才的聚集地,但是一些新兴产业仍旧面临着人才短缺的局面,当前的教育特别

---

① 谢涓. 最新中国褐皮书[EB/OL]. http://www.thepaper.cn/newsDetail_forward_1377406. 2015-9-12.

是职业教育培养出来的劳动者,与产业发展需要的多元技能型人才,还存在一定的差距。

随着经济的发展,我国服务业比重也在不断加大,经济社会也在发生着重大转型,在这一背景下,那些职业院校将要进入工作岗位的毕业学生,不仅仅要有能够从事某项特定工作的技术技能(我们称之为"硬技能"),同时也需要具有可迁移性的核心工作技能(我们称之为"软技能")。另外,职业教育要加强学生的语言、读写和数学技能培养,这些技能可以为他们奠定坚实的基础,为以后的个人长远发展和终身学习做好准备。同样,在职工人拥有能够跨职业、满足不同就业岗位需求的多元技能也显得十分重要。因此对那些在岗的工人,为他们提供职业教育的计划,让他们接受继续教育。政府机构和相关企业需要采取有效的策略和干预措施,对工人的继续教育与培训。对他们的培训,不只是技术技能的培训,同时也需要注重他们基础技能的培训。澳大利亚的研究和实践都表明,拥有坚实的语言、读写和数学等基础技能,可以帮助劳动者应对不同工作环境的挑战,这些技能有助于他们适应工作世界的发展与变化。

如何把我国职业教育同现实劳动市场更紧密地结合起来非常重要。职业教育对学习者技能的培养,不应该仅仅局限学校课堂之内,同时也应重视校外的职业教育。从职业教育的本质来看,职业教育需要同现实的劳动实际现场相结合,以加强理论和实际的联系。澳大利亚的实践证明可雇佣性技能,通过工作场所的实践操作更加容易习得。同澳大利亚相比,我国职业教育技能政策制定中,政府干预过多,行政力量过强。因而在职业教育政策制定和实施过程中,我国应该充分考虑不同利益相关者的需求,充分吸收研究机构、产业团体、工会团体等各个不同利益相关者的政策建议。同时考虑到职业教育与劳动力市场联系密切的特殊性,在职业教育政策制定和实施过程中,企业界的声音较小,我国需要特别重视企业对职业教育的参与。另外,我国需要在各方共同的努力下,构建终身学习体系,让每个人都能够随时随地的参与学习。

作为发达的资本主义国家,澳大利亚出台可雇佣性技能等一系列技能政策,其目的是为了促进澳大利亚经济发展,而且更多的是代表雇主等资本集团的利益。从可雇佣性技能政策出台过程来看,以企业雇主为代表的产业利益集团,提出产业、企业对劳动者能力的要求,并运用自身的政治影响力,将这种要求上升到至少部分上升为国家技能政策,具有明显的阶级性。作为那些被雇佣的弱势群体雇员,在政策中很少有自己的声音,他们的利益很少被考虑,而且在技能政策中,把经济发展的问题归咎到雇员是否具备技能问题上。

另外澳大利亚政党政治和政治体制,造成了澳大利亚政府总理和部长变更频繁,负责职业教育和技能培训的相关政府管理部门经常变换,很多技能政策刚出来不久,就换成另外新一届政府,可能又有新技能政策的出台,导致有些政策并没有得到全面完整的实施。

可雇佣性技能的提出,更主要的是关注劳动者如何去应对市场的需求。诚然职业教育本身是和劳动力市场联系紧密,但是作为一种教育形态,职业教育更加需要培养全面发展的人,而不仅仅是为了就业和适应市场发展需求,这也是我们在借鉴的同时也需要反思的地方。

本书的研究,涉及澳大利亚的经济、政治、文化、教育等多层次制度之间的契合与协调问题。同时受到研究时间与研究地域的限制,在有些问题的讨论中,还缺乏对案例的实证规范研究;另外书中对政策的评价涉及较少,这也是未来研究值得重视和改进的方面。澳大利亚职业教育技能政策时间跨度较长,并且涉及个人、学校、企业、政府等多个利益相关者,同时又涵盖教育学、经济学、社会学和公共管理学等多诸多学科理论,加之作者能力有限,书中各方面所存在的错误和疏漏之处在所难免,恳请各位专家批评指正。

附录　英文缩略词及中文对照表

缩写(简称)	英文名称	中文名称
ABS	Australian Bureau of Statistics	澳大利亚统计局
ACCI	Australian Chamber of Commerce and Industry	澳大利亚工商总会
ACER	Australian Council for Educational Research	澳大利亚教育研究委员会
ACSF	Australian Core Skill Framework	澳大利核心技能框架
AIG	Australian Industry Group	澳大利亚产业联盟
AIRC	Australian Industrial Relations Commission	澳大利亚行业关系委员会
ALLS	Adult Literacy and Life skills Survey	成人读写与生活技能调查
ALP	Australia Labor Party	澳大利亚工党
ANTA	Australian National Training Authority	澳大利亚国家培训局
AQF	Australian Qualifications Framework	澳大利亚资格框架
AQTF	Australian Quality Training Framework,	澳大利亚质量培训框架
ARF	Australian Recognition Framework	澳大利亚论证框架
ASCO	Australian Standard Classification of Occupations	澳大利亚职业分类标准
ASF	Australian Standards Framework	澳大利亚标准框架
BCA	Business Council of Australia	澳大利亚商业理事会
CBI	Confederation of British Industry	英国工业联盟
CBT	Competency Based Training	以能力为本的培训
COAG	Council of Australia Governments	澳大利亚政府委员会
CPS	Commonwealth Public Service	联邦公共服务
CRTS	Commonwealth Reconstruction Training Scheme	联邦培训重建计划
CSfW	Core Skills for Work Developmental Framework	核心工作技能发展框架
CTE	Career and Technical Education	职业生涯与技术教育
CTTS	Commonwealth Technical Training Scheme	联邦技术培训计划
DEET	Department of Employment , Education and Training	就业、教育与培训部

续表

缩写(简称)	英文名称	中文名称
DEEWR	Department of Education, Employment and Workplace Relations	教育、就业与劳动关系部
DEEYA	Department of Employment, Education and Youth Affair	就业、教育与青年事务部
DEIR	Department of Employment and Industrial Relations	就业与工业关系部
DEST	Department of Education, Science and Training	教育、科学与培训部
DET	Department of Education and Training	教育培训部
DETAFE	Department of Employment, Training and Further Education	就业、培训与继续教育部
DETIR	Department of Employment ,Training and Industrial Relations	就业、培训与工业关系部
DIISRTE	Department of Industry, Innovation, Science, Research and Tertiary Education	澳大利亚产业、创新、科学研究与第三级教育部
DITAC	Department of Industry, Technology and Commerce	工业、技术与商业部
DLI	Department of Labor and Industry	劳工与行业部
DLNS	Department of Labor and National Service	国家劳工服务部
DPWR	Department of Post-War Reconstruction	战后重建部
FSWD	Foundation Skills Workforce Development	劳动力基础技能培养
GDP	Gross Domestic Product	国内生产总值
GN	Gross National Income	人均国民总收入
IBISC	Innovation and Business Industry Skills Council	创新与行业技能委员会
ILO	International Labour Organization	国际劳工组织
IT	Information Technology	信息技术
ITD	Industrial Training Division	行业培训署
LLN	Language,Literacy and Numeracy	语言、读写、数学
LLNP	Language,Literacy and Numeracy Program	语言、读写、数学项目
ISIC	International Standard Industrial Classification	国际标准产业分类
MCEETYA	Ministerial Council on Education, Employment, Training and Youth Affairs	教育、就业、培训及青年事务部长委员会
MINCO	Ministerial Council	部长参议会
MVES	Minister for Vocational Education and Skills	职业教育与技能部

续表

缩写(简称)	英文名称	中文名称
NCVER	National Centre for Vocational Education Research	国家职业教育研究中心
NEAT	National Employment and Training System	国家就业培训体制
NTF	National Training Framework	国家培训框架
OECD	Organization for Economic Co-operation and Development	经济合作发展组织
O'NET	Occupational Information Network	职业信息网
PIAAC	Program for the International Assessment of Adult Competencies	国际成人能力评估项目
PISA	Program for International Student Assessment	国际学生评估项目
PPI	Producer Price Index	价格指数
RCC	Recognition of the Current Competencies	当前能力认证
RPL	Recognition of Prior Learning	先前学习能力认证
RTO	Registered Training Organization	注册培训机构
SCANS	Secretary's Commission of Achieving Necessary Skills	达成必须技能秘书委员会
STC	School to Career	学校到职业
STW	School to Work	学校到工作
TAFE	Technical and Further Education	技术与继续教育
TDP	TAFE Development Program	技术与继续教育发展计划
TEVT	Technical and Vocation Education and Training	职业技术教育与培训
UNESCO	United Nations Educational, Scientific and Cultural Organization	联合国教科文组织
VET	Vocational Education and Training	职业教育与培训
VETA	Vocational Education and Training Authority	职业教育与培训局
WLLN	Workplace Language,Literacy and Numeracy	工作场所语言、读写、数学

参考文献

中文文献

一、学术著作

[1][澳]P.J.希恩等.澳大利亚与知识经济——对科学技术促进经济增长的一种评价[M].柳卸林等译.北京:机械工业出版社,1997.

[2][澳]西蒙·马金森.现代澳大利亚教育史:1960年以来的政府、经济与公民[M].沈雅雯等译.杭州:浙江大学出版社,2007.

[3][澳]西蒙·马金森.澳大利亚教育与公共政策[M].严慧仙等译.杭州:浙江大学出版社,2007.

[4][德]施瑞尔.比较教育中的话语形成[M].郑砚秋等译.北京:北京大学出版社,2010.

[5][美]A.J.哈罗等编.教育目标分类学(第三分册:动作技领域)[M].施良方,唐晓杰译.上海:华东师范大学出版社,1989.

[6][美]博尼·特里林,[美]查尔斯·菲德尔著.21世纪技能——为我们所生存的时代而学习[M].洪友译.天津:天津社会科学院出版社,2011.

[7][美]布鲁姆著.教育目标分类学(第一分册:认知领域)[M].罗黎辉,丁证霖,石伟平等译.上海:华东师范大学出版社,1986.

[8][美]查尔斯·林德布洛姆著.决策过程[M].竺乾威,胡君芳译.上海:上海译文出版社,1988.

[9][美]丹尼尔·贝尔.后工业社会(简明本)[M].彭强编译.北京:科学普及出版社,1985.

[10][美]戴维·F.诺布尔.生产力——工业自动化的社会史[M].李风华

译.北京:中国人民大学出版社,2007.

[11][美]杜威.民主主义与教学[M].王承绪译.北京:人民教育出版社,2001.

[12][美]凯瑟琳·西伦.制度是如何演化的——德国、英国、美国和日本的技能政治经济学[M].王星译.上海:上海人民社,2010.

[13][美]康德尔.教育的新时代:比较研究[M].王承绪译.北京:人民教育出版社,2001.

[14][美]罗伯特·阿诺夫等.比较教育学:全球化与本土化的辩证关系[M].冯增俊等译.北京:人民教育出版社,2012.

[15][美]约翰·W.金登.议程、备选方案与公共政策(第二版)[M].丁煌等译.北京:中国人民大学出版社,2004.

[16][日]仓乔重史.技术社会学[M].王秋菊译.沈阳:辽宁人民出版社,2008.

[17][日]细谷俊夫.技术教育概论[M].肇永和,王立精译.北京:清华大学出版社,1984.

[18][西班牙]何塞·加里多.比较教育概论[M].王承绪译.北京:人民教育出版社,2001.

[19][英]H.J.哈巴库克,[英]M.M.波斯坦主编.剑桥欧洲经济史(第六卷)——工业革命及其以后的经济发展:收入、人口及技术迁移[M].王春法,张伟,赵海波译.北京:经济科学出版社,2002.

[20][英]查尔斯·辛格等主编.技术史(第4卷:工业革命)[M].辛元欧主译.上海:上海科技教育出版社,2004.

[21][英]查尔斯·辛格等主编.技术史(第5卷:19世纪下半叶)[M].远德龙主译.上海:上海科技教育出版社,2004.

[22][英]马克·贝磊等.比较教育研究路径与方法[M].李梅主译.北京:北京大学出版社,2010.

[23]蔡子亮,杨钢,白政民编著.现代科学技术与社会发展[M].郑州:郑州大学出版社,2006.

[24]陈时见,徐辉主编.比较教育导论[M].北京:商务印书馆,2007.

[25]陈宇主编.技能振兴:战略与技术[M].北京:中国劳动社会保障出版社,2009.

[26]冯忠良.智育心理学[M].北京:教育科学出版社,1981.

[27]顾明远,薛理银.比较教育导论——教育与国家发展[M].北京:人民教育出版社,1996.

[28]和震主编.职业教育政策研究[M].北京:高等教育出版社,2012.

[29]胡国勇.日本高等教育研究[M].上海:上海教育出版社,2008.

[30]黄景容.技能教育的理论与实践[M].广州:广东人民出版社,2008.

[31]黄立志.制度生成与变革:二战后澳大利亚技术与继续教育(TAFE)历史研究[M].天津:南开大学出版社,2013.

[32]黄日强,邓志军,张翌鸣.战后澳大利亚职业教育研究[M].北京:开明出版社,2004.

[33]黄尧主编.职业教育学——原理与运用 [M].北京:高等教育出版社,2009.

[34]姜大源.当代世界职业教育发展趋势研究[M].北京:电子工业出版社,2012.

[35]靳希斌.教育经济学(第4版)[M].北京:人民教育出版社,2009.

[36]劳动部教材办公室选编.职业技能标准选编[M].北京:中国劳动出版社,1995.

[37]联合国教科文国际21世纪教育委员会.教育——财富蕴藏其中[M].北京:教育科学出版社,1996.

[38]联合国教科文组织国际教育发展委员会.学会生存——世界教育的今天和明天[M].北京:教育科学出版社,1996.

[39]梁忠义,李守福.世界教育大系–职业教育分卷[M].长春:吉林教育出版,2001.

[40]刘斌,王春福主编.政策科学研究:政策科学理论(第一卷)[M].北京:人民出版社,2000.

[41]刘精明等.转型时期中国社会教育[M].沈阳:辽宁教育出版社,2004.

[42]刘来泉选译.世界技术与职业教育纵览:来自联合国教科文组织的报告[M].北京:高等教育出版社,2002.

[43]刘占山,[澳]维吉尼亚·贝蒂,赵为粮,[澳]安东尼·巴瑞特.需求导向的职业教育探索与实践——中国–澳大利亚(重庆)职业教育与培训项目回顾与展望[M].北京:高等教育出版社,2007.

[44]吕红.澳大利亚职业教育课程质量保障研究[M].北京:外语教学与研究出版社,2011.

[45]米靖著.中国职业教育史研究[M].上海:上海教育出版社,2009.

[46]宁骚主编.公共政策[M].北京:高等教育出版社,2000.

[47]欧阳河等.职业教育基本问题研究[M].北京:教育科学出版社,2006.

[48]裴娣娜.教育研究方法导论[M].合肥:安徽教育出版社,1994.

[49]皮连生.知识分类与目标导向教学[M].华东师范大学出版社,1998.

[50][意]奇波拉.欧洲经济史(第三卷–工业革命)[M].北京:商务出版社,1989.

[51]钱民辉.职业教育与社会发展研究[M].哈尔滨:黑龙江教育出版社,1999.

[52]石伟平,匡瑛主编.比较职业教育[M].北京:高等教育出版社,2012.

[53]舒尔茨.论人力资本投资[M].北京:北京经济学院出版社,1990.

[54][挪威]斯坦因·U.拉尔森.政治学理论与方法[M].上海:上海世纪出版集团,2006.

[55]宋国学.就业能力开发的绩效衡量与实证分析[M].北京:中国社会科学出版社,2007.

[56]孙旭升.笔记小说名篇译注[M].南京:凤凰出版社,2014.

[57]孙祖复.德国职业技术教育史[M].杭州:浙江教育出版社,2000.

[58]陶秋燕.高等技术与职业教育的专业和课程——以澳大利亚为个案的研究[M].北京:科学出版社,2004.

[59]田长生主编.科学技术发展史[M].北京:科学出版社,2012.

[60]汪霞等.高校课程结构调整与大学生就业问题研究 [M].南京：南京大学版社,2013.

[61]王斌华.澳大利亚教育[M].上海：华东师范大学出版社,1996.

[62]王承绪主编.比较教育学史[M].北京：人民教育出版社,1999.

[63]王充闾,毕宝魁.中国好文章[M].北京：现代出版社,2014.

[64]王川.西方近代职业教育史稿[M].广州：广东教育出版社,2011.

[65]王桂.当代外国教育[M].北京：人民教育出版社,1995.

[66]王国文.国际物流与制度因素[M].北京：中国物资出版社,2010.

[67]王清莲,张社字等.职业教育社会学 [M].北京：教育科学出版社,2008.

[68]王雁琳.政府和市场的博弈——英国技能短缺问题研究[M].杭州：浙江大学出版社,2013.

[69]吴国盛编.技术哲学经典读本[M].上海：上海交通大学出版社,2012.

[70]吴式颖,任钟印主编.外国教育思想通史 [M].湖南教育出版社,2002.

[71]吴文侃,杨汉清主编.比较教育学（修订本）[M].北京：人民教育出版社,1999.

[72]吴雪萍.国际职业技术教育研究[M].杭州：浙江大学出版社,2004.

[73]吴于廑,齐世荣主编.世界史-现代史编（下卷）[M].北京：高等教育出版社,1994.

[74]吴玉琦.中国职业教育史[M].长春：吉林教育出版社,1991.

[75]谢晋宇.可雇佣性能力及其开发[M].上海：上海人民出版社,2011.

[76]谢长法,彭泽平主编.中国教育史[M].重庆：西南师范大学出版社,2012.

[77]徐传谌,谢地主编.产业经济学[M].北京：科学出版社,2011.

[78]徐国庆.实践导向职业教育课程研究：技术学范式[M].上海：上海教育出版社,2008.

[79]徐国庆.职业教育课程论[M].上海：华东师范大学出版社,2015.

[80]杨金土主编.30年重大变革——中国1979-2008年职业教育要事概

览(上、下卷)[M].北京:教育科学出版社,2011.

[81]杨伟国.中国技能短缺治理[M].上海:复旦大学出版社,2011.

[82]叶奕乾等编.普通心理学[M].上海:华东师范大学出版社,1997.

[83]袁振国.教育研究方法[M].北京:高等教育出版社,2000.

[84]袁振国主编.教育政策学[M].南京:江苏教育出版社,2001.

[85]张民选.国际组织与教育发展[M].上海:上海教育出版社,2010.

[86]张平,王数华.产业结构理论与政策[M].武汉:武汉大学出版社,2009.

[87]职业技能鉴定中心组织编写.国家职业技能鉴定教程[M].北京:北京广播学院出版社,2003.

二、学术论文

[1]阿尔·雅各布森,劳伦斯·普鲁萨克.知识管理≠知识搜索[J].商业评论,2007(1):30-31.

[2]蔡昉,王广州,王美艳.依靠深化教育缓解就业压力[J].理论视野,2009(05):30-33.

[3]蔡昉.人口红利与中国经济可持续增长[J].甘肃社会科学,2013(1):1-4.

[4]蔡昉.人口转变、人口红利与刘易斯转折点[J].经济研究,2010(4):4-13.

[5]曹海科.澳大利亚霍克政府的经济改革述评[J].世界经济研究,1990(4):13-18.

[6]曹浩文,杜育红.人力资本视角下的技能:定义、分类与测量[J].现代教育管理,2015(3):55-61.

[7]曾秋香,黄湖滨.职业技能教育新论[J].岳阳职业技术学院学报,2011(5):1-5.

[8]程介明.教育问:后工业时代的学习与社会[J].北京大学教育评论,2005(4):5-14.

[9]都阳,曲玥.劳动报酬、劳动生产率与劳动力成本优势——对2000-

2007年中国制造业企业的经验研究[J].中国工业经济,2009(5):25-35.

[10]谷峪,李玉静.国际技能战略比较分析——以澳大利亚、英国、美国为中心[J].职业技术教育,2014(1):83-88.

[11]贺武华.教育政策过程研究的案例研究法[J].现代教育论丛,2010(9):25-27.

[12]胡国勇.国际劳工组织职业培训基准述评[J].比较教育研究,2011(10):39-43.

[13]胡国勇.日本现代职业教育体系特征与成因分析[J].中国高教研究,2013(5):91-96.

[14]李名梁,谢勇旗.职业教育利益相关者:利益诉求及其管理策略[J].职教通讯,2011(21):5-9.

[15]李少元.结构性就业问题[J].教育与经济,1989(3):59-59.

[16]李盛聪,余婧,饶雨.国际成人能力评估项目的述评——基于OECD首次成人技能调查结果的分析[J].现代远程教育研究,2014(6):12-25.

[17]李晓曼,曾湘泉.新人力资本理论-基于能力的人力资本理论研究动态[J].经济学动态,2012(11):120-126.

[18]刘青.可雇佣能力.国家人才开发战略新视野[J].辽宁师范大学学报(社会科学版),2009(11):17-22.

[19]祁国杰,祁国鹰.运动技能形成过程新论[J].体育与科学,1993(4):42-45.

[20]钱丽欣.韦伯的科层理论及其对现代教育管理的启示[J].教育评论,1997(4):50-52

[21]钱铭,汪霞.澳大利亚高校可雇佣性技能的培养——以墨尔本大学为例[J].高教探索,2012(3):52-56.

[22][美]史蒂芬·罗奇.后工业化时代中国的转型[J].中国发展观察——中国发展高层论坛,2014专号:20-23.

[23]宋国学,谢晋宇.可雇佣性教育模式.理论述评与实践应用[J].比较教育研究,2006.27(2),62-66.

[24]宋国学.大学毕业生的可雇佣性技能.国际研究及其对中国的启示[J].内蒙古财经学院学报,2008(2):10-14.

[25]宋国学.基于可雇佣性视角的大学生职业能力匹配性分析[J].现代教育管理,2011(3):34-37.

[26]宋国学.可雇佣性全面开发观对大学生就业教育变革的启示[J].现代教育管理,2010(2):123-125.

[27]孙俊华,汪霞.大学毕业生的可雇佣能力研究.分析视角、构成维度和测量方法[J].全球教育展望,2010(8):66-71.

[28]孙岩.可雇佣能力研究的新进展[J].经营管理者,2008(15):27-28.

[29]谭亚莉,万晶晶.多重视角下的雇员可雇佣能力研究现状评介与未来展望[J].外国经济与管理,2010(6):38-45.

[30]汤霓,石伟平.我国通用技能研究的回顾与思考[J].职教论坛,2011(19):43-47.

[31]汪霞,崔映芬.将学生可雇佣性培养融入课程:英国经验[J].高等教育研究,2011(3):99-106.

[32]谢晋宇.可雇佣性开发:概念及其意义[J].西部经济管理论坛:原四川经济管理学院学报,2011(1):46-54.

[33]谢晋宇,宋国学.论离校学生的可雇佣性和可雇佣技能[J].南开学报(哲学社会科学版),2005(2):85-92.

[34]徐宝森.扁平化管理下的人力资源整合[J].经济问题探索,2004(5):49-51.

[35]严璇,杨丽敏.发展中的澳大利亚培训包[J].中国职业技术教育,2006(36):27-28.

[36]杨勇.从PISA的表现看新加坡基础教育发展的理念[J].外国中小学教育,2014(6):6-10.

[37]张立富.新型雇佣方式下的人力资源开发[J].人力资源,2008(23):66-68.

[38]张民选等.专业视野中的PISA[J].教育研究,2011(06):3-10.

[39]张民选,黄华.自信·自省·自觉——PISA2012数学测试与上海数学教育特点[J].教育研究,2016(1):35-46.

[40]张平.德国职业院校的职业能力理念和实践[J].中国职业技术教育,2012(30):67-69.

[41]张义兵.美国的"21世纪技能"内涵解读——兼析对我国基础教育改革的启示[J].比较教育研究,2012(5):86-90.

[42]张玉来."神器"的黯然:日本终身雇佣制改革[J].现代日本经济,2008(1):55-59.

[43]赵颖,郝德永.可雇佣能力.大众化时代高等教育的人才培养逻辑[J].现代教育科学,2005(1):96-97.

[44]郑东辉.可雇佣性导向的大学课程设计方式探讨[J].全球教育展望,2012(5):55-60.

[45]郑俊乾.技能训练方法简介[J].中国职业技术教育,2005(15):47-49.

[46]邹小玲,叶龙.成长型可雇佣能力的内涵、结构及其变化趋势[J].云南社会科学,2013(1):73-77.

三、学位论文

[1]陈衍.后工业社会职业教育发展的宏观特征——以美国为例[D].东北师范大学.2008.

[2]陈勇.大学生就业能力及其开发路径研究[D].浙江大学,2012.

[3]崔爱林.二战后澳大利亚高等教育政策研究[D].河北大学,2011.

[4]范其伟.我国城市化进程中职业教育发展研究[D].中国海洋大学,2014.

[5]金晓亚.大学毕业生可雇佣性技能内涵及开发研究[D].复旦大学,2009.

[6]马振华.我国技能型人力资本的形成与积累研究[D].天津大学,2007

[7]庞世俊.职业教育视域中的职业能力研究[D].天津大学,2010.

[8]汤霓.高职生通用技能培养课程策略研究[D].华东师范大学,2013.

[9]王彦军.日本劳动力技能形成研究[D].吉林大学,2008.

[10]杨丽波.职业教育社会伙伴关系研究[D]. 华东师范大学,2012.

[11]张海明.通用技能的国际比较研究[D]. 华东师范大学,2009.

[12]张全雷.英国技能战略白皮书研究[D]. 首都师范大学,2005.

[13]郑敬.澳大利亚职业教育与培训框架体系研究[D]. 华东师范大学,2010.

[14]郑晓霞.职业胜任力与职业成功、组织认同的关系研究[D]. 浙江工商大学,2011.

[15]邹小玲.雇员可雇佣能力与职业成功及其关系研究[D]. 北京交通大学,2013.

外文文献

一、学术著作

[1]AgriFood Skills Australia. Overview guide for foundation skills in Agri-Food skills australia qualifications [M]. Barton: AgriFood Skills Australia Ltd. 2013.

[2]Ainley, P. Class and skill: Changing divisions of knowledge and labour [M]. London: Cassell. 1993.

[3]Alan Barcan. A history of Australian education[M]. Wellington: Oxford University Press. 1980.

[4]Almeida,R.,Behrman,J.,& Robalino,D.. The right skills for the job?: Rethinking training policies for workers[M]. World Bank Publications. 2012.

[5]Anderson J R. The architecture of cognition[M]. Cambridge, MA: Harvard University Press.1983.

[6]ANTA. Training package development handbook[M]. Canberra: DEST. 2004.

[7]Aspden C. Estimates of multifactor productivity [M]. Australian Bureau of Statistics. 1990.

[8]Belt V, Drake P, Chapman K. Employability skills: A research and policy

briefing[M]. London：UK Commission for Employment and Skills. 2010.

[9]Berndt R M. Aborigines and change：Australia in the'70s[M]. NJ：Humanities Press. 1977.

[10]Birkland T A. An introduction to the policy process ：theories, concepts, and models of public policy making(3rd ed.)[M]. M.E. Sharpe. 2011.

[11]Braverman H. Labor and monopoly capital：The degradation of work in the twentieth century[M]. NYU Press, 1998.

[12]Campbell C,Proctor H. A history of Australian schooling[M]. Allen & Unwin.2014.

[13]Cheng, K.M. "Education for all, but for what?" in J.E. Cohen and M. Malin (eds) International perspectives on the goals of universal basic and secondary education(M). New York：Routledge. 2010.

[14]Council N Q. Foundation skills in VET products for the 21st century[M]. Melbourne：TVET Australia. 2010.

[15]Curtis D, McKenzie P. Employability skills for Australian industry：Literature review and framework development[M].Camberwell：Australian Council for Educational Research.2001.

[16]Dawe S. Focusing on generic skills in training packages[M]. Adelaide：NCVER. 2002.

[17]DEEWR, DIICSRT. Core skills for work developmental framework[M]. Canberra：Commonwealth of Australia. 2013.

[18]DIISRT. Australian Core skills framework[M]. Canberra：Commonwealth of Australia. 2012.

[19]Dreyfus, H. and Dreyfus, S. Mind over machine：the power of human intuition and expertise in the era of the computer[M]. New York：Free Press. 1985.

[20]Evers,F.T.,Rush,J.C. The bases of competence：skills for lifelong learning and employability[M]. San Francisco, CA：Jossey-Bass. 1998.

[21]Faure, Edgar. Learning to be：the world of education today and tomorrow

[M]. Paris: UNESCO. 1972.

[22]Field S, Hoeckel K, Kis V, et al. Learning for jobs: OECD policy review of vocational education and training: initial report[M]. Paris : OECD publishing. 2009.

[23]Gibb J E. Generic Skills in Vocational Education and Training: Research Readings[M]. Adelaide: National Centre for Vocational Education Research. 2004.

[24]Green F. Skills and skilled work: an economic and social analysis[M]. Oxford University Press. 2013.

[25]Hind D W G, Moss S. Employability skills[M]. Business Education. 2011.

[26]Husén T. The school in question: a comparative study of the school and its future in Western society[M]. Oxford: Oxford University Press. 1979.

[27]Kandel (ed). Educational Yearbook[M]. New York: International Institute of Teachers College Columbia University. 1939.

[28]Kandel. The New Era in Education: a Comparative Study[M]. London: Harrap. 1955.

[29]Kearns. Generic skills for the new economy: a review of research relating to generic skills[M]. Adelaide: NCVER. 2000.

[30]Keating J. Current VET strategies and responsiveness to emerging skills shortages and surpluses.[M]. Adelaide: National Centre for Vocational Education Research. 2008.

[31]Laura Brewer. Enhancing youth employability: What? Why? and How? – Guide to core work skills[M]. Geneva: International Labour Office, Skills and Employability Department. 2013.

[32]Lowry D, Molloy S, Mcglennon S. Future skill needs: projections & employers' views[M]. Adelaide: National Centre for Vocational Education Research. 2008.

[33]Ludger W. Universal Basic Skills What Countries Stand to Gain: What Countries Stand to Gain[M]. Paris :OECD Publishing. 2015.

[34]Marginson S. Education and public policy in Australia[M]. Cambridge University Press. 1993.

[35]Marope P T M, Chakroun B, Holmes K P. Unleashing the potential: transforming technical and vocational education and training[M]. Paris: UNESCO Publishing. 2015.

[36]National Training Quality Council. Training package development hand-book[M]. Canberra : DEST. 2006.

[37]NCVER. Defining Generic Skills—At a Glance.[M]. Adelaide: National Centre for Vocational Education Research. 2003.

[38]Pilz M(Ed.). The future of vocational education and training in a changing world[M]. Springer VS. 2012.

[39]Pont B, Figueroa D T, Zapata J, et al. Education policy outlook: Australia[M]. Paris :OECD Publishing. 2013.

[40]Richardson S, Liu P. Changing forms of employment and their implications for the development of skills[M]. Adelaide: National Centre for Vocational Education Research. 2008.

[41]Richardson S, Tan Y. Forecasting Future Demands: What We Can and Cannot Know[M]. Adelaide: National Centre for Vocational Education Research. 2008.

[42]Richardson S, Teese R. A well-skilled future[M]. Adelaide: National Centre for Vocational Education Research. 2008.

[43]Stuart Macintyre. A Concise History of Australia[M]. Cambridge University Press. 2004.

[44]Thomas Friedman. The World Is Flat— A Brief History of the Twenty-first Century[M]. New York, NY: Farrar, Straus and Giroux. 2005.

[45]Townsend R, Waterhouse P. Whose responsibility?: employers' views on

developing their workers' literacy, numeracy and employability skills[M]. Adelaide.:NCVER. 2008.

[46]Trilling B, Fadel C. 21st century skills: Learning for life in our times[M]. San Francisco, CA:John Wiley & Sons. 2009.

[47]Wendy Smiths, Thorsten Stormback. The Economics of the Apprenticeship System [M]. Cheltenham: Edward Elgar. 2001.

[48]Werner M. The Development of Generic Competencies in Australian and New Zealand[M]. Adelaide:NCVER. 1995.

二、报告

[1]ANTA. A Bridge to the Future. – Australia's National Strategy for Vocational Education and Training 1998-2003[R]. ANTA. 1998.

[2]ANTA. Shaping our Future: Australia's National Strategy for Vocational Education and Training 2004-2010[R]. ANTA. 2004.

[3]Australian Committee on Technical and Further Education. TAFE in Australia: Report on Needs in Technical and Further Education[R]. Australian Government. 1975.

[4]Australian Government Budget 2010-11: Skills and infrastructure – building a stronger and fairer Australia[R]. Australian Government. 2010.

[5]Business Council of Australia. Report on Education[R]. BCA. 1986.

[6]Committee A E C M. Putting General Education to Work: the Key Competencies Rreport[R]. Australian Education Council & Ministers of Vocational Education Employment & Training. 1992.

[7]Committee AECR. Young People's Participation in Post-compulsory Education and Training: Executive Summary and List of Recommendations[R]. Australian Government Publishing Service. 1991.

[8]Consultancy P. Employability Skills: from Framework to Practice-an Introductory Guide for Trainers and Assessors[R]. DEST. 2006.

[9]Department of Education, Employment and Workplace Relations. Employ-

ability Skills Framework Stage 1-Final Report[R]. Australian Government. 2012.

[10]DEST. Employability Skills for the Future[R]. Commonwealth Department of Education,Science and Training. 2012.

[11]DEST. Employability Skills for the Future[R]. Commonwealth Department of Education,Science and Training. 2002.

[12]DEST. Final Report: Development of a Strategy to Support the Universal Recognition and Recording of Employability Skills [R]. Australian Government. 2004.

[13]European Commission. Implementing the Community Lisbon Programme: Proposal for a Recommendation of the European Parliament and of the Council on the Establishment of the European Qualifications Framework for Lifelong Learning[R]. Brussels. 2006.

[14]Force S T. Skills for all: proposals for a National Skills Agenda[R]. DfES, UK. 2000.

[15]Government A. Skills for all Australians: National Reforms to Skill More Australians and Achieve a More Competitive, Dynamic Economy[R]. DEEWR. 2012.

[16]Group A I. Training to Compete: the Training Needs of Industry: Report to the Australian Industry Group[R]. Australian Industry Group.2000.

[17]ILO. A Skilled Workforce for Strong, Sustainable and Balanced Growth: a G20 Training Strategy. International Labour Office[R]. ILO. 2010.

[18]Kirby P. Report of the Committee of Inquiry into Labour Market Programs[R]. Australian Government Publishing Service. 1985.

[19]NCVER. Employability skills: at a glance[R]. National Centre for Vocational Education Research.2011.

[20]P. Kearns, et al. VET in the Learning Age: The Challenge of Lifelong Learning for all[R]. ANTA. 1999.

[21]Quality of Education Review Committee. Quality of education in Austra-

lia: report of the Review Committee[Karmel report][R]. Australian Government Publishing Service. 1985.

[22]SCOTESE. National foundation skills strategy for adults[R]. Canberra: Standing Council on Tertiary Education, Skills and Employment, Skills and Employment(SCOTESE). 2012.

[23]Skills Australia. Australian Workforce Futures: A National workforce Development Stragety [R]. Commonwealth of Australia .2010.

[24]Treasury Australia. Building Australia's Future Workforce: Trained up and Ready for Work[R]. Australia Treasury. 2011.

[25]UNESCO. Education for All Global Monitoring Report 2012-Youth and skills: Putting education to work[R]. UNESCO. 2012.

[26]UNESCO.Education -2030 Incheon Declaration and Framework for Action Towards inclusive and equitable quality education and lifelong learning for all[R]. UNESCO. 2015.

[27]Workforce A. Future Focus:2013 National Workforce Development Strategy[R]. Australian Workforce and Productivity Agency. 2013.

三、学术期刊

[1]Alison Taylor. Employability skills: From corporate 'wish list' to government policy[J]. Journal of Curriculum Studies, 1998, 30(2):143-164.

[2]Andrews G, Russell M. Employability skills development: strategy, evaluation and impact[J]. Higher Education, Skills and Work-Based Learning, 2012, 2 (2):33-44.

[3]Andrews J, Higson H. Graduate employability, 'soft skills' versus 'hard' business knowledge: A European study[J]. Higher education in Europe, 2008, 33 (4):411-422.

[4]Bai B, Geng X. Transferable skills in technical and vocational education and training (TVET): Policy and practice in China[J]. TVET@ Asia, 2014 (3): 1-12.

[5]Bakar A R, Hanafi I. Assessing Employability Skills of Technical-Vocational Students in Malaysia[J]. Journal of Social Sciences, 2007, 3(4):202-207.

[6]Bakar A R, Mohamed S, Hanafi I. Employability skills:Malaysian employers perspectives[J]. Social Sciences Collection, 2007(1):263-274.

[7]Boahin P, Hofman A. A disciplinary perspective of competency-based training on the acquisition of employability skills[J]. Journal of Vocational Education & Training, 2013, 65(3):385-401.

[8]Bridgstock R. The graduate attributes we've overlooked:Enhancing graduate employability through career management skills[J]. Higher Education Research & Development, 2009, 28(1):31-44.

[9]Cappelli P. Technology and skill requirements:Implications for establishment wage structures[J]. New England Economic Review, 1996 (Special issue):139-154.

[10]Carnevale A P, Desrochers D. Training in the Dilbert Economy[J]. Training and Development, 1999(12):32-36.

[11]Carolyn Williams. The discursive construction of the 'competent' learner-worker:from key competencies to 'employability skills' 1[J]. Studies in Continuing Education, 2010, 27(1):33-49.

[12]Cassidy S. Developing employability skills:Peer assessment in higher education[J]. Education and Training, 2006, 48(7):508-517.

[13]CBI. Future fit:Preparing graduates for the world of work[J]. London:CBI, 2009.

[14]Cheng K. The postindustrial workplace and challenges to education[J]. Learning in the global era:International perspectives on globalization and education, 2007:175-191.

[15]Clayton B, Blom K, Meyers D, et al. Assessing and certifying generic skills:what is happening in vocational education and training?[J]. Administrator Attitudes, 2003:157-172.

[16]Coulombe S, Tremblay J F. Public investment in skills: are Canadian governments doing enough?[J]. C.d.howe Institute Commentary. 2005(6):1-18.

[17]Council N S S. Review of the standards for the regulation of vocational education and training: consultation paper[J]. Nssc, 2012.

[18]Courtenay M, Mawer G. Integrating English language, literacy and numeracy into vocational education and training: a framework[J]. NSW Technical & Further Education Commission, 1995:3-5.

[19]Curtis D. International perspectives on generic skills[J]. Generic skills in vocational education and training: research readings, 2004:19-37..

[20]Guzman A B, Choi K O. The relations of employability skills to career adaptability among technical school students[J]. Journal of Vocational Behavior, 2013, 82(3):199-207.

[21]Dearden L, Reed H, Reenen J V. The Impact of Training on Productivity and Wages: Evidence from British Panel Data[J]. Oxford Bulletin of Economics & Statistics, 2006 (4):397 - 421.

[22]Force S T. Towards a National Skills Agenda: First report of the National Skills Task Force[J]. Prolog,Sudbury,Suffolk, 1998:24.

[23]Geoff Mason, Gareth Williams, Sue Cranmer. Employability skills initiatives in higher education: what effects do they have on graduate labour market outcomes?[J]. Education Economics, 2009, 17(1):1-30.

[24]Grugulis, Vincent S. Whose skill is it anyway? 'soft' skills and polarization[J]. Work, employment & society, 2009, 23(4):597-615.

[25]Grugulis, Warhurst C, &Keep, E. What's happening to 'skill' [J]. The skills that matter, 2004:1-18.

[26]Guglielmino P J. Developing the top-level executive for the 1980s and beyond[J]. Training and Development Journal, 1979, 33(4):12-14.

[27]Hanushek E A. Developing a skills-based agenda for 'new human capital' research[J]. Ssrn Electronic Journal, 2011.

[28]Hartshorn C, Sear L. Employability and enterprise: evidence from the North East[J]. Urban studies, 2005(2):271-283.

[29]Husain M Y, Mokhtar S B, Ahmad A A, et al. Importance of Employability Skills from Employers' Perspective[J]. Procedia - Social and Behavioral Sciences, 2010, 7(7):430-438.

[30]Hyslop-Margison E J. The employability skills discourse: A conceptual analysis of the career and personal planning curriculum[J]. The Journal of Educational Thought. 2000:59-72.

[31]Jones E. Internationalization and employability: the role of intercultural experiences in the development of transferable skills[J]. Public Money & Management, 2013, 33(2):95-104.

[32]Karmel T. The Contribution of vocational education and training to Australia's skills base[J]. National Centre for Vocational Education Research, 2009: 20.

[33]Katz R L. Skills of an effective administrator[J]. Harvard Business Review, 1955, 33(1):33-42.

[34]Kazilan F, Hamzah R, Bakar A R. Employability skills among the students of technical and vocational training centers in Malaysia[J]. European Journal of Social Sciences, 2009, 9(1):147-160.

[35]Kelly R. Changing skill intensity in Australian industry[J]. Australian Economic Review, 2007(1):62-79.

[36]Lerman R I. Are employability skills learned in U.S. youth education and training programs?[J]. Journal of Labor Policy, 2013, 2(1):1-20.

[37]Levy F, Murnane R. How computerized work and globalization shape human skill demands[J]. Learning in the global era: International perspectives on globalization and education, 2007:158-174.

[38]Mansfield M. Flying to the Moon: reconsidering the British labour exchange system in the early twentieth century[J]. Labour History Review, 2001, 66

(1):24-40.

[39]Mansfield,Malcom. Flying to the moon:Reconsidering the British labour exchange system in the early twentieth century[J]. Labour History Review. 2001 (1):66.

[40]Martin B, Healy J. Changing work organisation and skill requirements. [J]. Australian Bulletin of Labour, 2006, 35(2):397-437.

[41]Mason G, Williams G, Cranmer S. Employability skills initiatives in higher education:what effects do they have on graduate labour market outcomes? [J]. Education Economics, 2009, 17(1):1-30.

[42]Mavromaras K, Mahuteau S, Wei Z. Labour mobility and vocational education and training in Australia[J]. Education and Training, 2013, 23:10.

[43]Mayhew K, Keep E. The assessment:knowledge, skills, and competitiveness[J]. Oxford Review of Economic Policy, 1999, 15(1):1-15.

[44]McLaughlin M A. Employability skills profile:What are employers looking for?[J]. Basic Skills, 1995:4.

[45]Mertens, D. Schlüsselqualifikationen. thesen zur schulung für eine moderne gesellschaft[J]. Mitteilungen aus der Arbeitsmarkt - und Berufsforschung, 1974 (1):36-43.

[46]Overtoom C,Eric D. Employability Skills An Update[J]. Adult Education, 2000.

[47]Payne J. The unbearable lightness of skill:the changing meaning of skill in UK policy discourses and some implications for education and training[J]. Journal of Education Policy, 2000, 15(3):353-369.

[48]Pickersgill R. Skill Formation in Australia Beyond 2000:'Flexibility'and Vocational Education and Training Policy[J]. International Journal of Employment Studies, 2001, 9(1):121.

[49]Pont B, Werquin P. Literacy in a thousand words[J]. OECD Observer, 2000:49-50.

[50]Remadevi O T, Kumar V R. Employability and employability skills-glimpses into global views and practices[J]. International Journal of Management, IT and Engineering, 2014, 4(7):175-190.

[51]Robinson,JP. What are employability skills? [J]. The Workplace, 2000 (3):1-3.

[52]Sally Dench. Changing skill needs:what makes people employable?[J]. Industrial and Commercial Training,1997(6):190-193.

[53]Sheldon P, Thornthwaite L. Employability skills and vocational education and training policy in Australia:An analysis of employer association agendas [J]. Asia Pacific Journal of Human Resources, 2005, 43(3):404-425.

[54]Smith E, Comyn P. The development of employability skills in novice workers through employment[J]. Generic skills in vocational education and training:Research readings, 2004:95-108.

[55]Tan Y, Richardson S. Demographic impacts on the future supply of vocational skills[J]. Australian Bulletin of Labour, 2009, 35(1):247-286.

[56]Tripney J, Hombrados J, Newman M, et al. Technical and Vocational Education and Training (TVET) Interventions to Improve the Employability and Employment of Young People in Low- and Middle-Income Countries:A Systematic Review. Campbell Systematic Reviews 2013:9.[J]. Annals of Thoracic Surgery, 2013, 80(3):969-975.

[57]Tsai C Y. A Study of Employability between Higher Technical and Vocational Education and Employer in Tourism and Hospitality:A Stakeholder perspective[J]. International Journal of Academic Research in Business and Social Sciences, 2013(10):344.

[58]Williams C. The discursive construction of the 'competent' learner-worker:from key competencies to 'employability skills'[J]. Studies in Continuing Education, 2005, 27(1):33-49.

[59]Zinser R. Developing career and employability skills:A US case study

[J]. Education and Training, 2003, 45(7):402-410.

四、学位论文

[1]Arensdorf J. The perceptions of employability skills transferred from academic leadership classes to the workplace: a study of the FHSU leadership studies certificate program[D]. Kansas State University, 2009.

[2]Bennett T. Defining the importance of employability skills in career/technical education[D]. ProQuest. 2006.

[3]Bull G J. Employability skills in the world of welfare to work: an application of item response theory to criterion referenced testing[D]. ProQuest. 2010.

[4]Curtis D . Defining, assessing and measuring generic competences[D]. Flinders University, School of Education. 2010.

[5]Enslen P O. Developing the employability skills of Medical assisting students in a vocational high school[D]. ProQuest. 2009.

[6]Goozee G. The development of TAFE in Australia 1970 to 1992: An Historical Perspective[D]. University of New England-Armidale.1992.

[7]Kennedy S. Infusing critical thinking into an employability skills program:The effectiveness of an immersion approach[D]. ProQuest. 2010.

[8]Naanda R N. The integration of identified employability skills into the Namibian vocational education and training curriculum[D]. Stellenbosch: University of Stellenbosch. 2010.

[9]Ogbeide G C A. Employability skills and students' self-perceived competence for careers in hospitality industry[D]. University of Missouri—Columbia. 2006.

[10]Orner M. Employability Skill acquisition of career and technical education students[D]. ProQuest. 2009.

[11]Simpson J S. Employability skills of high school students in a career and technical education program[D]. Saint Louis University. 2002.

[12]Williams P A. Employability skills in the undergraduate business curric-

ulum and job market preparedness：perceptions of faculty and final-year students in five tertiary institutions[D]. ProQuest. 1998.

五、电子文献

[1]ABS. Australian Bureau of Statistics[EB/OL]. http://www.abs.gov.au/ausstats/abs@.nsf/mf/6202.0. 2015-8-7